高等职业教育汽车类专业活页式新形态创新教材

新能源汽车电气技术

主　编　李远军（湖北交通职业技术学院）

副主编　宋以庆（淄博职业学院）

　　　　王功安（武汉海恒新粤汽车销售服务有限公司）

参　编　姜松舟（湖北交通职业技术学院）

　　　　徐德亭（湖北交通职业技术学院）

　　　　娄　敏（湖北交通职业技术学院）

机械工业出版社

本书共有10个能力模块，包括汽车电源系统原理认知与检修、汽车供电控制系统原理认知与检修、照明和信号系统原理认知与检修、刮水/洗涤装置原理认知与检修、汽车仪表和警告装置原理认知与检修、汽车空气调节系统原理认知与检修、中控锁及防盗系统原理认知与检修、车窗及后视镜控制原理认知与检修、电动座椅电路原理与故障检修，以及音响和导航系统的使用与维护。

本书配套丰富的视频、动画数字资源，扫描书中二维码即可观看学习。

本书可作为高等职业院校新能源汽车技术、汽车检测与维修、汽车制造与装配等汽车类专业教材，也可供从事相关专业工作的工程技术人员作入门参考。

图书在版编目（CIP）数据

新能源汽车电气技术 / 李远军主编. -- 北京：机械工业出版社，2024．7. --（高等职业教育汽车类专业活页式新形态创新教材）. -- ISBN 978-7-111-76348-2

Ⅰ．U469．7

中国国家版本馆CIP数据核字第2024L02V95号

机械工业出版社（北京市百万庄大街22号　邮政编码100037）

策划编辑：母云红　　　　　　责任编辑：母云红　赵晓峰
责任校对：韩佳欣　张亚楠　　封面设计：张　静
责任印制：郜　敏

中煤（北京）印务有限公司印刷

2025年1月第1版第1次印刷

184mm×260mm·18.75印张·427千字

标准书号：ISBN 978-7-111-76348-2

定价：59.90元（含工作任务单）

电话服务　　　　　　　　　　网络服务
客服电话：010-88361066　　机　工　官　网：www.cmpbook.com
　　　　　010-88379833　　机　工　官　博：weibo.com/cmp1952
　　　　　010-68326294　　金　书　网：www.golden-book.com
封底无防伪标均为盗版　　机工教育服务网：www.cmpedu.com

前言 | PERFACE

如果说汽车发动机电控化是汽车的第二次技术革命，那电动汽车（纯电动汽车、混合动力电动汽车、燃料电池电动汽车）技术将是汽车的第三次技术革命，这场革命必将引起汽车产业的结构调整，具体体现在汽车研发、汽车生产和汽车售后服务三方面会发生很大的变化。

为了使现代职业教育内容跟上汽车生产和售后服务发展的步伐，我们基于纯电动汽车+混合动力电动汽车编写了这本《新能源汽车电气技术》。本书针对新能源汽车而开发，包括了新能源汽车"三纵"（混合动力电动汽车、纯电动汽车、燃料电池电动汽车）中混合动力电动汽车和纯电动汽车电气系统的内容。同时，本书配有丰富的数字媒体教学资源，扫描书中的二维码即可观看学习，方便学生自学和教师教学。最后，针对进行任务驱动教学时需要任务驱动工单，本书提供配套的"学习任务单"和"工作任务单"供学生使用，这样既有利于学生做好理论巩固，也能对实训项目进行有针对性的训练。

在编写中，编者深入学习习近平新时代中国特色社会主义思想，把握"为党育人、为国育才"基本要求。同时深入学习党的二十大文件精神，尤其是"实施科教兴国战略，强化现代化建设人才支撑""建设现代化产业体系""推动战略性新兴产业融合集群发展"等内容，并将之贯彻到教材编写中，实现综合提升知识、技能和素质的全方位育人目标。

鉴于不同院校教学硬件存在差异，本书提供了总计 17 个可供选择的"工作任务单"，通过参考本书"实践任务"小节的任务实施模式，各院校可根据自身情况选择适用的工作任务。该设计也是通过"典型工作任务"的自由选取实现教材"活页式"功能进行尝试。

本书由湖北交通职业技术学院的李远军担任主编，淄博职业学院的宋以庆、武汉海恒新粤汽车销售服务有限公司的王功安担任副主编，湖北交通职业技术学院的姜松舟、徐德亭、娄敏参与编写。

由于编者水平有限，书中难免有瑕疵，希望各位读者批评指正，以利将本书开发得更好。

全书数字资源总码

编 者

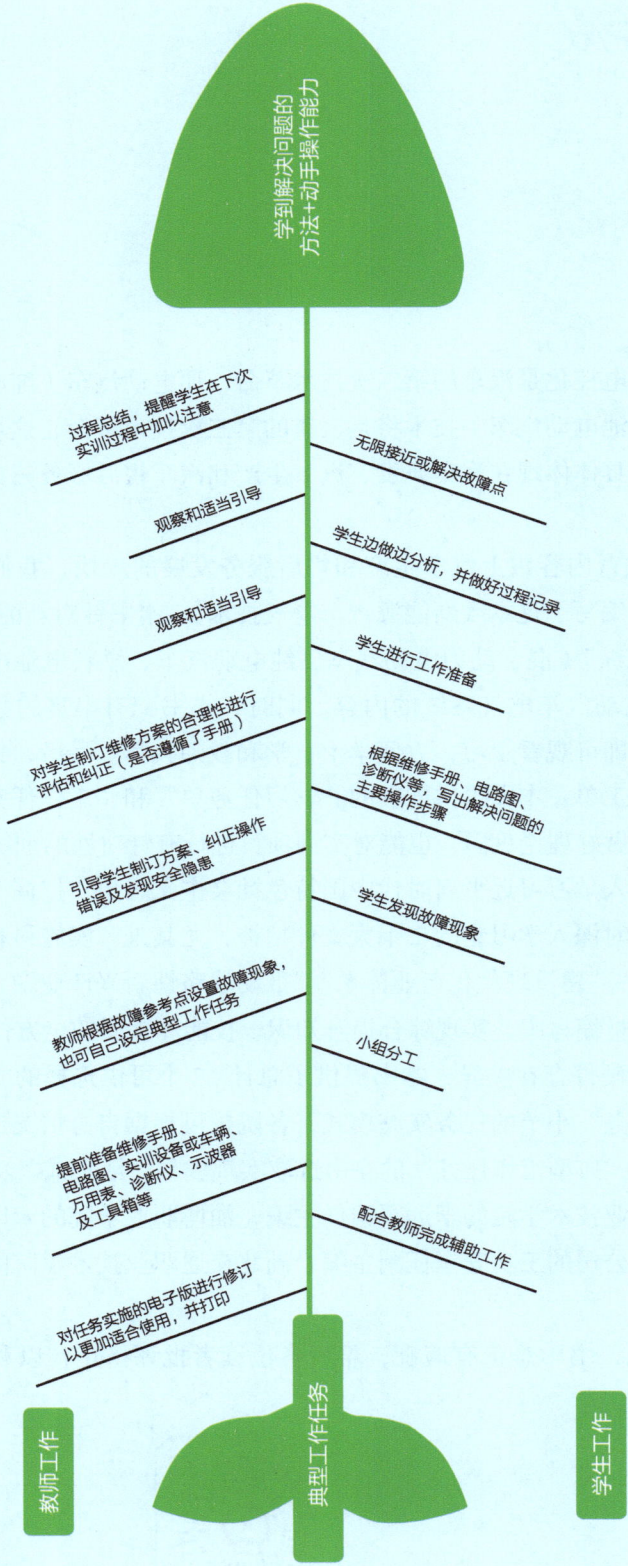

基于典型工作任务的实训思维方式

学到解决问题的方法+动手操作能力

教师工作

- 过程总结，提醒学生在下次实训过程中加以注意
- 观察和适当引导
- 观察和适当引导
- 对学生制订维修方案的合理性进行评估和纠正（是否遵循了手册）
- 引导学生制订方案、纠正操作错误及发现安全隐患
- 教师根据故障参考点设置故障现象，也可自己设定典型工作任务
- 提前准备维修手册、电路图、实训设备或车辆、万用表、诊断仪、示波器及工具箱等
- 对任务实施的电子版进行修订以更加适合使用，并打印

典型工作任务

学生工作

- 无限接近或解决故障点
- 学生边做边分析，并做好过程记录
- 学生进行工作准备
- 根据维修手册、电路图、诊断仪等，写出解决问题的主要操作步骤
- 学生发现故障现象
- 小组分工
- 配合教师完成辅助工作

二维码列表

名称	二维码	名称	二维码	名称	二维码
国家高压电法规要求（微课）		新能源汽车维修工具的使用（微课）		锂离子电池管理系统电路原理图认知（微课）	
电流带来的危害（微课）		低压电源系统认知（微课）		磷酸铁锂离子电池认知与检修（微课）	
高压组件的危害（微课）		汽车蓄电池认识（微课）		镍氢蓄电池的认知与检修（微课）	
高压电作业安全防护（微课）		汽车蓄电池的结构与分类（微课）		镍氢电池管理系统电路原理图认知（微课）	
高压电维修操作（微课）		汽车蓄电池的型号（微课）		能量回收系统认知（微课）	
基本电路及电子元件（微课）		汽车蓄电池工作原理（微课）		DC/DC 变换器认知（微课）	
汽车电路参数检测（微课）		汽车蓄电池维护及检修（微课）		汽车发电机认识（微课）	
汽车线束插头的类型与检查（微课）		12V 蓄电池更换（微课）		汽车发电机维护及检修（微课）	
汽车专用熔丝的认知（微课）		12V 蓄电池检查与养护（微课）		汽车充电类型的认知（微课）	
继电器结构原理（微课）		铅酸蓄电池的认知与检修（微课）		1.6kW 充电枪的原理认知（微课）	
万用表的使用（微课）		三元锂离子电池认知与检修（微课）		3.3kW 充电枪的原理认知（微课）	

名称	二维码	名称	二维码	名称	二维码
6.6kW 充电枪的原理认知（微课）		雾灯系统检修（微课）		汽车空调检修（微课）	
3.3kW 车载充电机元件、原理的认知与检修（微课）		转向与危险警告灯光系统检修（微课）		汽车空调常见故障及排除方法（微课）	
6.6kW 车载充电机VTOG 功能的认知与检修（微课）		汽车信号系统故障检修（微课）		汽车空调滤芯检查与更换（微课）	
充电时间过长的原因与检查（微课）		刮水系统的认知（微课）		汽车空调系统冷冻机油的添加（微课）	
电动汽车充电技术（微课）		刮水器不复位故障诊断（微课）		汽车空调压缩机的拆卸及安装（微课）	
直流充电桩元件组成及作用（微课）		刮水器各档位都不工作检修（微课）		汽车制冷系统故障检修（微课）	
直流充电桩的基本原理认知（微课）		汽车仪表系统故障检修（微课）		新能源汽车空调常见故障及排除方法（微课）	
汽车照明与信号系统的认识（微课）		新能源和传统汽车空调系统的区别（微课）		认识电动汽车中控门锁系统（微课）	
电动汽车前照灯基础知识（微课）		汽车空调系统的组成（微课）		电动汽车中控门锁的结构（微课）	
汽车照明系统故障检修（微课）		新能源汽车空调系统的分类（微课）		汽车中控门锁故障检修（微课）	
近光灯工作原理（微课）		汽车空调系统制冷原理（微课）		防盗系统概述上（微课）	

名称	二维码	名称	二维码	名称	二维码
防盗系统概述下（微课）		汽车电路特点（动画）		铅酸蓄电池的结构（动画）	
认识电动汽车车窗（微课）		电路图的组成（动画）		铅酸蓄电池的工作原理（动画）	
电动车窗组成与功用（微课）		电路图识图要点（动画）		铅酸蓄电池的类型及应用（动画）	
电动车窗系统工作原理（微课）		汽车电路图读图实例（动画）		充电系统概述（动画）	
电动天窗概述上（微课）		电路检测方法（动画）		充电系统的组成（动画）	
电动天窗概述下（微课）		电路故障检修方法（动画）		充电系统的结构特点（动画）	
电动后视镜概述（微课）		电路故障诊断流程（动画）		充电状态指示装置（动画）	
电动座椅功用与组成（微课）		高压部件的高压位置（动画）		转向灯故障检修（动画）	
汽车电气系统的特点（动画）		跨接线简介及使用（动画）		汽车照明装置（动画）	
汽车电气系统的组成（动画）		示波器简介及使用（动画）		前照灯的防眩目措施（动画）	
汽车电路基本要素（动画）		万用表简介及使用（动画）		前照灯的结构（动画）	

（续）

名称	二维码	名称	二维码	名称	二维码
前照灯清洗器（动画）		空调空气净化系统（动画）		中控门锁系统的功能（动画）	
刮水器系统（动画）		空调配气系统（动画）		汽车防盗系统（动画）	
仪表指示灯概述（动画）		空调送风系统（动画）		汽车防盗系统的基本组成（动画）	
汽车仪表系统（动画）		空调系统抽真空（动画）		汽车电动车窗概述（动画）	
仪表指示灯符号及含义（动画）		空调系统抽真空的方法（动画）		汽车电动车窗系统的组成（动画）	
汽车空调的功用与特点（动画）		手动空调控制系统（动画）		汽车电动车窗的功能（动画）	
汽车空调系统的性能指标（动画）		手动空调控制系统工作模式（动画）		电动后视镜概述（动画）	
汽车空调系统的组成与分类（动画）		自动空调控制系统（动画）		电动内后视镜（动画）	
汽车空调制冷系统工作原理（动画）		自动空调控制系统工作过程（动画）		电动外后视镜（动画）	
空调采暖系统（动画）		中控门锁系统（动画）		电动天窗简介（动画）	
采暖系统的结构和工作原理（动画）		中控门锁系统的组成（动画）		天窗系统控制电路（动画）	
				电动天窗的常见故障（动画）	

VIII

活页式教材使用注意事项

01 根据需要，从教材中选择需要夹入活页夹的页面。

02 小心地沿页面根部的虚线将页面撕下。为了保证沿虚线撕开，可以先沿虚线折叠一下。注意：一次不要同时撕太多页。

03 选购孔距为80mm的双孔活页文件夹，文件夹要求选择竖版，不小于B5幅面即可。将撕下的活页式教材装订到活页夹中。

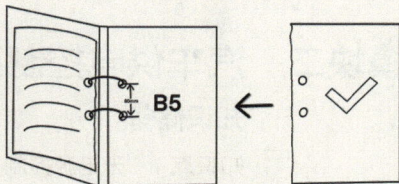

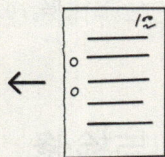

04 也可将课堂笔记和随堂测验等学习资料，经过标准的孔距为80mm的双孔打孔器打孔后，和教材装订在同一个文件夹中，以方便学习。

温馨提示： 在第一次取出教材正文页面之前，可以先尝试撕下本页，作为练习。

目 录

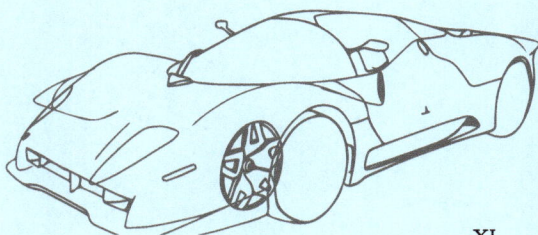

能力模块一
汽车电源系统原理认知与检修

情境导入

一辆 2019 年 5 月出厂的吉利 EV450 电动汽车，在 2022 年 8 月出现 12V 铅酸蓄电池亏电。更换一块满电的蓄电池后，不到半个小时，发现蓄电池电压只有 8.9V。如果你是接车的修理技术人员，应如何找出故障原因？修理方案应如何制订？

学习目标

能力目标

- 能说出蓄电池的作用、原理和检查方法。
- 能说出能够电动汽车的 DC/DC 变换器的作用、原理和检查方法。
- 能够正确更换蓄电池。
- 能够使用高率放电计或蓄电池分析仪分析蓄电池电量情况。
- 能够对蓄电池进行正确的充电操作。
- 能够对电动汽车的 DC/DC 变换器的输出电压和电流进行检查。

素养目标

- 了解如何避免蓄电池产生电火花。
- 了解如何正确搬运蓄电池。
- 知道蓄电池存放和运输的要求，了解如何避免失火。
- 认识国产蓄电池品牌。

知识储备

📖 **知识点** **铅酸蓄电池**

本书所述汽车电源系统包括蓄电池、发电机、直流/直流变换器，以及电源是如何控制分配的系统，不再是以前所描述的蓄电池和发电机。

蓄电池通常用英文 Battery 或 Accumulator 表示，也可缩写为 Batt 或用字母 A 表示，汽车蓄电池一旦连接外部负载或接通外充电电路，便开始了它的能量转换过程。在放电过程中，蓄电池中的化学能转变成电能，在充电过程中，电能转变成化学能，充放电过程中的化学反应是可逆的。

一、普通型蓄电池结构

蓄电池单格结构和 12V 蓄电池符号如图 1-1 所示。单格电池内有正极板和负极板，正极板上的活性物质是二氧化铅（PbO_2），负极板上的活性物质是海绵状铅（Pb）。蓄电池充放电过程中，电能和化学能的相互转换，就是依靠极板上活性物质和电解液中硫酸的化学反应来实现的。PbO_2 和 Pb 形成的原电池的电动势大约为 2.1V。通常将多片正、负极板分别并联，用横板焊接，组成正、负极板组，如图 1-1a 所示。正、负极板相互嵌合，中间插入隔板。在每个单格电池中，负极板的数量总比正极板多一片。技术性能较高的蓄电池极板都比较薄且多孔性好，一方面可以减小蓄电池的体积，另一方面可以使电解液比较容易渗入到极板内部，增加蓄电池的容量。实际应用的蓄电池由 6 个或 12 个单格原电池串联而成。6 个单格原电池组成的 12V 铅酸蓄电池符号如图 1-1b 所示，6 条竖长线表示每个单格电池正极，六条竖短线表示每个单格电池的负极。每个单格电池电压为 2.1V 稍多一点，6 个串联电压为 12.6~12.8V（但仍说是 12V 蓄电池）。每个单格电池不管做得多

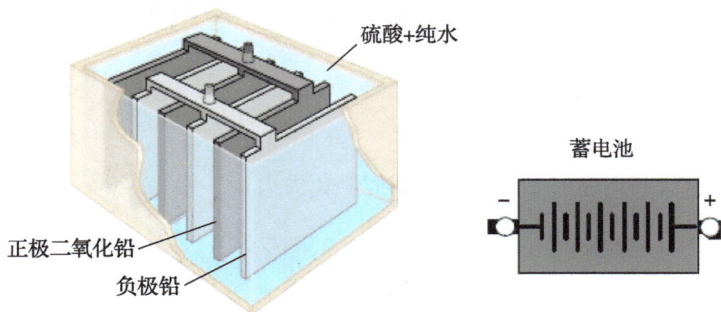

硫酸+纯水

正极二氧化铅

负极铅

a）单格电池结构　　　b）6个单格原电池组成的12V蓄电池符号

图 1-1　蓄电池结构和符号

大电压都是 2.1V，因为体积大只增加了容量，不增加电压。

电解液由纯硫酸和蒸馏水按一定的比例配成，水的密度为 1.0g/cm³，硫酸的密度为 1.84g/cm³。蓄电池电解液的密度一般为 1.24~1.30g/cm³，使用中密度应根据地区、气候条件和制造厂的要求而定。电解液通常在蓄电池厂家配制，总的密度趋势应遵循天气越冷、密度越高的准则，也就是天越冷时水中加入硫酸越多，这样可防止结冰。

【完成任务】
标称 12V 的汽车铅酸蓄电池，在充满电的情况下的电压是_____V。

二、普通铅酸蓄电池的工作原理

1. 放电过程

当蓄电池充满电时，正极板上的活性物质是二氧化铅（PbO_2），负极板上的活性物质是纯铅 (Pb)。在电解液作用下，发生以下化学反应：

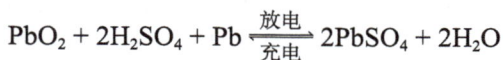

$$PbO_2 + 2H_2SO_4 + Pb \xrightarrow[\text{充电}]{\text{放电}} 2PbSO_4 + 2H_2O$$

放电前，正极板上二氧化铅电离为 +4 价铅离子（Pb^{4+}）和 −2 价氧离子（O^{2-}），铅离子附着在正极板上，氧离子进入电解液中，使正极板具有 2.0V 的正电位。负极板上的纯铅电离为 +2 价铅离子（Pb^{2+}）和两个电子（2e），铅离子进入电解液中，电子留在负极板上，使负极板具有 −0.1V 的负电位。这样，正负极板之间就有了电位差，这个电位差为 2.1V。放电时外电路接通，在 2.1V 的电位差作用下，电流从正极流出，经过负载流回负极。在放电过程中，正极板上 +4 价的铅离子与电子结合生成 +2 价铅离子，进入电解液再与硫酸根离子结合生成硫酸铅附着在正极板上；负极板上 +2 价的铅离子与硫酸根结合生成硫酸铅附着在负极板上。

2. 充电过程

把放电后的蓄电池外接充电机或发电机，使蓄电池正极接发电机的正极，蓄电池的负极接发电机的负极，发电机稳压后的电压约为蓄电池电压的 110%，例如蓄电池电压为 12.8V，可采用 13.8~14.2V 充电，使蓄电池正、负极发生与放电相反的化学反应。充电时，外加电流每将正极板处两个电子经外电路输送到负极板，则正极板上便有一个 +2 价铅离子因失去两个电子而成为一个 +4 价铅离子，再与水反应生成一个二氧化铅分子（附着在正极板上）。而在负极板上，由于每得到两个电子便与一个 +2 价铅离子结合而生成一个纯铅分子（附着在负极板上），与此同时从正、负极上电离出来的硫酸根离子则与水中氢离子结合生成硫酸。所以，充电时水被消耗，而硫酸增多，电解液密度逐渐上升。当充电进行到极板上的物质和电解液完全恢复到放电前的状态时，蓄电池充电完毕。由于充电后期水电解有氢气（H_2）和氧气（O_2）产生，所以加水式蓄电池充电时一定要打开加液盖，否则一定会发生胀裂或鼓包变形，也可能炸开。水电解产生的氢气（H_2）和氧气（O_2）逸出蓄电池后，电解液浓度变高，液面变低，因此加水式蓄电池要补充纯净的水，若补充蓄电池补充液会增大电解液浓度。

　　充电时若将蓄电池正、负极接错，会使蓄电池极板快速损坏，同时电解水产生大量氢气，会胀裂免维护蓄电池的壳体，在这个过程中也可能产生火花，引发爆炸，所以要特别注意。

　　配置化油器的发动机怠速转速调得很低时，发电机不发电，踩下加速踏板将发动机转速升高，当发动机达到一定转速时（一般为 750r/min）发电机开始发电，发电机带轮和发动机带轮半径比为 1/2，即发电机转速超过 1500r/min 时才发电。发电机向蓄电池充电，发动机怠速转速太低将导致蓄电池经常亏电损坏。

　　现代汽车采用电控发动机，发动机怠速转速高，日本汽车发动机怠速转速一般超过750r/min，大众汽车怠速转速一般为 840r/min，所以发动机在怠速时也能发电，为汽车电气系统供电。设计蓄电池主要就是为了起动发动机，在发动机工作时，发电机发出的电压比正常蓄电池电压高出 10%，蓄电池处于被充电状态。汽车正常工作时使用发电机发出的电流，当出现用电需求超过发电机供电量时，蓄电池才再次向外供电，这种情况在正常行车中极少出现，所以蓄电池在汽车上使用寿命较长。蓄电池内的正负极板相当于一个大电容器（此时电解液相当于介质），能够缓和电路冲击电压，保护车上的电器设备。

三、蓄电池内阻

　　单格铅酸蓄电池的内电阻包括电解液电阻、极板电阻、隔板电阻和联条电阻，单格铅酸蓄电池的内电阻要乘以电池的单格数。在正常使用条件下，极板电阻很小，只有极板发生硫化故障时，极板的电阻才会明显增大。电解液电阻与电解液的密度和温度有关，密度大、温度低，使电解液的黏度增大，渗透力下降，导致电解液电阻增大。起动用蓄电池的内阻一般都很小，仅百分之几欧，大电流输出时，内阻压降较小，可适合起动机的需要。

　　蓄电池的内阻可用蓄电池的开路端电压和蓄电池的端电压进行比较，两者差很大时，说明蓄电池内阻升高。比如，蓄电池开路电压很高，起动时蓄电池端电压（起动机和正、负极电缆线的电压）较蓄电池开路电压下降得多，由此判断蓄电池内阻升高。可以通过分别在蓄电池充满电和放完电的状态下，操纵起动机进行蓄电池内阻分压测试。

四、汽车蓄电池种类、型号

1. 常见蓄电池

　　（1）半免维护干荷电铅酸蓄电池　该蓄电池的极板组须在干燥条件下保存，使用前加入质量分数为 37% 的硫酸，搁置 15~20min，调整液面高度和密度至规定标准后，不需要进行充电即可使用。由于极板中含锑，增加了充电产生的气体。一般选择生产日期在两年内的干荷电铅酸蓄电池，且正常情况下两年内不用添加蒸馏水。

　　（2）完全免维护蓄电池　该蓄电池已加电解液，极板铅栅中的锑被钙代替，减少了充电产生的气体，同时蓄电池液面上部内装催化剂钯，催化剂能促使氢氧离子结合生成水再回到蓄电池内。免维护蓄电池在整个使用过程中无须补加蒸馏水，无因振动漏液的情况，所以对电极柱和附近机件的腐蚀小。极板铅栅含锑少，自放电也少，可储存两年以上，使用寿命长，耐过充电性能好，免维护蓄电池的过充电电流在充满电时可接近零，内阻小，起动性能好。

（3）胶体电池　胶体电池是把电解液换成二氧化硅和硫酸形成胶体，使极板距离更小，从而减小了内阻。胶体电池耐深度循环放电，同时也有减少水消耗的设计，如果蓄电池过充电产生过多气体时安全阀可以打开。胶体电池适合有长期停用不充电的情况，例如工程车辆。

（4）玻璃纤维网技术电池　玻璃纤维网技术电池是用玻璃纤维网代替隔板，活性物质粘在玻璃纤维网之间，玻璃纤维网的毛细作用和吸湿作用增加了电解液的吸入量。

2. 蓄电池的型号、规格及选用

蓄电池的型号一般都标注在外壳上，其型号的编制由 5 部分组成，如风帆（Sail）6-QA-120。

> 第 1 位为串联的单格数，用阿拉伯数字表示。
>
> 第 2 位为蓄电池的用途，用大写字母表示，各字母含义为：Q 表示起动用蓄电池；M 表示摩托车用铅酸蓄电池；JC 表示船用铅酸蓄电池；HK 表示飞机用铅酸蓄电池。
>
> 第 3 位为极板类型，用大写字母表示（无字为干封普通极板铅酸蓄电池），各字母含义为：A 表示干荷电铅酸蓄电池；B 表示薄型极板铅酸蓄电池；W 表示免维护蓄电池。
>
> 第 4 位为 20h 率放电额定容量，用阿拉伯数字表示，不带容量单位。
>
> 第 5 位为特殊性能，用大写字母表示（无字为一般性能蓄电池）：G 表示高起动率蓄电池。

例如，6-QA-120 表示由 6 个单格电池组成，额定电压为 12V，额定容量为 120A·h 的起动用干荷蓄电池；6-QW-60 表示由 6 个单格电池组成，额定电压为 12V，额定容量为 60A·h 的起动用免维护蓄电池。

⟴ 技师指导 ⟴

国内电池品牌有重庆万里蓄电池、风帆蓄电池、天津统一蓄电池、湖北骆驼蓄电池、成都川西蓄电池和哈尔滨光宇蓄电池等。国外电池品牌有 VARTA 蓄电池、ACDelco 蓄电池和 BOSCH 蓄电池等。

五、蓄电池的容量及其影响因素

1. 放电电流与终止电压的关系

端电压在放电开始时下降较快，中间较平缓，接近放电终了时又迅速下降。当电压降到 1.75V 时（若继续放电，电压将急剧下降到零），若切断放电电流，端电压又上升到一定值。随着孔隙外的硫酸向孔隙内逐渐渗入，孔隙内的电解液密度缓慢增加，端电压可逐渐回升到 1.95V。蓄电池是否放完电，通常以测量其电压来判断。允许的终止电压与放电电流强度有关，放电电流越大，连续放电时间越短，允许的放电终止电压越低，放电电流与终止电压的关系见表 1-1。

表 1-1　放电电流与终止电压的关系

放电电流	0.05C	0.1C	0.25C	1C	3C
连续放电时间	20h	10h	3h	30 min	5.5min
单格电池终止电压 /V	1.75	1.70	1.65	1.55	1.5

2. 蓄电池的容量及其影响因素

铅酸蓄电池的容量是指蓄电池在完全充足电的情况下，在允许放电的范围内对外输出的电量，单位为安培小时（A·h），电池容量用以表示蓄电池对外供电的能力。当电池以恒定的电流值进行放电时，其容量 Q 或 C 等于放电电流 I（A）和放电时间 t（h）的乘积，即 $Q=It$。

蓄电池的容量与放电电流的大小及电解液的温度等因素有关，为了准确地表示出蓄电池的容量，要规定蓄电池的放电条件。在一定放电条件下，蓄电池的容量分为额定容量和起动容量。

（1）额定容量　额定容量是指完全充足电的蓄电池在电解液平均温度为 25℃的情况下，以 20h 率放电的电流（相当于额定容量下的放电电流的 1/20）连续放电至单格电压降为 1.75V 时所输出的电量。

（2）起动容量　起动容量表示蓄电池接起动机时的供电量力，有常温和低温两种起动容量。蓄电池上一般不标出，所以换蓄电池时应尽量用原车蓄电池，或参考原车电压、蓄电池容量大小和外形选择蓄电池。

（3）使用条件对蓄电池容量的影响　蓄电池内的硫酸在极板内的通透性越好，蓄电池的充电和放电越顺利，通透性越差，内阻就越大。蓄电池的容量与放电电流的大小、电解液的温度、电解液的密度及极板的结构等因素有关。放电电流过大时，会导致蓄电池容量减小，使用寿命缩短；温度过低时放电会损坏电池；蓄电池水分蒸发时，人为加入蓄电池补充液加大了电解液密度，使蓄电池容量增加，但其黏度也会增加，多次反复加入时，若密度超过某一值，会使渗透能力降低，内阻增大，端电压及容量减小，自行放电速度加快，并加剧对极板的栅架和隔板的腐蚀，缩短使用寿命。

> ⚠️ **提示**　一般情况下，采用密度偏低的电解液有利于提高放电电流和容量，同时也有利于延长铅酸蓄电池的使用寿命。铅酸蓄电池电解液的密度应根据用户所在地区的气候条件不同而异，冬季使用的电解液，在不致结冰的条件下，尽可能使用密度较低的电解液。

六、蓄电池正确使用

蓄电池的使用方法及注意事项有以下几点：

1）起动机每次起动的时间不得超过 5s，如果一次未能起动，应停顿 15s 以上等电解液渗入极板后再进行第二次起动。

2）一些客车、货车和工程车冬季使用加水式蓄电池应特别注意，保持蓄电池处于充足电状态，以免因亏电导致电解液密度降低而结冰；补加蒸馏水，应在充电前进行，以便蒸馏水较快地与电解液混合而不致结冰。气温低时蓄电池容量减小，因此在起动冷态发动机前应进行预热，以减少起动阻力。

3）要经常检查蓄电池电解液的液面高度，如发现电解液不足，要及时进行补充。

4）要经常检查蓄电池的放电情况，若发现容量不足，应及时充电。

七、蓄电池维护

在维护汽车蓄电池上，驾驶人拥有比修理人员更便利的条件，所以建议驾驶人日常进行一些蓄电池的维护，内容如下：

1）建议驾驶人经常清除蓄电池表面的灰尘、污物，防止蓄电池壳体表面的酸泥在蓄电池外部形成自放电。电解液溅到蓄电池表面时，一般可用纯净水或热水浇在电极柱和电线夹头上出现的氧化物上，此时水会把壳体表面的酸泥冲到车身上，所以最好在蓄电池周围放上抹布，抵住酸泥水，防止酸泥水腐蚀车身钣金。进行以上操作时最好拆下电缆，防止水流入电缆芯部，否则会导致电缆内生绿铜锈，从而引起起动机起动不良和电缆过热。

2）对公交车和货车上使用的加水式蓄电池，应经常疏通加液孔盖上的通气孔，这种蓄电池在轿车中使用越来越少。还应及时检查各单格内电解液的液面高度，如发现不足及时补充。放完电的蓄电池在24h内应及时充电，长时间不充电将导致蓄电池损坏。停驶车辆的蓄电池，每两个月应进行一次补充充电（冬季放电程度达25%、夏季放电程度达50%时即应充电）。

3）拆卸蓄电池电缆时，应先拆下蓄电池负极，再拆蓄电池正极，安装时先安装蓄电池正极，再安装蓄电池负极，这样可防止拆卸扳手碰在前翼子板上出现与车身搭铁情况，从而避免产生火花。

八、蓄电池常见故障诊断

1. 极板硫化

（1）故障现象　蓄电池充满电时，放电不一会儿就没电，从加水孔内看到极板上有白色大颗粒；蓄电池在开始充电及充电完毕时，电压过高，可达2.7V以上；蓄电池在充电时过早地产生气泡，甚至一开始充电就有气泡；蓄电池在充电时，电解液温度上升得过快，易超过45℃。观察到上面任意一个现象时可进一步检测，用高率放电计检测电池，电压低于标准值，说明电池容量降低。在做电解液密度检查时，也会发现密度数据低于规定的数值。

（2）故障原因　蓄电池在放电与半放电状态下长期放置，由于昼夜温度差，导致硫酸铅交替不断地在电解液中溶解与结晶，从而产生再结晶，经过多次再结晶，便在极板上形成粗大的不易溶解的白色硫酸铅晶体。蓄电池经常过量放电或小电流深放电，会在极板细小孔隙的内层生成硫酸铅，平时充电不易恢复。电解液液面过低，极板上部的活性物质暴露在空气中被氧化，汽车行驶时电解液的波动使接触氧化了的活性物质生成粗晶粒的硫酸铅。蓄电池初充电不彻底或使用期间不进行定期补充充电，以及蓄电池在半充电状态下长期使用，导致极板上的放电产物（硫酸铅）长期存在，也会通过再结晶形成粗大的颗粒。电解液不纯或其他原因导致蓄电池自行放电，均会产生硫酸铅，从而为硫酸铅再结晶提供物质基础。

（3）故障排除　蓄电池出现轻度硫化故障，可用小电流长时间过充电，或用全放、全充的充放电循环方法使活性物质还原，也可用去硫充电的方法消除。对硫化严重的蓄电池，建议直接更换。

2. 自行放电

（1）故障现象　自行放电是充足电的蓄电池放置不用或车上蓄电池没有用电器时，逐渐失去电量的现象。普通蓄电池由于本身结构会产生一定的自放电。如果使用中自放电在允许范围内，可视为正常现象，一般自放电的允许范围在每昼夜1%以内，如果每昼夜放电超过2%，就应视为故障。

（2）故障原因

1）蓄电池内部自放电：电解液不纯，电解液中的杂质沉附于极板上，从而产生局部放电；蓄电池长期放置不用，硫酸下沉，下部密度较上部大，极板上、下部发生电位差引起自行放电；极板活性物质脱落，下部沉淀物过多，使极板短路。

2）蓄电池外部放电：蓄电池溢出的电解液堆积在盖板上，使正、负极柱形成回路造成外放电；汽车上有看不见的负载在工作。

（3）故障排除　发生自行放电故障后，应倒出电解液，取出极板组，抽出隔板，再用蒸馏水冲洗极板和隔板，然后重新组装，加入新的电解液重新充电即可使用。

3. 蓄电池容量达不到规定要求

（1）故障现象　汽车起动时，起动机转速很快衰减，转动无力；喇叭声音弱、无力；开启前照灯时灯光暗淡。

（2）故障原因　使用新蓄电池前未按要求进行初充电；发电机调节器电压调得过低，使蓄电池经常充电不足；经常长时间起动起动机，造成大电流放电，致使极板损坏；电解液的相对密度低于规定值，或在电解液渗漏后只加注蒸馏水，未及时补充电解液，致使电解液的相对密度降低；电解液的相对密度过高或电解液液面过低，造成极板的硫化。

（3）故障排除　首先检查蓄电池的外部，看外壳是否良好，有无裂纹，表面是否清洁，极板上是否有腐蚀及污物。如有，则为蓄电池外部自放电故障，应根据相应操作予以排除。检查蓄电池搭铁接线，极柱的连接夹有无松动，蓄电池接线极柱与极板连接处有无断裂，如有则为输出电阻过大，电压降低。测量蓄电池的电解液密度，如电解液密度低，说明充电不足或新蓄电池未按要求经过充、放电循环，使蓄电池未达到规定的容量。检查液面高度，如果液面高度不足，且在极板上有白色结晶物质存在，则可能存在极板硫化故障。蓄电池充电后，检查电解液密度，如果出现两个相邻的单格电池中电解液的密度有明显差别，如在6个单格电池中，5个电池的电解液密度为1.16g/cm³（kg/L），1个电池的密度为1.08g/cm³，则说明该单格电池内部有短路，不能使用。必要时，检查发电机电压调节器的调节电压。

--- 技师指导 ---

蓄电池壳体的变形、漏液都可以通过肉眼观察到，蓄电池内部短路、开路也可以使用万用表或高率放电计检测出来，而蓄电池发热和内部漏电则不易发现。

技能点 1　蓄电池技术状况的检查

【完成任务】

请对一块充足电的蓄电池进行技术状况检查，之后对一块亏电且缺水的蓄电池进行维护。

一、蓄电池电解液液面高度的检查

蓄电池电解液液面高度的检查有三种方法，在具体使用时要根据蓄电池的结构形式而定。

1. 塑料条测量法

蓄电池壳体为黑色不透明时，可采用测量电解池深度的方法来检测是否缺电解液。可用干净的塑料条或筷子等插入测量，方法如图 1-2 所示。用一塑料条插入蓄电池电解液内，并碰到极板的上平面处。提起塑料条，测量塑料条湿的液面高度，即为蓄电池电解液液面高出极板的高度，每个单格电池要单独测量。标准值为 10~15mm，液面高度过低时应补充蒸馏水，使之符合标准。

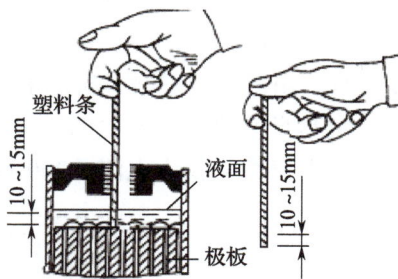

图 1-2　用塑料条测量电解液深度

【完成任务】

这块缺水蓄电池的电解液液面高度是＿＿＿＿＿＿＿＿＿，经补加纯净水后液面高度是＿＿＿＿＿＿。液面过高的坏处是＿＿＿＿＿＿＿，液面过低的坏处是＿＿＿＿＿＿＿。

2. 液面高度指示线法

通过观察液面高度指示线可以检查电解液的液面高度，如图 1-3 所示。对使用透明塑料壳体的蓄电池，为检查液面高度，在壳体上刻有两条高度指示线，正常液面高度应介于两线之间，低于下刻度线则为液面过低，应补充蒸馏水，上刻度线为UPPER LEVEL，下刻度线为 LOWER LEVEL，透明蓄电池壳还可以看见不同单格电池的液面差异。

图 1-3　用液面高度指示线检查电解液的液面高度

3. 视液孔窗判断法

部分进口汽车在电解液加液孔内侧的标准液面位置处开有视孔，可检视液面高度，观察液面在孔下面为液面过低，正好与孔平齐时为标准，液面漫过视孔且充满加液口底部为液面过高。

当发现电解液液面高度低于标准值时，应及时补充蒸馏水，不允许补充硫酸溶液。这是因为电解液液面正常降低是由电解液中的蒸馏水电解蒸发所致。要特别注意不能加注自来水、河水及其他有杂质的水，否则会造成蓄电池自放电的故障。若蓄电池漏液，在加蓄电池补充液时应注意，电解液的腐蚀性极强，溅到皮肤上或眼睛里会受伤。如果皮肤接触了蓄电池酸液要立即用干布吸干，并用苏打水冲洗，酸液溅到眼睛里要立即用凉水或医用冲眼器冲洗，然后请医生处置。视液孔要和后边的荷电观察孔分开，通常旁边会有注释。

◆➤ 技师指导 ◆➤

  蓄电池液面高度的检查简单易行，发现蓄电池电解液液面过低时，应及时添加蒸馏水。电解液是给只有正、负极板而无电解液的新蓄电池使用的。使用过程中，电解液中水蒸发后不能再次补充电解液，以防电解液密度越来越大。

二、蓄电池端"起动"端电压的检测

  此种方法仅适用于电池外带连条的蓄电池，一般为货车蓄电池，高率放电计如图 1-4 所示，仪器背部有使用说明。3V 高率放电计是由一个 3V 电压表和一个分流电阻（约 0.01Ω）组成。测量时，实际上是模拟使用起动机（大负载）时，蓄电池所能维持的端电压，并以此来判断蓄电池的贮电情况。12V 高率放电计是一种按汽车起动时蓄电池在短时间内向起动机提供大电流（200~600A）的检测仪器。

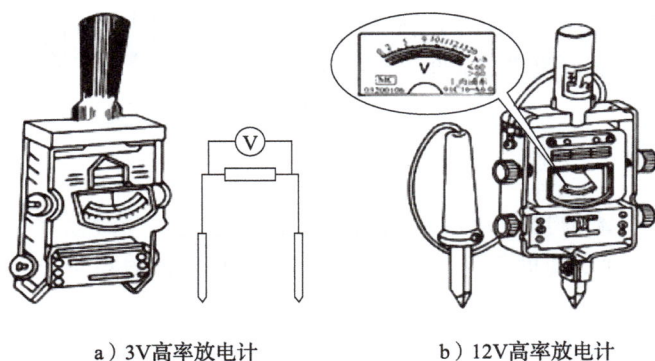

a）3V高率放电计   b）12V高率放电计

图 1-4 高率放电计

  利用大电流放电时蓄电池内阻的压降可以判别蓄电池的健康情况。原理是正常电池内阻很小，电池压降很小，在高率放电计上读出的负载电压较高；非正常电池内阻很大，电池压降很大，在高率放电计上读出的负载电压较低。

  测量时按以下步骤：放电叉的两触针紧压在蓄电池单格的正、负极柱上；测量 5s，观察放电计的电压，记录电压值；分别测得 6 个单格的电压，此时蓄电池是在大电流放电情况下的端电压，各单格的端电压应在 1.5V 以上，且能稳定 5s。

⚠ 提示 如果各单格的电压低于 1.5V，但 5s 内尚能稳定，则为过放电，应及时进行充电恢复。如果单格电压低于 1.5V，且 5s 内电压迅速下降，则表示有故障。如果单格无电压指示，说明内部有短路、断路或严重硫化故障。

  高率放电计测得的单格电压与放电程度的关系见表 1-2。表中的电压数值上限适用于新的或容量较大的蓄电池，数值下限适用于一般蓄电池。

表 1-2　高率放电计测得的单格电压与放电程度的关系

单格电池电压 /V	6 格电池电压 /V	12 格电池电压 /V	放电程度
1.7~1.8	10.2~10.8	20.4~21.6	0%
1.6~1.7	9.6~10.2	19.2~20.4	25%
1.5~1.6	9.0~9.6	18.0~19.2	50%
1.4~1.5	8.4~9.0	16.8~18.0	75%

大量程高率放电计使用时将蓄电池测试仪连接到蓄电池的正极柱和负极柱上。当负载电流近似为 110 A 时，必须大于最小电压 9.6V；如果在测量过程中（最后 5~10s），电压降到规定值以下，则说明蓄电池已过放电或出现故障。

◖ 技师指导 ◗

蓄电池"起动"端电压检查结果也可分析起动机不能起动的原因是在起动机上（或阻力过大上）还是在蓄电池上，另外较新蓄电池放电程度高（容量变小）可能是发电机发电量不足导致。

智能数字型蓄电池专用检测仪（图 1-5）会根据电池类型和电池标准判定蓄电池的性能，有的还附有打印机功能。

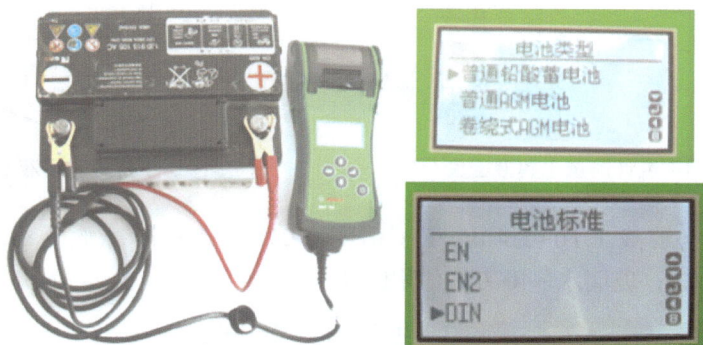

图 1-5　智能数字型蓄电池专用检测仪

【完成任务】

测试亏电蓄电池时，高率放电计的指针指在_____位置，表明_____。测试充满电的蓄电池时，指针应指在_____位置。

三、蓄电池电解液密度的测量

密度计测量是利用液体密度高浮力大的原理，在内部浮子上印有密度数值（上部数值小，下部数值大）。用密度计测量电解液密度的步骤如下：打开蓄电池的加液盖，把密度计下端的橡皮管伸入单格电池的加液口内，如图 1-6 所示，用手捏一下橡皮球，再慢慢放开，电解液就会被吸到玻璃管中，注意控制吸入时电解液不要过多或过少，以密度计浮子浮起且不会顶住为宜，使管内的浮子浮在玻璃管中央（不要相互接触），进行读数。读数时，应使密度计刻度线与眼睛平齐，将所测量的密度值与上次充电终了的电解液密度值进行对比，根据密度下降的程度来判断蓄电池的放电程度。

一些汽车服务站应用手持式电解液密度检测仪，手持式电解液密度检测仪是为测量电解液的浓度而设计的，同时也可以测量乙二醇型和丙二醇型的防冻液及玻璃水的冰点。图 1-7 所示为手持式电解液密度检测仪，只要滴几滴液体在棱镜上，然后向着光观察，通过在镜头内的明暗"分界线"读出溶液的浓度，通过测得的百分比浓度可以非常直观地检测蓄电池内电解液的密度及使用状态。

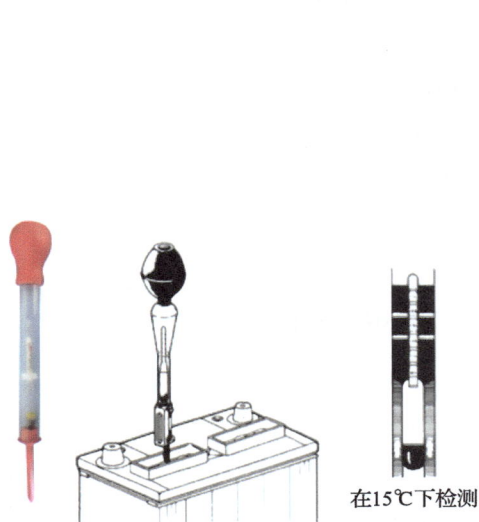

可伸缩目镜　安全手柄
聚焦控制　光板

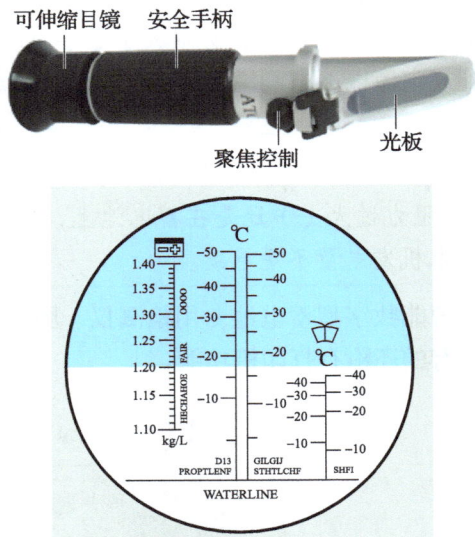

在15℃下检测

图 1-6　用密度计测量电解液密度

图 1-7　手持式电解液密度检测仪

工作范围：电解液 1.10~1.40kg/L（精度 0.01kg/L）；防冻液（乙二醇或丙三醇）–50~0℃（精度 5℃）；玻璃水 –40~0℃（精度 10℃）。

⚙ 技师指导 ⚙

对于刚进行过强电流放电或刚加过蒸馏水的蓄电池，不宜进行电解液密度测量，否则会因电解液混合不均而使测量结果不准。另外蓄电池密度检查结果也可分析蓄电池的放电程度。一般情况下，电解液密度每下降 0.01kg/L，相当于放电 6%。

【完成任务】

这块缺水蓄电池的密度计测量数值是_____，密度检测仪的测量数值是_____。这块有电的蓄电池的密度计测量数值是_____，密度检测仪的测量数值是_____。

四、蓄电池容量判断法

1. 荷电观察窗判断法

图 1-8 所示为利用蓄电池的荷电观察窗判断容量。有些免维护蓄电池在内部装有指

示荷电状况的"眼睛"，通过观察窗观察"眼睛"的颜色可以看出蓄电池的健康情况。荷电观察窗只反映所在单格电池的电解液密度，不能准确地反映蓄电池的容量。另外，不同车"眼睛"的颜色不一样，看蓄电池观察窗旁边的解释即可，一般情况下："眼睛"中绿色（有的厂家为蓝色）明显表示荷电充足；"眼睛"中绿色（有的厂家为蓝色）不明显表示荷电不足；"眼睛"呈白色（有的厂家为黄色），须更换蓄电池；"眼睛"透明时，表示电解液不足，因免维护蓄电池无法加水，故也须更换蓄电池。

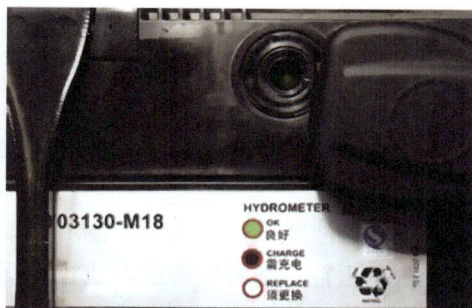

图 1-8　利用蓄电池的荷电观察窗判断容量

🔧 技师指导 🔧

蓄电池在汽车上的工作寿命一般为三年，三年后放电计测量的平均容量将下降至标称容量的 80%~90%，在低温或发动机机油黏度大时，80%~90% 的标称容量无法起动发动机。另外冬季温度低且昼短夜长，要经常使用暖风机和前照灯，使发电机发电量不足，导致起动困难。

【完成任务】

这块缺水蓄电池的观察窗的三种颜色分别是 _____，各颜色分别代表_____。

2. 万用表测蓄电池电压判断容量法

目前，大多数汽车都装用了免维护蓄电池，不能使用密度计检测蓄电池的充电状态，只能通过蓄电池的电压和高率放电计确定容量状态。

🔧 技师指导 🔧

如图 1-9 所示为万用表测蓄电池电压判断容量，例如在 20℃ 时，12.0V 为放电状态（20% 或更小），12.3V 为半充电（50%），12.7V 为完全充电（100%）。另外，修理人员和驾驶人常用前照灯和仪表照明灯的亮度或鼓风机最高档转速产生的声音大小，以及起动时是否顺利等来判断蓄电池容量大小，该方法操作简便，结果比万用表法直观。

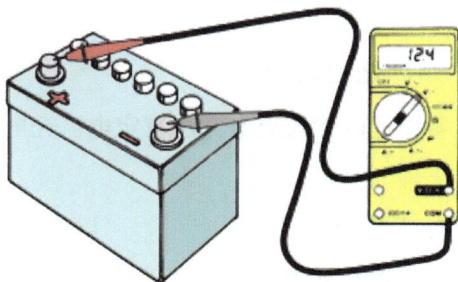

图 1-9　万用表测蓄电池电压判断容量

【完成任务】

这块缺水蓄电池的电压测量数值是_____，估计容量剩余_____。充足电的蓄电池的测量电压数值是_____，估计容量为_____。

五、电解液纯净度检查

电解液纯净度不好时会产生杂质，形成局部电池，产生自放电。如蓄电池在一昼夜内就会放完电，使用这样的电解液会明显减小蓄电池的容量，缩短蓄电池的使用寿命。检查时要晃动蓄电池，使液体和极板充分融合，再用吸管将电解液吸出，看液体是否浑浊和发黑。

若电解液变黑，则表示电池负极板已经软化了，此时该电池不具有修复的可能；若电解液颜色正常，则可以确定电池容量下降的主要原因为极板硫化，这样的电池就可以让铅酸蓄电池修理部修复，或卖给铅酸蓄电池修理部。

◆━ 技师指导 ━◆

以上五项检查多数是在加水铅酸蓄电池上才能进行的全面检测，尽管加水铅酸蓄电池多在货车上使用，轿车上用的已多为免护蓄电池，但这五项技能仍需全面掌握，因为电源的性能对于汽车十分重要。

若不考虑维护，单从性能上讲，低浓度硫酸和薄极板加水蓄电池更适合做起动蓄电池。

【完成任务】

这块加水蓄电池的电解液是否纯净_____。

🔧 技能点 2　蓄电池的充电方法

【完成任务】

请用汽车蓄电池充电机为一块严重亏电的免维护蓄电池和一只需要加水维护的严重亏电的蓄电池并联充电，并说出如何调节充电电流，如何估计充电需要的时间。

一、充电方法

蓄电池的常规充电方法有定电流充电和定电压充电两种，非常规充电方法有脉冲快速充电。

1. 定电流充电

蓄电池在充电过程中，使其充电电流保持恒定不变，随着蓄电池电动势的逐渐提高，逐步增加充电电压的方法叫定电流充电。当充到蓄电池单格电压上升至2.4V（电解液开始冒气泡）时，再将充电电流减小一半后保持恒定，直到蓄电池完全充满。一般对标称容量一致，且实际容量也一致的蓄电池同时进行串联充电。串联充电有较大适应性，可任意选择和调整电流，能适应多种电池情况，比如新蓄电池的初充电，使用中的电池补充充电以及去硫化充电等，其主要特点是充电时间长。

定电流充电时，蓄电池采用串联法，即把同容量的蓄电池串联起来接入充电电源。充电时每个单格电池电压按充满时 2.7~2.8V 计算，串联 24V 蓄电池数 = 充电机的额定充电电压 /（2.7V×12），串联 12V 蓄电池数 = 充电机的额定充电电压 /（2.7V×6）。串联支路的蓄电池容量最好相同，否则充电电流必须按容量最小的蓄电池来选定，而容量大的蓄电池则不容易充满或充得太慢。

2. 定电压充电

在充电过程中，加在蓄电池两端的充电电压保持恒定不变的充电方法，称为定电压充电。汽车上的发电机对蓄电池的充电即为定电压充电。其特点是充电开始时充电电流很大，随着蓄电池电动势的不断增高，充电电流逐渐减小。充电终了时，充电电流将自动减小至零，因而不需要人照管。同时，由于定电压法充电速度快，4~5h 内蓄电池就可达到自身容量的 90%~95%，比定电流充电时间大大缩短，所以特别适合对具有不同容量的蓄电池进行充电。在定电压充电过程中，充电电压对充电的效果影响很大。如果充电电压合适，蓄电池充满电后，充电电流可自动减小到 0。如果充电电压低，蓄电池将永远也充不满电，这样会对蓄电池的使用寿命产生很大的影响。如果充电电压过高，在蓄电池充满电后还会继续充电，此时的充电即为过充电。过充电将会消耗电解液中的水分，也会影响蓄电池的使用寿命。一般用原车发电机电压调节器的上限电压（14.4V）即可。定电压充电时，蓄电池常采用并联连接法。要求各并联支路的单格电压总数相等，但各蓄电池的型号、容量以及放电程度则可不同。但要注意，并联蓄电池的数目必须按充电设备的最大输出电流来决定。

3. 脉冲快速充电

脉冲快速充电又称分段充电法。充电电压的脉冲周期为：正脉冲充电、停充（25ms）、负脉冲（瞬间）放电或反充、再停充、再正脉冲充电。该充电方法显著的特点是充电速度快，即充电时间大大缩短。一次初充电只需 5h 左右，补充充电仅需 1h 左右。采用这种方法充电，还可以使蓄电池容量增加，使极板去硫化明显。但其缺点是出气率高，即充电过程中产生大量的气泡，对极板活性物质的冲刷力强，易使极性物质脱落，因而对蓄电池的使用寿命有一定影响。

二、初充电

新蓄电池或修复后的蓄电池（更换极板）在使用之前的首次充电为初充电。具体操作步骤如下：检查铅酸蓄电池外壳，拧下加液口盖，检查通气孔是否畅通；按照不同季节和气温选择电解液密度，将选择好的温度低于 35℃的电解液从加液孔处缓缓加入蓄电池内，液面要高出极板上沿 15 mm；稍等一会儿后电解液渗透到极板内部，电解液液面下降，应再加入电解液把液面调整到规定值，准备充电。因为新蓄电池在贮存中可能有一部分极板硫化，充电时容易过热，所以初充电的电流选用较小的值，并将充电分两个阶段进行。第一阶段的充电电流值约为蓄电池额定容量值的 1/15，充电至电解液中有气泡析出，蓄电池电压达到 2.4V×6=14.4V。第二阶段的充电电流值约为蓄电池额定容量值的 1/30。初充电接近终了时，电解液密度上升到最大值，并产生大量气泡，电解液呈沸腾状态。这时电池已充满电，应切断电源，避免过充电。

⬤ 技师指导 ⬤

大批量电池充电在日常生活中是看不到的，电池厂充电间和人员要求注意事项更加严格。

三、起动 / 充电机

【完成任务】

采用起动 / 充电机对这块严重亏电的蓄电池装车进行起动，显然起动机不能工作，用起动 / 充电机起动完成后，从蓄电池上拆下起动 / 充电机，转由车载发电机给蓄电池充电。

安装在车上的蓄电池在发电机正常工作时基本都处于充电良好状态，很少亏电。蓄电池容量下降、发电机不发电或有漏电故障时将导致起动机无法起动，这时一般先用外部电源起动车辆，然后用自身的发电机向蓄电池充电。对于未安装在车上的蓄电池，可以使用起动 / 充电机充电。图 1-10 所示为起动 / 充电机的控制面板，面板上有 +12V、+24V、− 充电、− 启动四个端子。起动 / 充电机可将单相交流电（220V）或三相交流电（380V）降压后整流成直流电（12V 或 24V）。

图 1-10　起动 / 充电机的控制面板

电压可通过中间的 12V 和 24V 切换钮切换，充电时电流可通过电流调节钮顺时针在 1~6 间调节，起动时可逆时针转至 7。电流和电压的大小可通过图 1-11 所示的起动 / 充电机仪表查看。

a）起动 / 充电机的电流表　　　b）起动 / 充电机的电压表

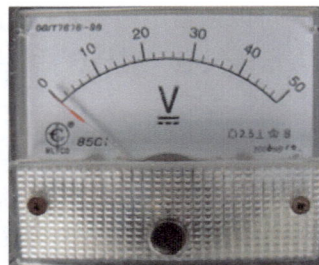

图 1-11　起动 / 充电机仪表

⬤ 技师指导 ⬤

用起动 / 充电机给车辆蓄电池充电时，应摘掉蓄电池夹头，只给蓄电池充电，防止充电机损坏原车用电器或降低充电电流。在起动车辆时应注意，若要起动大功率发动机，应先快速充电 15min 左右，再起动发动机，这时蓄电池和充电 / 起动机相当于并联起动；对于小功率发动机可直接起动。冬季起动柴油发动机前，应先将其预热塞进行预热后再起动。

四、车下充电注意事项

充电/起动机在使用时应避免受振动与撞击，不要给结冰凝固的蓄电池充电。在充电前应仔细清洁被充蓄电池，并检测其初始电压。在取下蓄电池充电夹头之前应先关闭电源，防止正负极夹子互碰打火。

───◆● 技师指导 ●◆───

大多数驾驶人在车辆不能起动时，才拆下蓄电池给其充电，此时蓄电池已是极度亏电，建议每月检查一次蓄电池，若显示电量在 60% 以下，应及时给蓄电池充电。

五、如何更换蓄电池

汽车上单片机数目众多，随机存取存储器（Random Access Memory，RAM）里的数据也非常多，有一些数据是为下一次起动和行车用的，换蓄电池时 RAM 内信息自动消失，会造成很多不必要的麻烦。可以通过在点烟器处插入 12V 的小容量电源为汽车控制单元供电。有的汽保商会销售一种数据保存装置，其本质是内置一个小容量（如 4.5A·h）的可充电电池，也是通过点烟器处插入为控制单元供电。

🔧 技能点 3　带能量回收系统的电源控制系统检修

一、车辆能量管理组件

图 1-12 所示为带能量回收系统车辆的能量管理组件。带有能量管理系统的车辆的发电机装有本地互联网络（Local Interconnect Network，LIN）调节器。这种发电机有两个插头，一个是 B+ 插头，另一个是两芯插头，通常一个被 LIN 导线占用，另一个空着。数据总线诊断接口 J533 发送 LIN 信息给 LIN 调节器。该信息根据车载电源状态给出在12.2~15V 之间的额定电压值，该值在电压调节器调节励磁电流后，即可调出。如果 LIN 导线断路，在发电机的电压调节器识别到后，能在规定的时间内把发电机电压调节到恒定的 14.3V。

车载电网控制单元J519

数据总线诊断接口J533
（车载电网控制单元2 J520）

蓄电池监控控制单元J367

发动机控制单元J623

带调节器的发电机

增强湿式蓄电池

图 1-12　带能量回收系统车辆的能量管理组件

可吸收的玻璃纤维网状蓄电池（Absorbent Glass Mat，AGM）是带有"起停"系统汽车的专用蓄电池，其成本较高。增强湿式蓄电池（Enhanced Flooded Battery，EFB）是为了节省成本而研发的一种普通蓄电池。

图 1-13 所示为蓄电池充电指示灯的熄灭过程控制。仪表内的发电机充电指示灯在"端子 15 接通"时亮起，一旦发电机发电，发电机的电压调节器通过 LIN 向数据总线诊断接口 J533 提供充电电压，通过数据总线诊断接口 J533 中的车载电网控制单元 2 J520（诊断地址 61），借助发电机内部评估进行发电机检测。J533 通过控制器局域网络（Controller Area Network，CAN）总线将发电情况发送给仪表内的控制器 J285，仪表内的控制器 J285 将充电指示灯熄灭。对于带有 LIN 发电机的车辆也可读取发电机的故障记忆存储器（诊断地址 61）。

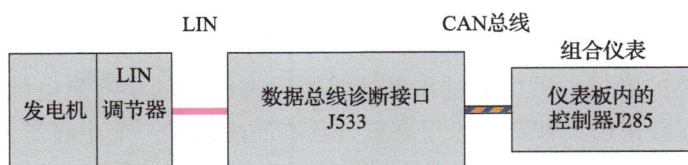

图 1-13　蓄电池充电指示灯的熄灭过程控制

二、汽车工作模式

图 1-14 所示为能量管理及回收系统的组成。

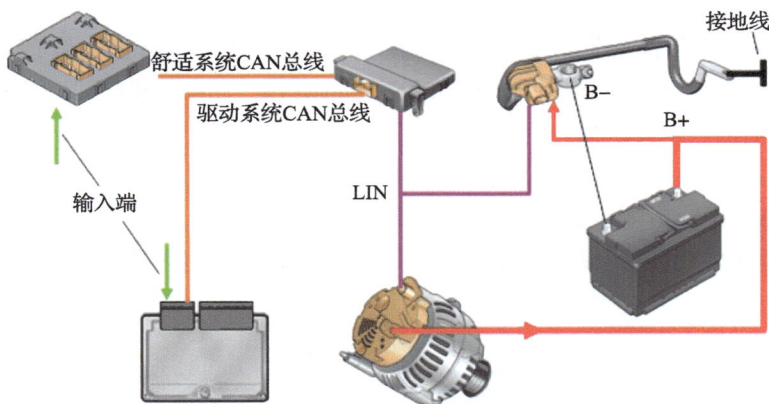

图 1-14　能量管理及回收系统的组成

1. 汽车加速模式

汽车加速模式下的电路如图 1-15 所示。为提高汽车加速性，可让发电机的输出电压低于蓄电池电压。比如将输出电压降至 12.2V，这样，发电机的输出电流减小，发动机负荷减小，汽车加速性提高，同时，燃油消耗减少，CO_2 排放降低。

汽车加速模式的工作原理是：集成在网关中的车载电网控制单元 2 J520，通过 LIN 总线与发电机的电压调节器通信，控制发电机减小励磁线圈电流。

2. 滑行（能量回收）模式

汽车滑行模式下的电路如图 1-16 所示。该模式下发电机的电压再次升高，重新为蓄电池充电，本质上是将发动机制动能量转化为电能。

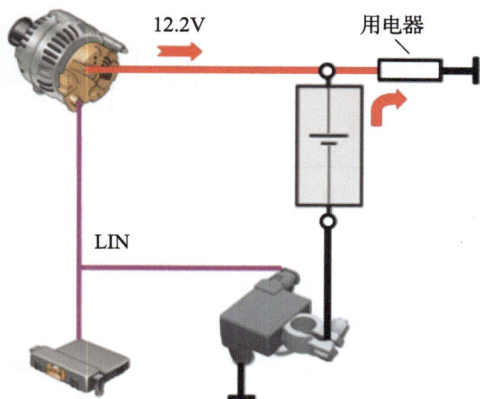

| 图 1-15　汽车加速模式下的电路 | 图 1-16　滑行（能量回收）模式下的电路 |

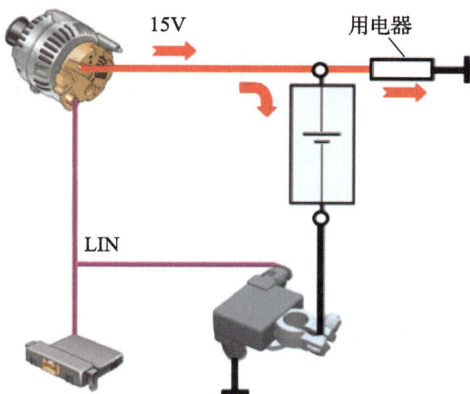

典型制动时能量回收数据：

1）未踩制动踏板时，发动机转速为 1530r/min，节气门开度为 20.8%，车速为 35km/h，发电机的发电量为 45.5A。踩制动踏板后，发动机转速下降到 1000r/min，节气门开度下降到 11.4%，车速下降到 22km/h，发电机的发电量上升到 69.1A。

2）踩制动踏板时，节气门关小，车速下降，发动机转速和发电机的转速同步下降，但是在发电机电压调压器控制下，励磁线圈电流增大，磁场增强，驾驶人制动车辆时，车身动能通过发电机转化为电能，储存在蓄电池中，在下一次发动机起动时提供电能。另外，制动时发电机除了提高发电机的发电电流，同时还提高了发电机的发电电压。

🔧 技能点 4　电动汽车 DC/DC 变换器的原理认知与检修

一、DC/DC 变换器的功能

燃油汽车和电动汽车的电气系统主要区别在于燃油汽车的铅酸蓄电池通过与发动机相连的发电机来充电，而电动汽车的铅酸蓄电池则由动力蓄电池通过直流（Direct Current，DC）/ 直流变换器降压来充电。

DC/DC 变换器能把动力蓄电池的直流高压降为燃油汽车中发电机的直流电压（如 12V 或 24V）。例如，400V 动力蓄电池在汽车行驶中电压会逐渐降到汽车驱动电机不能工作的电压（280V），DC/DC 变换器能保证在 280~400V 变化电压区间内输出稳定的 14V 电压。另外，当动力蓄电池完全放电之后，汽车已经不能行驶时，DC/DC 变换器仍能从辅助蓄电池中吸取能量，并向电动汽车的 12V 基本辅助子系统提供稳定的 14V 电压，对于 24V 系统则能提供稳定的 28V 电压。

二、DC/DC 变换器的原理

混合动力普锐斯动力蓄电池电压为 DC 201.6V，因此，需要变换器将这个电压降低到 DC 12V 来为辅助蓄电池充电。这个变换器安装在变频器的内部，其原理如图 1-17 所示。

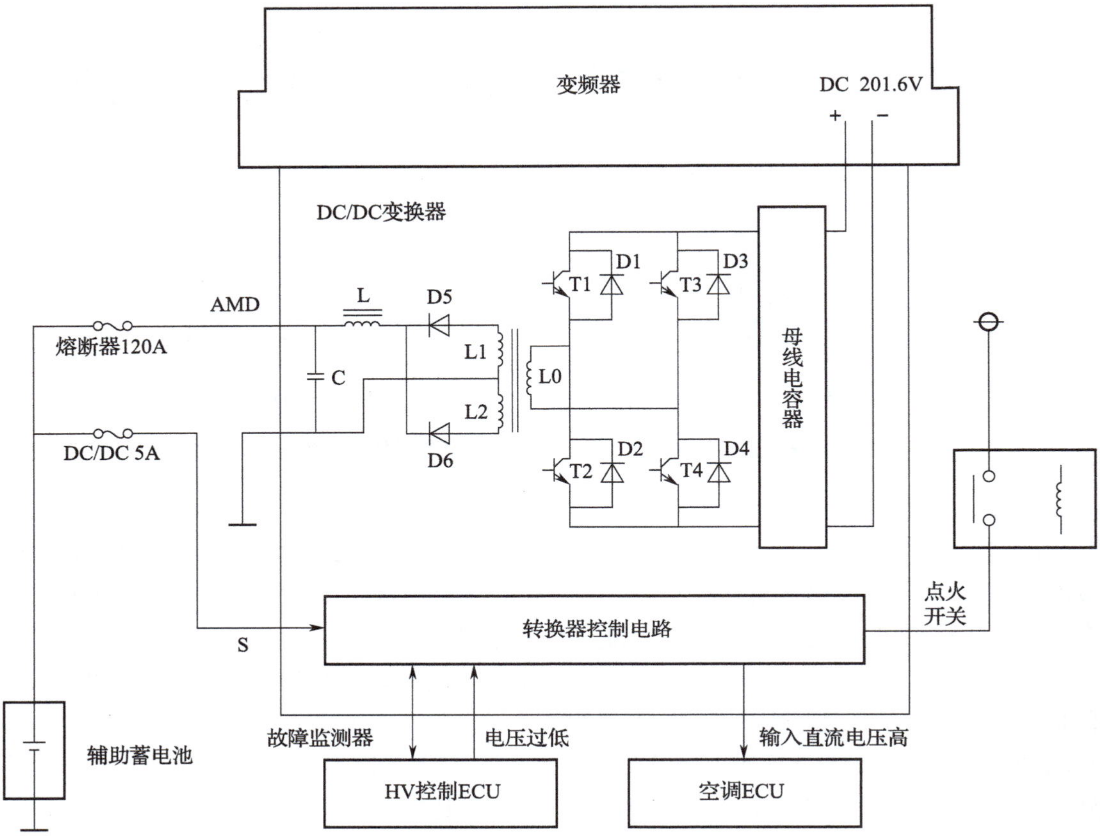

图 1-17　DC/DC 变换器的原理

1. 形成交流电

在初级线圈 L_0 侧用四个晶体管 T_1、T_2、T_3、T_4 振荡出交流电，方法是晶体管 T_1、T_4 导通一次，再让 T_2、T_3 导通一次，反复这样将直流电变换为交流电。

2. 整流、滤波

在次级线圈 L_1、二极管 D_5，次级线圈 L_2、二极管 D_6 中形成两个半波整流电路，再经线圈 L 和电容 C 形成的 LC 滤波电路滤波。电流经直流（Ampere Direct，AMD）端子输出，再经 120A 熔断器向 12V 蓄电池充电。

3. 电压反馈

传感器（Sensor，S）端子的作用是监测 12V 蓄电池的电压，在 12V 蓄电池的充电电压低时让 DC/DC 变换器提升充电电压，在 12V 蓄电池的充电电压高时让 DC/DC 变换器降低充电电压，本质上相当于传统汽车的蓄电池电压检测法。

三、DC/DC 变换器的检修

【完成任务】

用万用表测量车上 12V 铅酸蓄电池的开路电压和其他工况下的端电压，把测得的电压值填入表 1-3，要求精确到小数点后两位。

表 1-3　不同工况下的蓄电池电压

工况	开路	供电开关 OFF	供电开关 ON	供电开关 READY	发动机起动后
电压 /V					

写出 12V 降压 DC/DC 变换器在什么工况下才向蓄电池充电：

_____

_____

━━━ 技师指导 ━━━

传统 S 线是发电机电压调节器进行蓄电池电压检测线，是 Source 电源的缩写。当蓄电池端电压偏离基准值时，电压调节器做出反向的电压调节。

实践任务
蓄电池亏电故障的解决

请在本书配套的《实践任务及工作任务单》中完成实践任务 1 的学习内容。

学习任务单

一、填空题

1. 汽车电源系统是描述_____、_____、_____以及电源是_____的系统。
2. 蓄电池通常用英文_____或_____表示，也可缩写为 Batt 或用字母 A 表示。
3. 蓄电池单格电动势大约为_____V。
4. 蓄电池电解液的密度一般为_____g/cm^3。
5. DC/DC 的中文名称为_____。

二、判断题

1. 充电时水被消耗，而硫酸增多，电解液密度逐渐上升。 （　　）
2. 若将蓄电池正、负极接错充电，会令蓄电池极板快速损坏。 （　　）
3. 起动时蓄电池端电压（起动机和正、负极电缆线的电压）较蓄电池开路电压下降得多，由此判断蓄电池内阻升高。 （　　）
4. 风帆（Sail）6-QA-120 第 1 位表示串联的单格数为 6。 （　　）
5. DC/DC 变换器能把动力蓄电池的直流高压降为燃油汽车中发电机的直流电压（如 12V 或 24V）。 （　　）

三、单选题

1. 在汽车上测量蓄电池开路电压时，需要（　　）。
   A. 断开蓄电池负极线缆测蓄电池电压　　　B. 关掉点火开关测蓄电池电压
   C. 断开蓄电池正极线缆测蓄电池电压　　　D. 以上均需要
2. 汽车上打开点火开关时，蓄电池电压相比蓄电池开路电压要（　　）。
   A. 低很多　　　B. 低一点　　　C. 高一点　　　D. 高很多
3. 供电开关打到 READY 档时，打开前照灯，此时蓄电池电压相比蓄电池开路电压要（　　）。
   A. 低很多　　　B. 低一点　　　C. 高一点　　　D. 高很多
4. 蓄电池负极的电池管理系统不能监测的物理量是（　　）。
   A. 蓄电池电压　B. 蓄电池电流　C. 蓄电池温度　D. 蓄电池内阻
5. DC/DC 测试需要在（　　）档位。
   A. ACC　　　B. ON　　　C. START　　　D. READY

能力模块二
汽车供电控制系统原理认知与检修

情境导入

一辆 2019 年 5 月出厂的吉利 EV450 电动汽车，按下一键起动按钮后，仪表一片漆黑。测量蓄电池电压为 12.68V，为正常值。

如果你是接车的修理技术人员，应如何找出故障原因？修理方案应如何制订？

学习目标

能力目标

- 能说出无电源控制 ECU 时电源分配的方法。
- 能说出有电源控制 ECU 时电源分配的方法。
- 能够说出传统燃油汽车金属钥匙式点火开关的 OFF、ACC、ON、START 档的意义。
- 能够说出操作一键起动按钮的 OFF、ACC、ON、READY 档的意义。
- 能够说出为什么电动汽车可以取消 ACC 档。
- 能够进行传统燃油汽车金属钥匙式点火开关的 OFF、ACC、ON、START 档位操作（非一键式）。
- 能够进行一键起动按钮的 OFF、ACC、ON、READY 档位操作（一键式及制动开关控制型）。
- 能够进行一键起动按钮的 OFF、ON、OK 操作（一键式及制动开关控制型）。
- 能够进行非一键式起动开关的 OFF、ON、READY 操作（制动开关和换档锁止开关控制型）。
- 能够检查 ACC 档（附件档）继电器的工作条件及 ACC 继电器电路。
- 能够检查 IG 档（点火档）继电器的工作条件及 IG 继电器电路。
- 能够检查 ST 档（起动档）继电器的工作条件及 ST 继电器电路。

素养目标

- 小组能进行团队协作，成员间积极沟通与表达。
- 查阅资料的能力。

知识储备

📖 知识点 1　无电源控制 ECU 的供电控制

在无电源控制 ECU 的供电系统中，由驾驶人旋转操作点火开关的输出端子完成供电控制。由于负载的电流要流经点火开关，可能会导致点火开关损坏，也可能导致一些误操作。

说明　本模块内容兼容燃油汽车的供电系统。

一、点火开关功能

图 2-1 所示为传统型点火开关和点火开关符号（OFF 档）。

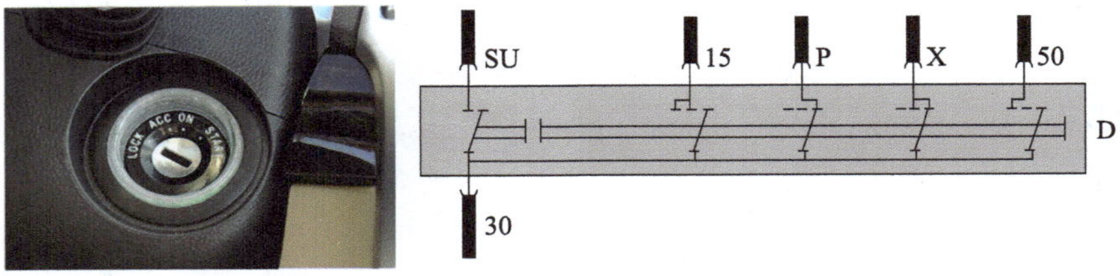

图 2-1　传统型点火开关和点火开关符号（OFF 档）

点火开关各档功能如下：

1）汽车锁 / 关闭（LOCK/OFF）档。点火开关在 LOCK 档时，钥匙可拔出（自动变速器在 P（Park）档），同时方向盘锁死，切断各档的供电。

2）附件（ACC）档。点火开关在附件档时，收音机、小功率车灯等可以正常使用。该档位主要用于给小功率电器供电。此时发动机运行，发电机不发电，长时间会造成蓄电池亏电。

3）点火（ON）档。点火开关在点火档时，除了起动机外的设备都被供电。在发动机起动后（发电机工作），"ON"是汽车正常运行工作档。若发动机未运行时点火开关在点火档，此时发动机不运行，发电机不发电，长时间也会造成蓄电池亏电。

4）起动（START）档。起动电机运转，点火（START 档）时，ACC 档即停止其他电器供电，点火完成后松开钥匙，钥匙会自动返回 ON 档。机械钥匙手柄处也可能配有电子防盗芯片，这样在点火开关底座上也会装有防盗器天线线圈。

二、点火开关供电端子

点火开关可直接进行供电控制，电流经过点火开关 30s 后，可从 SU、15、P、X、50 这 5 个端子实现对外供电。不带电源 ECU 的供电控制如图 2-2 所示。开关的端子输出如下：

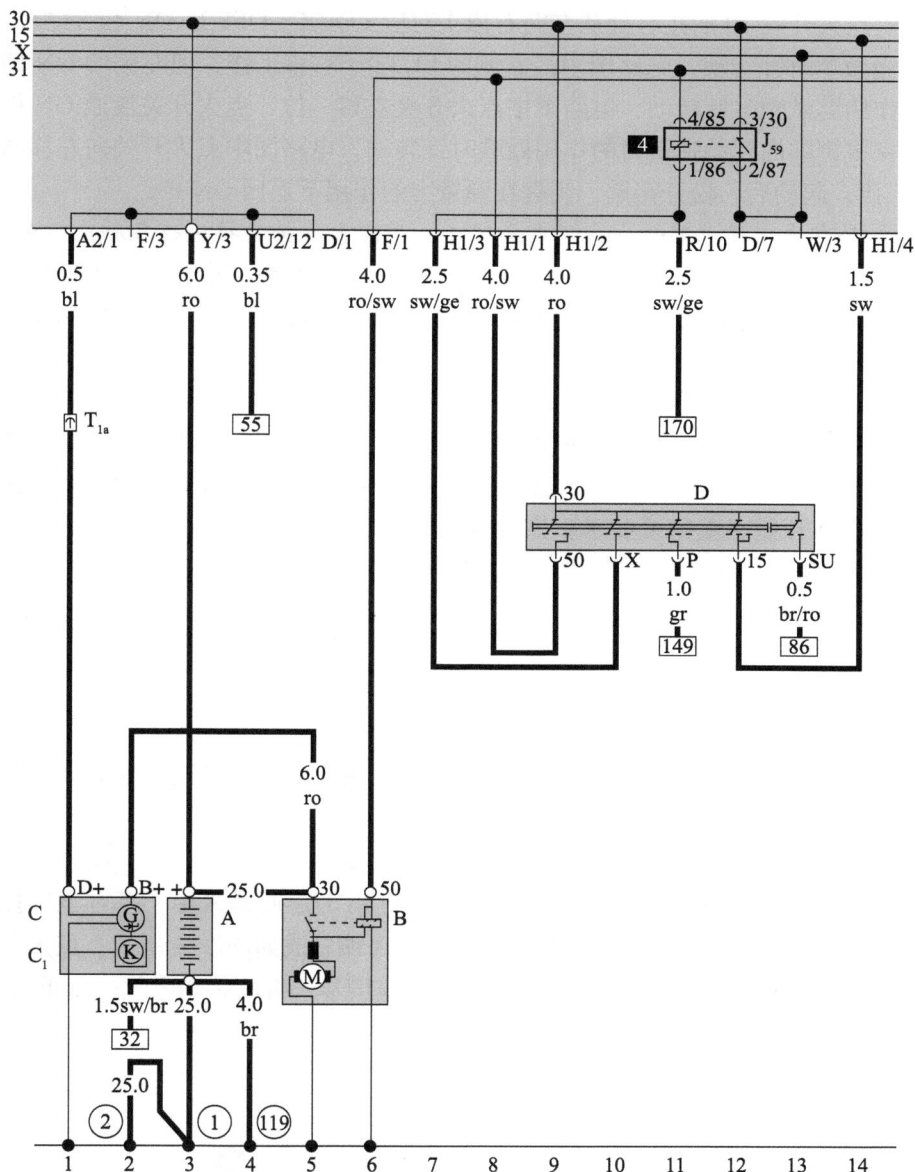

图 2-2　无电源控制 ECU 的供电控制

1）点火开关 30 是常有电端子。

2）点火开关在 ACC 档时 SU（Supplement）端子有输出。

3）15 端子在点火开关位于 ON 档时有输出。

4）P 位是钥匙插入后就实现输出的一个档位。

5）X 端子用于大功率用电器的供电控制，在起动档时，X 端子停止对外输出，以保证起动机的供电。

6）50 端子为起动档输出端子，用于给起动机的磁力开关供电。

由图 2-2 可知，机械式点火开关 D 从 30 引脚将电引入开关，从 SU、15、P、X、50 这 5 个端子输出，SU、15、P、X、50 分别为附件端子、点火端子、驻车端子、大荷端子、起动端子。点火开关 30 的接合处从左向右依次对应 LOCK（OFF）、ON 和 START 档，操作钥匙缓慢做顺时针转动，电路图中最右侧的 SU 端子右移工作，但左侧的 ON 档仍未接通；再操作钥匙做顺时针转动，电路图中点火开关左移一位，点火开关接通 ON 档；继续操作钥匙克服钥匙内起动弹簧力的作用做顺时针转动，电路图中点火开关向左移两位，接通 START 档，起动后，松开钥匙，钥匙在弹簧力的作用下返回 ON 档。

说明 早期汽车用电器较少，用电量较小，用点火开关直接进行各档电源分配即可。随着用电器增加，各档电流增大，金属触点容易烧蚀。另外，为了满足电源分配的智能化，这种通过开关直接进行电源分配的点火开关被带有电源分配管理功能的 ECU 代替。

【完成任务】

通过操作机械式点火开关观察各档位时汽车的反应，调到 ACC 档，打开收音机看收音机是否工作；调到 ON 档，检查蓄电池警告灯是否亮起；调到 START 档看起动机是否工作；汽车起动后松手，点火开关回到哪个档位？在这个档位再向 START 档方向转动一次是否能转动？思考一下为什么这样设计。

知识点 2   "有"钥匙的电源分配控制

说明 "有"钥匙的意思是指驾驶人上车后，需要拿出钥匙并进行操作后才能进行相应的电源分配。

一、以机械钥匙在点火锁内转动到不同位置的信号作为电源分配的输入

大众速腾的电源控制系统没有专门的电源控制 ECU，而是采用了基本电气控制单元（J519）作为电源控制 ECU，其点火开关电路和点火锁总成如图 2-3 所示。点火开关向基本电气控制单元（J519）提供 15 号线、X 线及 S 线信号，再由基本电气控制单元（J519）实施相应的继电器供电控制。

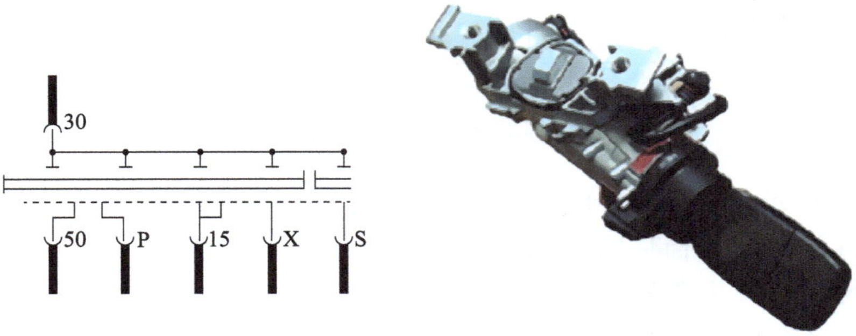

图 2-3 大众速腾的点火开关电路和点火锁总成

二、采用钥匙插入钥匙盒不同位置产生的不同信号作为电源分配输入

进入和起动授权开关 E415 需要插入电子点火开关内部，通过接触相应的机械触点以达到与机械钥匙相同的作用（图 2-4）。比如，开关插入电子点火开关后，向下按第一个

深度为 ACC 档；再向下按到第二深度为 ON 档；踩下制动踏板，再向里按达最深时为 START 档。

进入和起动授权开关 E415 的插脚和不同位置的接通触点如图 2-5 和图 2-6 所示 E415 可将钥匙的压入距离转换成电信号（如 P 驻车档、S 附件档、15 点火档、50 起动档）；还集成有识别钥匙身份的防盗发射和接收读写线圈 D1。N376 在断电后方可将电子钥匙拔出（解除锁止），目的是防

图 2-4 进入和起动授权开关 E415

止钥匙在车的行驶振动中从电子钥匙槽中脱出发生意外，它在自动档汽车上和拔机械钥匙的控制条件相同，即换档手柄在 P 位时自动释放锁止按钮（内部有开关）。L76 为照明灯。

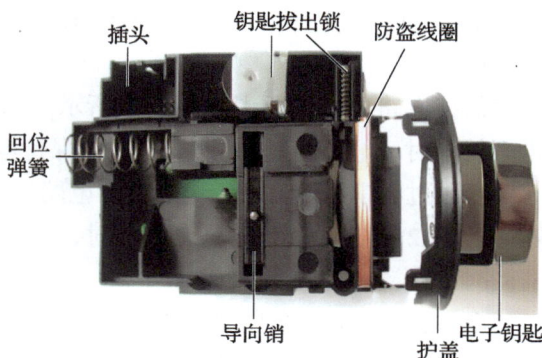

图 2-5 E415 的插脚

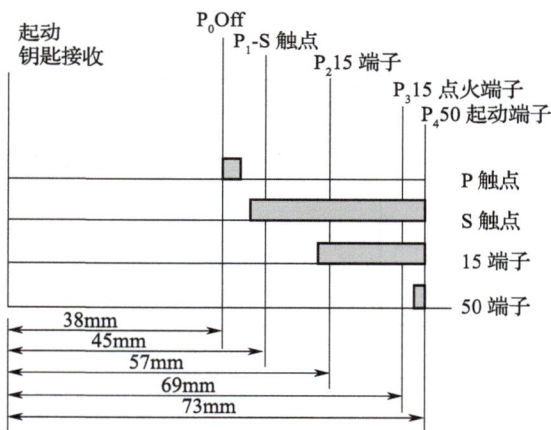

图 2-6 E415 不同位置的接通触点

点火开关向基本电气控制单元（J519）提供 15 号线、50 线及 S 线信号，再由基本电气控制单元（J519）实施相应的继电器供电控制，信号可直接传递，也可由总线传递。

📖 知识点 3 有钥匙、有起动按钮的电源分配控制

在采用一键起动的传统燃油汽车或电动汽车必须配有电源控制 ECU。下面介绍复位开关＋非复位开关的电源控制 ECU 的例子。复位开关产生钥匙信号，非复位开关起动发动机。

一、IG 保持电路

电源控制 ECU 根据从按钮开关、制动开关和 ECU 接收的信号控制按钮起动功能。电源控制 ECU 通过 BEAN（车身电气局域网）与收发器钥匙 ECU 及智能进入和起动系统

ECU 保持通信。此外，还有一条专门串行通信线独立地与收发器钥匙 ECU 及转向锁 ECU 保持通信。

保持电路的工作原理如图 2-7 所示。当 IG1 继电器激活电路和 IG2 继电器激活电路出现故障时，电源控制 ECU 提供一条保持电路以维持 IG1 和 IG2 的起动。该电路防止了车辆行驶过程中由于 IG1 继电器激活电路和 IG2 继电器激活电路出现故障而导致电源被切断。若 IG2 继电器激活电路有故障时，保持电路直接输出，这时 IG1 继电器和 IG2 继电器同时工作。

电源控制 ECU 在存储器中不断地存储当前的电源模式（LOCK/OFF、ACC、ON、START）。如果拆下蓄电池而导致电源控制 ECU 电源的中断，那么蓄电池重新连接后的一瞬间，电源控制 ECU 控制电源模式为 OFF。因此，在拆下蓄电池之前，应确保发动机点火开关处于 OFF 状态，并将钥匙从钥匙孔中拔出。

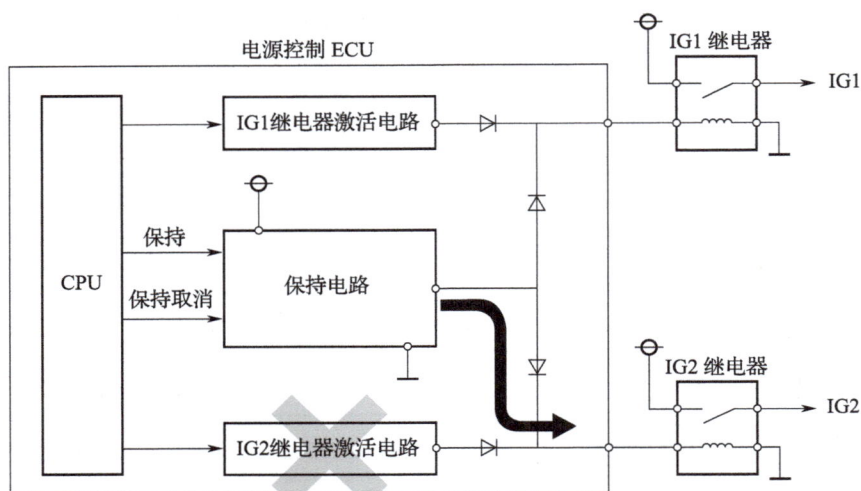

图 2-7 保持电路的工作原理

二、转向锁总成

1. 简述

图 2-8 所示为转向锁总成控制原理。随着一键起动功能的采用，转向锁系统也一起被采用，锁止电机实现电力锁止转向柱和开锁。当驾驶人将电子钥匙插入钥匙孔后，按下发动机开关或通过持有的钥匙进入车辆时，该系统打开转向柱。在电源模式为 OFF 或 ACC 时，驾驶人将钥匙从钥匙孔中拔出后，系统会锁止转向柱。同样，在变速杆处于 P 位时，任意一个车门处于打开状态（发动机停止状态下）系统都会锁止转向柱。

转向锁 ECU 集成在转向锁总成中，通过控制锁止电机来控制转向锁总成中的锁条。电子转向锁 ECU 检测锁条的位置（锁止 / 开锁）并将信息发送给电源控制 ECU、收发器钥匙 ECU 和其他 ECU。转向锁 ECU 和电源控制 ECU、收发器钥匙 ECU 相连接，当收到两者 ECU 的批准信号后，开动锁止电机。转向锁 ECU 也将开锁信号发送给电源控制 ECU 和收发器钥匙 ECU。收到信号后，电源控制 ECU 允许发动机 ECU 起动发动机，收发器钥匙 ECU 使停机系统失效。

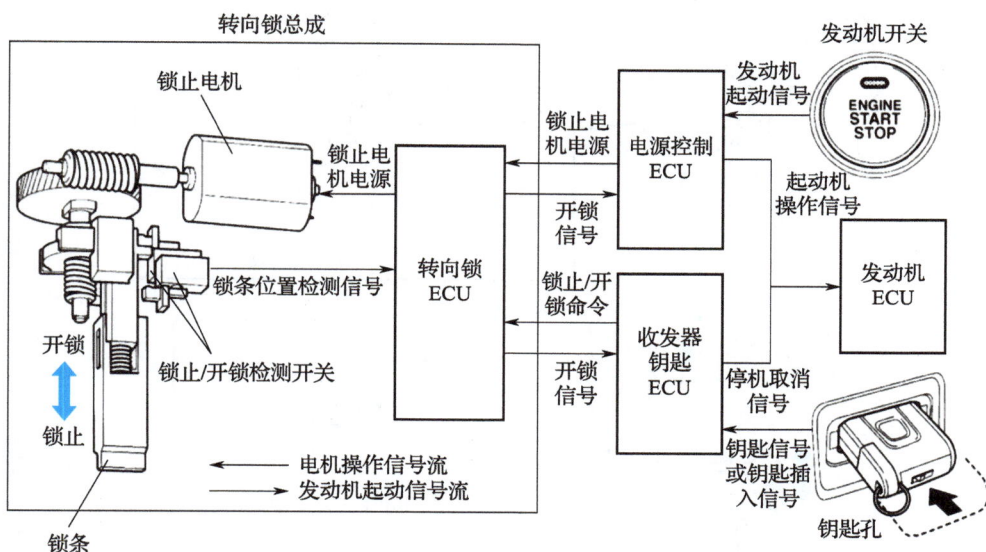

图 2-8　转向锁总成控制原理

> **维修提示**　仅更换转向锁总成中的转向锁 ECU 是不可能的。因此，如果 ECU 发生故障，必须更换整个转向锁总成。

2. 结构和工作原理

转向锁的结构和工作原理如图 2-9 所示。转向锁 ECU 和执行器内置于转向锁总成中。执行器由一个提供动力的电机、传递动力的减速齿轮，一个锁止转向柱的锁条和检测锁条位置的多个检测开关组成。齿轮将电机的旋转运动转换为举升器的垂直运动。这就导致了集成于举升器的锁条沿着垂直方向运动。因此，锁条的顶端在转向柱中齿轮齿间的凹处实现啮合，从而有效地锁止转向柱。由检测开关检测并决定转向柱是否锁止锁条位置，随后，将信息发送给转向锁 ECU。

3. 功能

（1）发动机开关控制　如果驾驶人持有钥匙操作发动机开关，则电源控制 ECU 起动室内的振荡器将请求信号发送给钥匙。接收到信号后，钥匙将 ID 代码信号发送给智能进入和起动系统 ECU。

收发器钥匙 ECU 接收并核实由智能进入和起动系统 ECU 通过 BEAN 传来的检查结果，然后将结果发送给电源控制 ECU。电源控制 ECU 根据这些结果来批准发动机开关的操作。

（2）转向锁控制　根据从收发器钥匙 ECU 和电源控制 ECU 传来的信号，锁止电机起动锁止/开锁转向柱。

（3）诊断　当电源控制 ECU 检测到故障时，它能诊断并存储故障部分的信息。

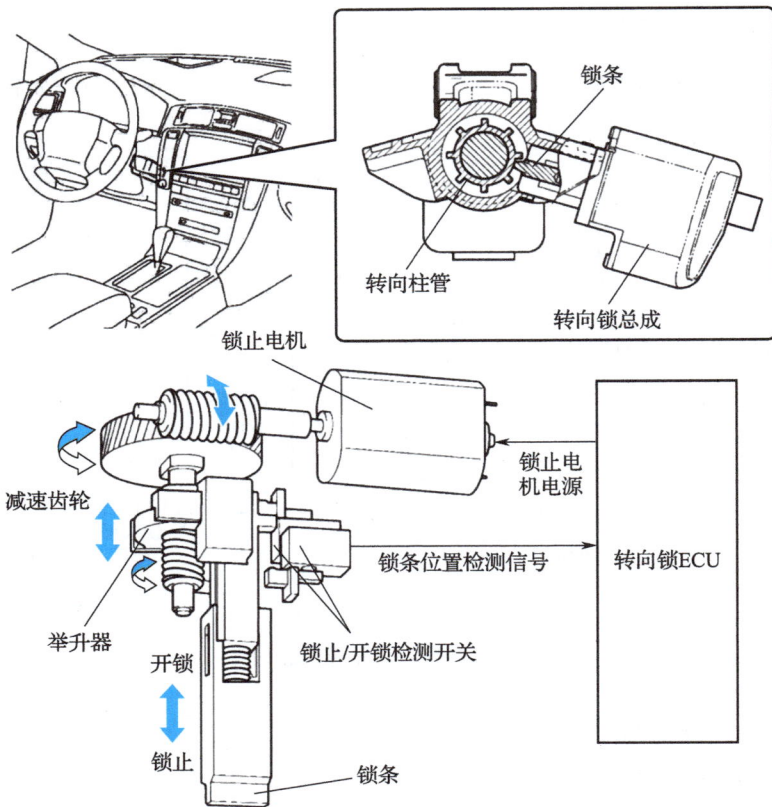

图 2-9 转向锁的结构和工作原理

三、发动机开关控制

1. 简述

驾驶人将钥匙插入钥匙孔后，收发器钥匙 ECU 识别钥匙的 ID 代码时，或者驾驶人持有钥匙进入车辆后按下发动机开关时，智能进入和起动系统 ECU 识别钥匙的 ID 代码，电源控制 ECU 批准发动机开关的操作。结果，电源转换为发动机开关选定的模式。变速杆在 P 位时，每次按下发动机开关，电源模式都经历三个阶段（OFF → ACC → IG-ON → OFF）。无论之前是何种电源模式，如果驾驶人踩下制动踏板（导致制动灯开关打开）的同时按下发动机开关，则电源模式转换成发动机起动状态。电源模式处于 ACC 大约 1h 后，电源控制 ECU 将自动关闭电源。

一般来说，车辆行驶过程中，发动机开关的操作是无效的。但是，如果车辆行驶过程中遇到紧急情况要求发动机必须停止时，驾驶人可以按下发动机开关持续 3s 或更长的时间便于使发动机停止（发动机开关从发动机运转→ ACC 状态）。

2. OFF → ACC

OFF → ACC 的控制原理如图 2-10 所示，驾驶人将钥匙插入钥匙孔，或者驾驶人持有钥匙进入车辆后按下发动机开关，收发器钥匙 ECU 或智能进入和起动系统 ECU 检查钥匙的 ID 代码。这种状态下，如果驾驶人不踩下制动踏板而按一次发动机开关，则电源控制 ECU 核实钥匙 ID 代码的检查结果和收发器钥匙 ECU 提供的制动灯开关状态。当检查结果表明钥匙的 ID 代码合法时，电源控制 ECU 打开 ACC 继电器，并起动 ACC 电源。此时，电源控制 ECU 使发动机开关上的黄色指示灯亮起，以通知驾驶人已开启 ACC 电源模式。收发器钥匙 ECU 向转向锁输出开锁命令以使转向锁开锁。

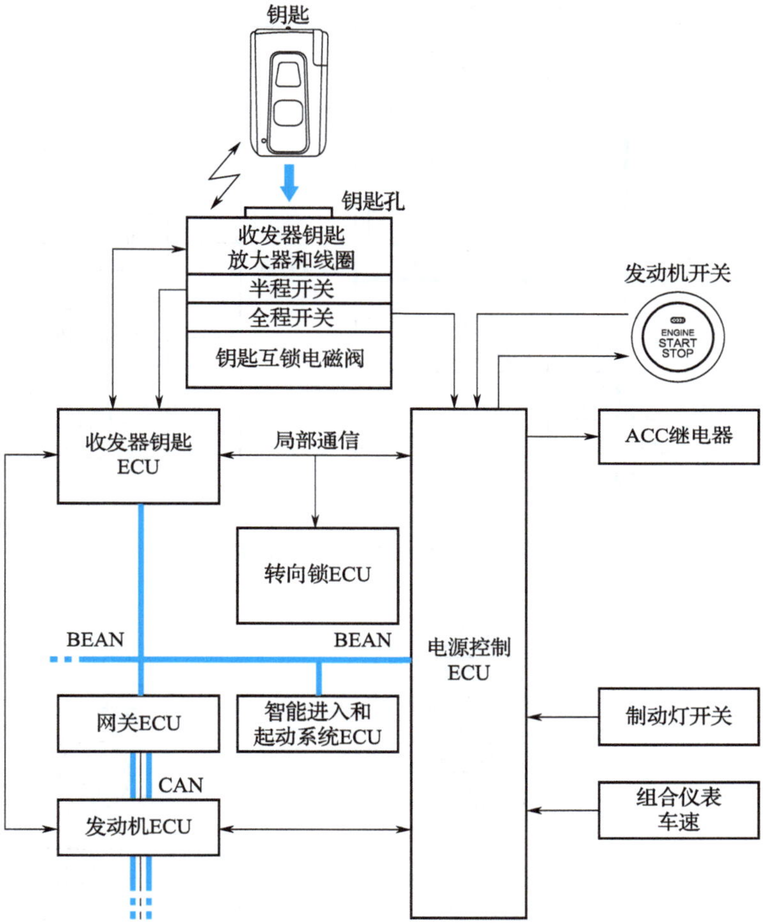

图 2-10　OFF → ACC 的控制原理

3. ACC→IG-ON

　　ACC→IG-ON 的控制原理如图 2-11 所示，当电源模式处于 ACC 状态，驾驶人没有踩下制动踏板而按一次发动机开关时，电源控制 ECU 将打开 IG1 和 IG2 继电器，以起动 IG 电源。此时，ACC 继电器保持 ON 状态。此时，电源控制 ECU 保持发动机开关上的黄色指示灯亮起。

4. OFF→发动机起动

　　OFF→发动机起动的控制原理如图 2-12 所示，当钥匙插入钥匙孔后，收发器钥匙 ECU 检查钥匙的 ID 代码。这种状态下，如果驾驶人在踩下制动踏板的同时按下发动机开

图 2-11　ACC → IG-ON 的控制原理

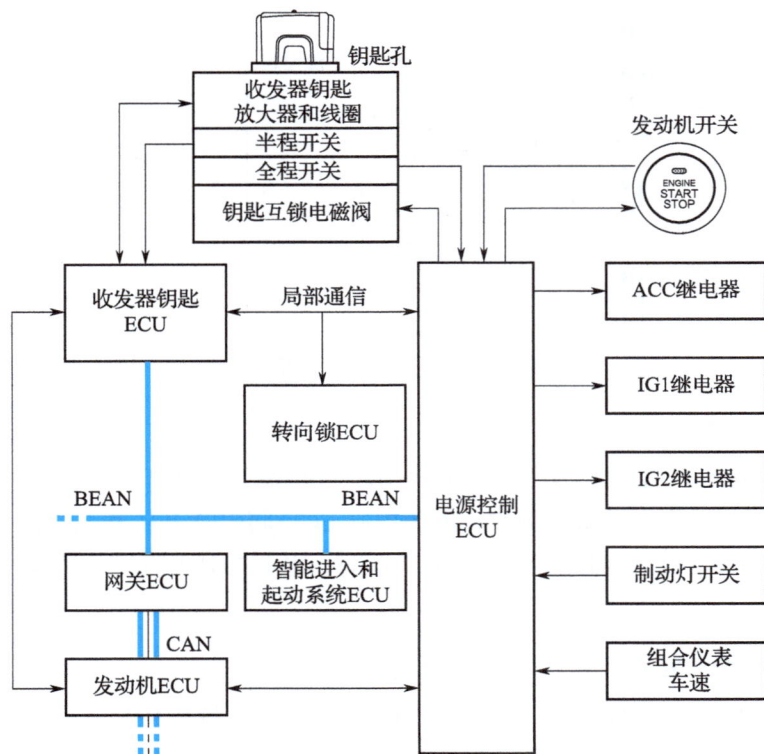

图 2-12　OFF →发动机起动的控制原理

关，则电源控制 ECU 校验由收发器钥匙 ECU 提供的钥匙 ID 代码的检查结果。当检查结果表明钥匙的 ID 代码合法时，电源控制 ECU 使发动机开关上的绿色指示灯亮起，以通知驾驶人发动机可以起动。此时，如果驾驶人按一次发动机开关，则电源控制 ECU 将打开 IG1 和 IG2 继电器，以起动 IG 电源。收发器钥匙 ECU 向转向锁输出开锁命令以使转向锁开锁。如果不能打开转向锁，则发动机开关上的绿色指示灯闪烁，以通知驾驶人发动机不能起动。此时，转向锁总成的锁条与转向柱管的齿轮实现啮合。因此，向顺时针方向或逆时针方向转动方向盘时应再一次按下发动机开关。点亮指示灯后，电源控制 ECU 将把发动机起动指示信号发送给发动机 ECU。发动机 ECU 收到信号后，校验收发器钥匙 ECU 提供的钥匙 ID 代码的检查结果。当检查结果表明钥匙的 ID 代码合法时，发动机 ECU 起动发动机。此时，电源控制 ECU 将关闭发动机开关上的指示灯以通知驾驶人发动机处于运行状态。

5. 发动机运转或 IG-ON → OFF

发动机运转或 IG-ON → OFF 的控制原理如图 2-13 所示，当车辆停止且变速杆处于 P 位时，如果驾驶人按下发动机开关使电源模式从发动机运转或 IG-ON 变为 OFF，则 ACC、IG1 和 IG2 继电器将被关闭，然后关闭电源。如果变速杆处于 P 位以外的档位时，驾驶人按下发动机开关，则电源模式将从 IG-ON 变为 ACC。因此，将变速杆置于 P 位并按下发动机开关两次直到电源模式变为 OFF。当电源模式从 IG-ON 变为 OFF 时，电源控制 ECU 关闭发动机开关上的指示灯以通知驾驶人目前为 OFF 模式。

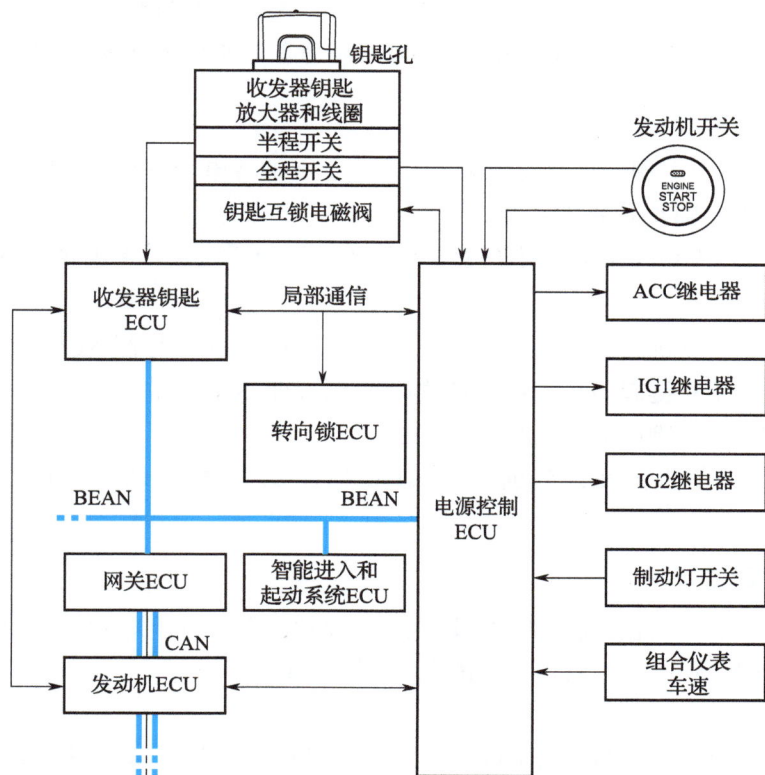

图 2-13　发动机运转或 IG-ON → OFF 的控制原理

四、转向锁控制

1. 开锁操作

驾驶人将钥匙插入钥匙孔或者驾驶人持有钥匙进入汽车后，收发器钥匙 ECU 或智能进入和起动系统 ECU 识别钥匙的 ID 代码。然后，驾驶人按下发动机开关即可使转向锁开锁。操作条件为（以下条件必须依次满足）：

1）完成 ID 代码识别。

2）按下发动机开关。

2. 锁止操作

当发动机正在运行（车辆停止）时，将变速杆置于 P 位，按下发动机开关，然后拔出钥匙或打开任意车门，转向锁即锁止。操作条件为（以下条件必须依次满足）：

1）变速杆位于 P 位。

2）电源模式为 OFF。

3）拔出钥匙或打开任意车门。

📖 知识点 4　"无"钥匙的电源分配控制

说明　"无"钥匙的电源分配控制是指驾驶人上车后，不需要拿出钥匙，直接操作车上的一键起动按钮就能进行相应的电源分配。采用"无"钥匙的电源分配控制时，无钥匙进入及起动的工作原理见能力模块七，下面仅从电源各电源分配的档位进行说明。

1. 有一键起动开关

大多数电动汽车采用一键起动开关（吉利、比亚迪等电动汽车）、制动开关操作来实现对 ACC 继电器、IG 继电器的控制。

说明　一般的电动汽车都取消了 START 继电器，少量电动汽车取消了 ACC 继电器。

操作方法：

1）第一次按下一键起动开关后为 ACC 档，电源管理 ECU 控制 ACC 继电器工作。

2）第二次按下一键起动开关后为 IG 档，电源管理 ECU 控制 IG 继电器工作。

3）第三次按下一键起动开关后回 OFF 档。

4）踩下制动踏板，无论当前处于 ACC 档还是 IG 档，按下一键起动开关后为 READY 档。

2. 无一键起动开关

对于一些未设计一键起动开关的电动汽车，通常采用制动开关操作、换档锁止开关操作及档位操作来实现对 ACC 继电器、IG 继电器的控制。

操作方法：

1）第一次踩下制动踏板就为 IG 档，电源管理 ECU 控制 IG 继电器工作。

2）踩下制动踏板，且按下变速杆上的锁止按钮时挂入 D 位或 R 位，高压继电器上电工作，低压 IG 继电器保持工作。

3）红旗电动汽车下电需要在 P 位按下电开关（这个开关在上电时不需要操作，仅用于下电）。

4）特斯拉电动汽车在 P 位时，锁车后才能进行高压和低压下电。

实践任务
电动汽车仪表无显示的故障排除

请在本书配套的《实践任务及工作任务单》中完成实践任务 2 的学习内容。

学习任务单

一、填空题

1. 传统燃油汽车的金属钥匙式起动开关有_____、_____、_____和_____四个档位。

2. 模拟燃油汽车档位的一键式起动开关有_____、_____、_____和_____四个档位。

3. 比亚迪纯电动汽车一键式起动开关有_____、_____和_____三个档位。

4. 红旗纯电动汽车一键式起动开关有_____、_____和_____三个档位。

二、判断题

1. 机械钥匙在 LOCK 档时，钥匙可拔出（自动变速器在 P 位），同时方向盘锁死，切断各档的供电。　　　　　　　　　　　　　　　　　　　　（　　）

2. 附件（ACC）档时收音机、小功率车灯等可以正常使用，该档位主要用于小功率电器供电。　　　　　　　　　　　　　　　　　　　　　　　　（　　）

3. 点火（ON）档时，除了起动机外的设备都被供电。　　　　　（　　）

4. 在附件档时 SU（Supplement）有输出。　　　　　　　　　　（　　）

5. P（Park）位是钥匙插入后就实现输出的一个档位。　　　　　（　　）

三、单选题

1. 下列是附件档的是（　　　）。
   A. SU　　　　　B. 15　　　　　C. P　　　　　D. X　　　　　E. 50

2. 下列是点火档输出线号的是（　　　）。
   A. SU　　　　　B. 15　　　　　C. P　　　　　D. X　　　　　E. 50

3. 下列是起动档输出线号的是（　　　）。
   A. SU　　　　　B. 15　　　　　C. P　　　　　D. X　　　　　E. 50

4. 原卸荷档的替换档线号是（　　　）。
   A. SU　　　　　B. 15　　　　　C. P　　　　　D. X　　　　　E. 50

5. 驻车档输出的线号是（　　　）。
   A. SU　　　　　B. 15　　　　　C. P　　　　　D. X　　　　　E. 50

能力模块三
照明和信号系统原理认知与检修

情境导入

一辆纯电动汽车仪表板上的某个绿色指示灯突然亮起，经查本灯为照明系统故障指示灯。

如果你是接车的修理技术人员，应如何解决本故障？修理方案应如何制订？

学习目标

能力目标

- 能说出照明灯的种类。
- 能说出信号灯的种类。
- 能说出照明系统的故障灯符号。
- 能说出照明灯和信号灯的监控方法。
- 能够进行照明和信号的操作检查。
- 能够检查前照灯的远光和近光电路。
- 能够检查危险警告灯和转向灯电路。
- 能够检查车内照明灯电路。

素养目标

- 了解汽车照明和信号的法律规定或要求。
- 能按照照明和信号的使用要求驾驶汽车。

知识储备

知识点1 照明和信号简介

说明 设定故障要反映实际可能发生的故障，最好采用从服务站收来的有故障的开关和继电器等进行任务驱动。任务驱动可分为六种类型，第一种是一侧前照灯无搭铁故障；第二种是一侧转向灯泡损坏；第三种是闪光继电器引起转向和危险警告灯故障；第四种是更换方向盘下部的组合开关总成；第五种是喇叭开关导致的声音不正常；第六种是倒车灯电路的倒车灯开关损坏。设定故障时可从中选择一种作为典型故障。

一、照明系统元件的名称和作用

为了保证汽车行驶的安全性，减少交通事故和机械事故的发生，汽车上都装有照明系统、信号系统、仪表系统和警告系统，在车辆的使用过程中要求四类系统的装置应齐全、完好、功能有效。

汽车灯光系统（图3-1）分别作为照明和信号使用，图3-1的图注中，△开头的灯为信号灯；○开头的灯为照明灯。汽车灯光系统的功能是：照明道路，如前照灯总成中的远光灯和近光灯；在黑暗中显示汽车轮廓，如示宽灯、驻车灯；向其他的交通参与者显示行驶意图，如转向灯、制动灯；对其他交通参与者发出警告，如危险警告灯。

图3-1 汽车灯光系统

1—△驻车灯　2—△转向灯　3—○前照灯近光灯　4—○前照灯远光灯　5—△辅助制动灯（高位制动灯）
6—○尾灯　7—△制动灯　8—△转向灯　9—△反光器　10—○后雾灯　11—△倒车灯
12—○牌照灯　13—○雾灯

目前，多将前照灯（远光灯、近光灯）、前示宽灯、前转向灯等组合起来，称为前照灯总成；将后示宽灯（也称尾灯）、后转向信号灯、制动、倒车灯、后雾灯等组合起来称为后尾灯总成。前雾灯通常独立在汽车前保险杠的下部。

照明系统分为"室外照明"和"室内照明"两种。

1. 前照灯

前照灯为照明灯，俗称大灯，有两灯制和四灯制之分。四灯制的前照灯装于外侧的一对灯使用双丝灯泡，装于内侧的一对灯为远光单光束灯。现代轿车多采用两灯制前照灯。

现代汽车前照灯的照明距离应在 200~250m，夜间会车时，须在距对面来车 150m 以外关闭远光灯，改用近光灯，防止对方眩目。前照灯一般为双丝灯泡，其中远光灯丝功率较大（45~60W），远光灯丝位于反射镜的焦点位置，射出的光线远而亮。近光灯丝（功率22~55W），位于反射镜焦点的上方或前方，并稍向外偏斜，由于光线弱，且经反射后光线大部分向下倾斜，从而减少了对迎面来车驾驶人的眩目作用。

目前 LED 灯广泛用于汽车前照灯、后尾灯及室内灯。LED 前照灯节能，功率为30~40W；体积小；使用寿命长。

2. 雾灯

雾灯为照明灯，装于车头的雾灯称为前雾灯，其安装位置比前照灯稍低，车尾的雾灯称为后雾灯。雾灯光色为黄色，因为黄色光波的波长较长，透雾性能好。雾灯在有雾、下雪、暴雨或尘埃等恶劣条件下可改善道路照明情况。

目前一些低档车采用后部只装一个雾灯或前部根本不装前雾灯的结构。

3. 牌照灯

牌照灯为后部照明灯，用于照亮尾部车牌。当尾灯（小灯）点亮时，牌照灯也点亮。牌照灯安装于汽车牌照的上方或两侧，其亮度应保证在 25m 内能认清车牌照号码。

4. 仪表盘照明灯

仪表盘照明灯为室内照明灯，用于照亮仪表盘，使驾驶人能迅速、轻易地看清仪表盘内容。尾灯（小灯）点亮时，仪表盘照明灯也同时点亮。大多数中、高档轿车还加装了仪表盘照明灯光亮度调节装置，使驾驶人能调整仪表盘照明灯的亮度。

5. 顶灯（阅读灯）

顶灯为室内照明灯，用于给车内乘客照明，且亮度不致使驾驶人眩目。顶灯受顶灯开关和门控开关控制。

当车门打开时，门控开关将顶灯的电路接通，点亮顶灯。当关闭车门时，门控开关将电路断开，熄灭顶灯。若进入汽车后仍需照明，可由顶灯开关控制顶灯。

6. 行李舱灯

行李舱灯为照明灯，为了便于在夜间从行李舱内取放物品，通常在行李舱内装有行李舱灯，由行李舱盖的门控开关控制。

二、信号系统的名称与作用

信号系统主要用于向他人或其他车辆发出警告和示意的信号，其主要的信号有光和声音两种。

1. 示宽灯

示宽灯也称夜行灯、示廓灯、小灯或位灯，是名称最多的灯，安装于汽车头部和尾部两侧，向其他车辆驾驶人及路上行人显示车辆的轮廓宽度和存在。前位灯又称示宽灯，一般为白色或黄色，后位灯又称尾灯，一般为红色。夜行灯一般在傍晚时打开，此时车身外部前、后都会有灯亮，同时室内仪表盘及仪表台上的控制开关照明也打开。在示宽灯开关旁边通常有调节室内开关照明和仪表照明亮度的滑动变阻器。

2. 转向信号灯

转向信号灯也称转向灯，在汽车的两侧前部、中部和后部各安装两个，共有 6 个。对于车身较长的车辆，其车身中部可能装有更多的转向信号灯。转向信号灯一般为橙色，当驾驶人要转向或变更车道时，操作转向灯开关，通过一侧的转向灯闪动来向外部车辆及行人显示本车将要转弯的方向。规范的操作一定是先打开转向灯开关，再进行转向操作，这样才能对外部车辆起到告知作用。

转向灯的另一个作用是驾驶人操作危险警告灯开关，这时两侧的 6 个转向灯全部闪烁，闪烁频率为（90±30）次 /min。

有些汽车前转向灯和前位灯共用一个双丝灯泡，其中功率较大的灯丝用于转向信号灯，功率较小的用于前位灯；后转向灯和后位灯共用一个双丝灯泡，其中功率较大的灯丝用于转向信号灯，功率较小的用于后位灯。

3 制动信号灯

制动信号灯也称制动灯，一般为红色，装于汽车后面，左、右各一个，有时会装配高位制动灯，共计 3 个灯。制动灯受制动踏板支架上的制动灯开关控制。

4. 倒车灯

倒车灯开关安装在变速器上，当汽车挂上倒档时，倒车灯开关接通倒车灯电路，装于车后部的白色倒车灯点亮，可警告后面的车辆及行人，也起一定的照明作用。

5. 危险警告灯

危险警告灯由转向信号灯兼任。当汽车发生故障或遇有特殊情况时，按下标有三角形的红色按钮，此时汽车两侧的转向信号灯同时闪烁作为危险警告灯信号。危险警告灯装置不受点火开关 IG-ON 控制。

6. 挂车标志灯

全挂车在挂车前部的左右，各安装一个红色的标志灯，其高度要求高出全挂车的前栏板 300~400mm，与外侧车厢的间距小于 150mm，以引起其他驾驶人的注意。

7. 喇叭

汽车必须装有喇叭。轿车的标准喇叭或货车的高音喇叭可以用作信号喇叭。操作方法是按下方向盘衬垫，使方向盘衬垫下侧的喇叭开关接通，即可接通喇叭电路。

8. 前照灯远光的信号功能

在操作方向盘左下侧的转向灯开关向方向盘方向移动时，前照灯的远光点亮，驾驶人放开开关则前照灯熄灭，且开关将自动复位。如果驾驶人想从外侧超车，或认为自己或他人处于危险的情况下时，可以使前照灯远光短暂发出灯光以对外提醒。

【完成任务】

照明电路元件有哪些：_____；

信号系统元件有哪些：_____。

知识点 2　照明和信号系统

【完成任务】

请进行灯泡更换作业和灯光光束的位置调整作业。

最后能根据实习车的电路图资料，对前照灯电路、雾灯电路、室内照明灯电路和牌照灯电路设计的任务驱动故障进行排除，任务驱动故障可由教师自主确定。

一、前照灯

图 3-2 所示为二、四、六灯制的前照灯系统。双灯制前照灯系统的远、近光灯泡装在同一个反射镜内，光源由双灯丝灯泡（双灯丝灯泡，H4 卤素灯）产生。四灯制前照灯系统有一对远光/近光灯泡，或者这个灯中只有近光灯丝，另一对只有远光灯丝。六灯制前照灯系统是在四灯制前照灯系统的基础上，根据布置的不同增加一对前雾灯，或者增加一对远光灯。

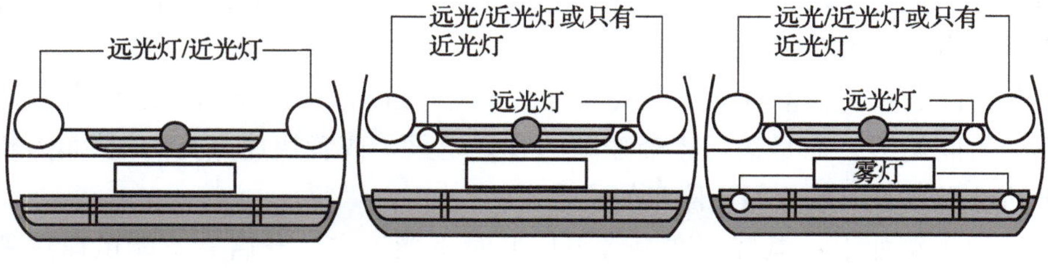

a）双灯制前照灯系统　　b）四灯制前照灯系统　　c）六灯制前照灯系统

图 3-2　二、四、六灯制的前照灯系统

汽车前照灯灯泡的种类如下。

（1）白炽灯泡　由于钨丝在使用时的蒸发损耗，会使灯泡的使用寿命缩短，为延长其寿命，将灯泡中的空气抽出，充入其他气体（惰性气体），即为白炽灯泡。

（2）卤钨灯泡　若充入的是卤族元素（碘、氯、氟、溴）即为卤钨灯（卤素灯）泡。卤钨灯泡从外形上可分 H1、H2、H3、H4 四种，其中 H4 为双丝灯泡，广泛应用于前照灯，H1、H2、H3 灯泡为单丝灯泡，常用于辅助前照灯（如雾灯等）。图 3-3a 所示为卤钨灯泡。

安装新灯泡时，在灯泡上不能留下指纹，特别是在更换卤钨灯泡时，切勿用手指触及灯泡玻璃壳部分，受皮肤油脂沾污过的玻璃壳，会大大缩短使用寿命，因此拿灯泡时应拿底座。

（3）气体放电灯　图 3-3b 所示为氙气（High Intensity Discharge）灯泡，在抗紫外线水晶石英玻璃管内以多种化学气体充填，其中大部分为氙气（Xenon）与碘化物等，然后再透过增压器（Ballast）将车上 12V 的直流电压瞬间增压至 24000V 左右，经过高压电场激发石英管内的氙气，产生游离电子，游离电子在两电极之间产生通路，形成光源，这就是所谓的气体放电。而由氙气所产生的白

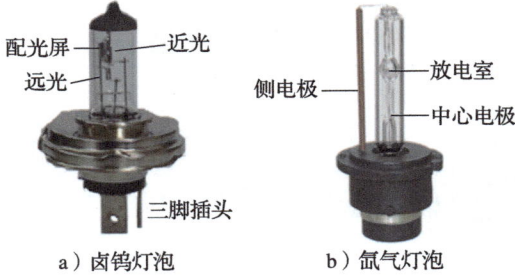

a）卤钨灯泡　　b）氙气灯泡

图 3-3　前照灯灯泡

色超强电弧光，可提高光线色温值，类似白昼的太阳光芒，HID 灯泡工作时所需的电流量仅为 3.5A，亮度是传统卤钨灯泡的 3 倍，使用寿命比传统卤钨灯泡长 10 倍。

氙气灯一般由灯头、电子镇流器（也称安定器、稳压器等）、线束等组成。电子镇流器利用蓄电池 12V 的直流电压，经过一系列的转换、控制、保护、升压、变频等动作后，产生一个瞬时 24000V 的点火高压对灯头进行点火，点亮后继续维持 85V 的交流电压。

氙气灯的优势如下：氙气灯发射的光通量（符号 Φ，单位为 Lm，说明发光体每秒所发出的光量之总和）是卤素灯的 2 倍以上，同时电量转化为光能的效率也比卤钨灯提高 70% 以上，所以氙气灯具有比较高的能量密度和光照强度，而运行电流仅为卤钨灯的一半，省电 1/2，卤钨灯耗费 60W 以上的电力，氙气灯只需 35W 的电力。由于氙气灯没有灯丝，因此就不会产生因灯丝断而报废的问题，使用寿命比卤钨灯长得多，氙气灯的使用寿命为汽车平均使用周期内的运行时间。

当汽车的供电系统和蓄电池出现故障时，安定器自动关闭、停止工作。氙气灯一旦发生故障不会瞬间熄灭，而是通过逐渐变暗的方式熄灭（或者快速点亮），从而为驾驶人在黑夜行车的过程中争取紧急靠边停车的机会。

氙气灯的劣势如下：氙气灯在电源电压低时不能工作，开启后不能迅速达到最高亮度。用作远光灯时，有一定的滞后性，且价格也比卤钨灯高很多。

HID 灯泡的型号和卤钨灯泡是对应的，汽车卤钨前照灯灯泡里采用远 / 近光两根钨丝，一般为 H4、H13、9004、9007 四种型号，由于氙气灯只有一部分灯泡做到了近光和远光一体，于是前照灯有下述四种系列：

1）H4-H、H13-H、9004-H、9007-H 为氙卤灯（H 意思是远光为氙气灯光）。

2）H4S-H、H13S-H、9004S-H、9007S-H 表示发光焦点设置为远光。

3）H4S-L、H13S-L、9004S-L、9007S-L 表示发光焦点设置为近光。

4）H4-H/L、H13-H/L、9004-H/L、9007-H/L 均表示远 / 近光一体的氙气灯，其中

H/L 表示远（High）/ 近（Low）光，若想安装此种型号的氙气灯，原车的灯必须为远 / 近光同在一个灯泡上，且原车灯泡中有远 / 近光两个灯丝。

电子镇流器单元是气体放电灯工作时必需的装置，其控制结构如图 3-4 所示。电子镇流器单元能够产生 24000V 的高电压，气体放电灯电极之间产生电弧的现象，称为气体放电灯的"点火"。一旦气体放电灯被"点火"后，所需要的工作电压约为 85V（300Hz 交流电压），并保持 35W 的功率。

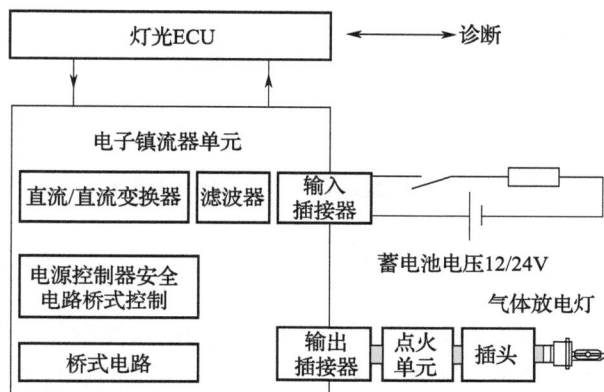

图 3-4　电子镇流器的控制结构

由于气体放电灯在"点火"和工作期间都需要很高的电压，因此，如果维护不当或损坏，就可能危及人身安全，所以，使用气体放电灯时必须遵守有关的安全法规。

电子镇流器单元内的安全电路够检测出气体放电灯在点火和工作期间的电弧是否中断。如果电弧中断，电子镇流器单元就会重新点火。如果由于气体放电灯或线路故障而不能点火成功，镇流器单元将切断电压。对于有自诊断功能的电子镇流器单元，故障将存储在控制单元的故障存储器内。前照灯的故障可能引起漏电，如果漏电的电流达到 20mA，电子镇流器单元将切断灯的电源。

具有气体放电近光灯的汽车前照灯应具备以下技术性能：照射范围自动控制系统、前照灯洗涤刮水系统，以及当远光灯接通时，近光灯应自动工作。

前照灯照射范围自动控制系统和前照灯洗涤刮水系统可以避免前照灯产生眩目作用。前照灯可以设计成反射系统或投射系统，对于投射系统，反射镜通常用"任意表面"技术制造。

1）前照灯照射范围自动控制。照射范围自动控制系统可以在汽车载荷变化的情况下保证前照灯的灯光总是能够自动调整到正确位置。装在汽车后桥上的汽车车身高度传感器可以检测出由于载荷不同而引起的悬架高度的变化，照射范围自动控制系统控制伺服电机调节前照灯光线照射的角度。

2）前照灯照射范围动态控制。前照灯照射范围动态控制系统如图 3-5 所示，该系统根据车速、前后桥高度传感器的信号调整灯光，通常采用三个传感器，如前桥两个、后桥一个。控制单元通过步进电机调节灯光向下倾斜的角度，这可以补偿由于制动或加速引起的汽车倾斜角度的变化。

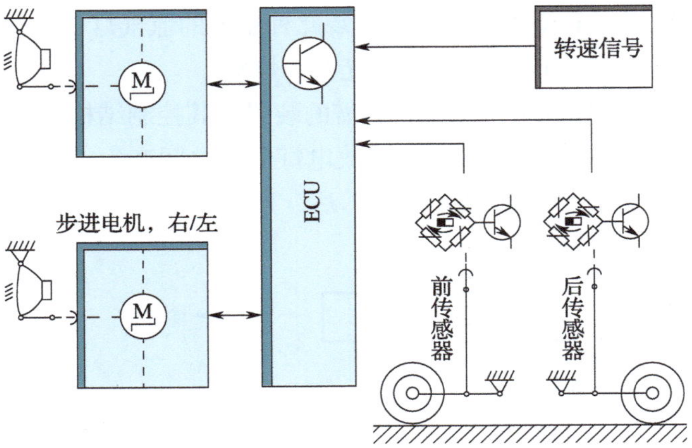

图 3-5　前照灯照射范围动态控制系统

气体放电灯同时作为前照灯的远光灯和近光灯时，通常还安装另外的气体放电灯 H7 作为光源的远光灯。

（4）发光二极管（LED）　根据需要的亮度以及希望的灯光颜色，将一定数量的发光二极管连接成一体就构成了发光二极管灯具。许多二极管组成的灯具减少了整个灯具失效的可能性。发光二极管的使用寿命约为 10000h，通常用作制动灯，因为它达到最大亮度只需约 2ms，比金属丝灯或卤钨灯达到最大亮度的时间都短。

二、前照灯开关

前照灯电路主要由灯光开关、变光开关、前照灯继电器及前照灯组成。其中，灯光开关的形式早期定义有拉钮式、旋转式和组合式等三种。拉钮式开关现已淘汰，现多为拉钮式和旋转式组合，称为"拉旋式"开关。

（1）大众汽车"拉旋式"开关　图 3-6 所示为大众轿车拉旋式组合开关，通常有以下几种功能。

1）顺时针转动开关，便可依次接通前照灯自动 AUTO、示宽灯、前照灯近光。注意：灯光开关不是前照灯的远光开关，远光开关通过向下操作转向灯开关控制。

2）向外拔出一档为前雾灯，向外拔出二档为后雾灯。

图 3-6　大众轿车拉旋式组合开关

⌁ 技师指导 ⌁

大众汽车灯光开关有的没有前照灯自动档，有的只有后雾灯开关，没有前雾灯开关。

【完成任务】

灯光开关是不是远光灯开关？＿＿＿＿＿＿。若不是，远光灯开关在哪个位置？＿＿＿＿＿＿。

（2）丰田组合式灯开关　图3-7所示为丰田汽车使用的某种组合开关通常有四个功能。转动开关端部，便可依次接通前后示宽灯、前照灯和前照灯AUTO自动档。

1）将开关向下压，便由近光变为远光，即变光开关。若将开关向上扳动，也可变为远光，不同的是松手后开关自动弹回近光位置，此位置用来作为夜间行车时的超车信号或提醒注意信号。

2）分别向前、向后扳动开关，可使右侧、左侧转向灯工作。

有些货车采用脚踏变光，脚踏变光开关如图3-8所示，当用脚踏动踏钮开关1次，开关内推杆推动转轮转动60°，从而交替接通远、近光和空位三个位置。

图3-7　丰田方向盘下左侧组合开关　　图3-8　货车的脚踏变光开关

（3）奥迪组合式开关

【完成任务】

根据图3-9所示，在图后空白表格中画出奥迪组合式开关的开关图形。

雾灯　　全天候照明灯　　夜视辅助系统　　后雾灯

AUTO自动行车灯（如果要使用"远光灯辅助系统"或者"前照灯照明距离平顺调节"功能，旋钮开关必须转到这个位置）

平视系统的位置调节器

开关和仪表板照明调节旋钮

图3-9　奥迪组合式开关

前雾灯	后雾灯
夜视辅助系统	开关和仪表照明调节
小灯（示宽灯）	近光灯
平视系统的位置调节	

【完成任务】

平视系统的位置调节的作用是 _____，与照明系统有关吗？_____。

在奥迪轿车前照灯总成（图3-10）中，直接标出前照灯总成所列4个灯和1个电机的名称。

图 3-10　奥迪轿车前照灯总成

三、前照灯继电器

前照灯的工作电流较大，特别是四灯制的汽车，如用车灯开关直接控制前照灯，车灯开关易烧坏，因此在灯光电路中设有灯光继电器，开关控制继电器线圈电路。汽车采用中央电气控制单元后，前照灯继电器通常不安装在发动机舱的熔丝盒内，而是集成在中央电气控制单元中。

四、前照灯的分类

前照灯按结构可分为可拆式前照灯、半封闭式前照灯、封闭式前照灯和投射式前照灯。其中，可拆式前照灯目前已淘汰，以下介绍另外三类。

1）半封闭式前照灯的反光镜和配光镜一体，但灯泡可换。半封闭式前照灯拆装时，不必拆下光学组件，维护方便，因此得到广泛应用，但密封性差，导致经常有水蒸气出现，特别是在洗车后或雨后。

2）封闭式前照灯又称真空灯，其灯丝焊在反射镜底座上，反射镜与配光镜一体，形成灯泡，里面充入惰性气体。当封闭式前照灯灯丝烧坏后，需要更换整个灯芯总成。更换时，先拔下灯脚与线束连接的插座，然后拆下灯圈，即可取下灯芯；安装灯芯时，应注意配光镜上的标记（箭头或字符），不应出现倒置或偏斜现象。

3）投射式前照灯。为使前照灯更亮、照得更远、更美观，现代轿车上出现了投射式前照灯和高亮度弧光灯。投射式前照灯装用很厚的无刻纹的凸形散光镜，反射镜为椭圆形，所以外径很小，其结构如图3-11所示。它的这种配光特性适用于前照灯中的近、远光灯，也可用作雾灯。采用投射式前照灯，可利用的光束增多，若将反射镜做成扁长断面，很多光束便可横向扩散，不仅结构紧凑，而且经济实用。

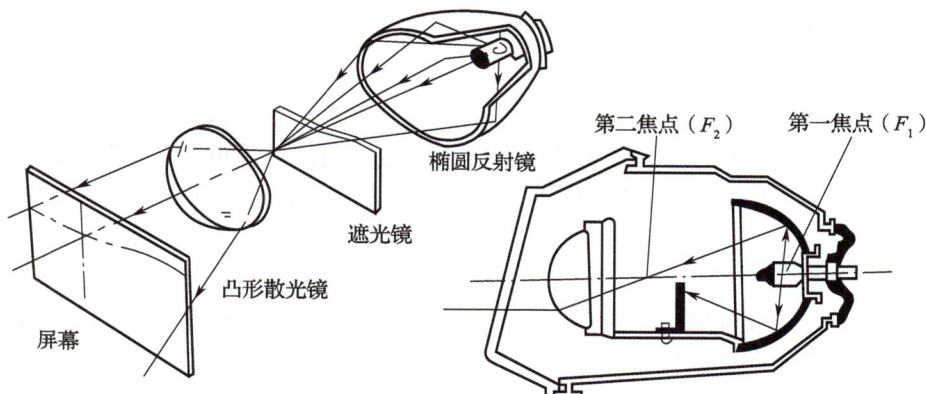

图 3-11　投射式前照灯的结构

五、前照灯远光电路的自动控制功能

为了提高汽车行驶的安全性，很多新型车辆采用了电子控制装置对前照灯进行自动控制，以下以大众迈腾车型为例进行介绍。

1. 前照灯会车自动变光器

前照灯自动变光器以光敏器件为信号，当接收到 150~200m 的对方车辆灯光信号时，能够自动地将本车的远光变为近光。

2. 前照灯昏暗自动开启控制功能、高速路功能及下雨灯光功能

（1）前照灯昏暗自动开启控制功能　在汽车行驶过程中（并非夜间行驶），当汽车前方自然光的强度降低到一定程度，发光器便自动将前照灯电路接通，开灯行驶以确保行车安全。图 3-12 所示为前照灯昏暗自动开启控制：如果将前照灯开关 E1 设定在"自动档"，智能点火开关 E415 在点火档，雨量和光强传感器 G397 会自动检测外界光强信号。例如，当车辆经过隧道时，传感器会将信号传递给车载电网控制单元 J519，由 J519 控制点亮行车灯。

（2）高速路功能　当车速超过 140km/h 的时间在 10s 以上时，高速路功能会激活行车灯。当车速降到 65km/h 以下的时间超过 150s 以上时，行车灯会自动关闭。高速路功能需要将前照灯开关 E1 设定在"自动档"。

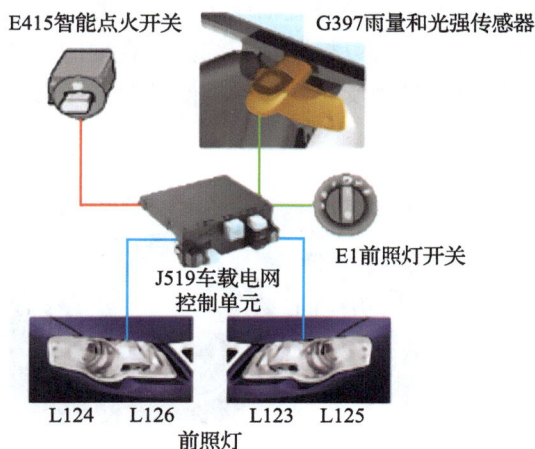

E415智能点火开关　　G397雨量和光强传感器

J519车载电网控制单元

E1前照灯开关

L124　L126　　L123　L125
前照灯

图 3-12　前照灯昏暗自动开启控制

（3）下雨灯光功能　当前刮水器被激活的时间超过 5s 时，下雨灯光功能会点亮行车灯。当刮水器停止工作时间超过 255s 时，行车灯自动关闭。下雨灯光功能需要将前照灯开关 E1 设定在"自动档"。

3. 前照灯自动关闭延时功能

前照灯自动关闭延时功能可在汽车停驶时，为驾驶人下车离去提供一段照明时间。只要驾驶人关闭点火开关后按一下仪表板上的按钮开关，前照灯即可延长照明一段时间后自动关闭。过去这个功能通过发动机的机油压力开关控制，现在通过中央电气控制单元实现。

六、自适应前照灯系统

自适应前照灯系统能够适应各种不同的交通情况。这种具有动态转弯功能的前照灯能够在汽车转弯时做出相应的调整。

1. 固定转弯灯

汽车在十字路口处转弯时，固定转弯灯点亮，起一定的辅助灯光照明作用，如图 3-13 所示。但固定转弯灯不能随汽车转弯的程度做出相应的调整，一旦控制单元检测到汽车处于转弯状态，即当汽车在转弯半径较小的情况下行驶时，就点亮固定转弯灯。

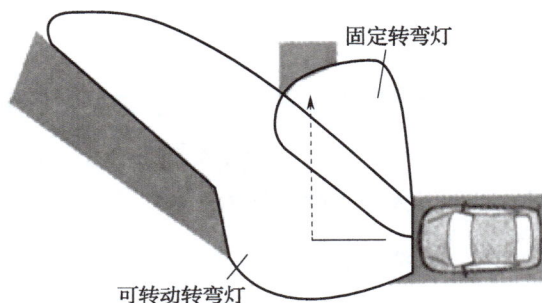

图 3-13　固定转弯灯

2. 自适应前照灯

自适应前照灯由具有卤钨灯泡的辅助灯（固定转弯灯）和具有转动装置的投射灯组成，如图 3-14 所示。投射灯总成是一个双氙气前照灯，有一个活动的光闸在远光与近光之间转换。当汽车转弯时，投射灯总成（图 3-15）根据转弯半径由步进电机通过蜗轮蜗杆装置控制其绕垂直轴线转动一定的角度。汽车转弯半径可以通过检测方向盘的转动角度和车速，也可以检测汽车绕其垂直轴的回转角度得知。由控制单元接收并处理，然后控制步进电机带动反光镜移动，使投射灯光束发生随动。

图 3-14　自适应前照灯

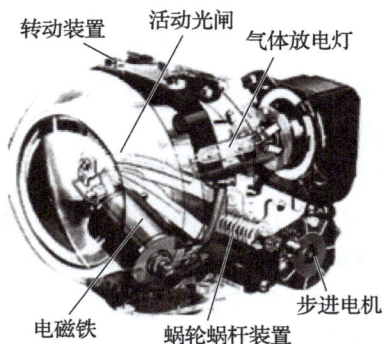

图 3-15　具有转动装置的投射灯总成

此外，自适应前照灯控制系统的电子控制单元接收方向盘转角和车速传感器信号后，还可实现车速超过 80km/h 时启动前照灯自动调平系统，提升远光，增加高速时的视野距离。在不利条件（如雾、雨、雪）下，有助于看清路边，同时将光从前方近处除去，以便减轻地面反射。在城市内光照条件较好时，调节降低光束，增加横向光，增加驾驶人对路边行人的识别能力，减轻眩目。

七、前照灯的检测调整

国家标准 GB 7258—2017《机动车运行安全技术条件》中，对汽车前照灯的发光强度和光束照射位置作了具体规定，并将其列为汽车安全性能的必检项目。其主要技术指标要求为：检验时，要求轮胎气压正常，场地平整，前照灯配光镜表面清洁，汽车空载，驾驶室内只有一名驾驶人。对装有两灯丝的前照灯以调整近光灯形为主；对于只能调整远光光束的灯，调整远光单光束。采用四灯制的汽车，其中两只对称的灯达到两灯制的要求时，视为合格。

1. 前照灯远光光束发光强度

两灯制的在用汽车的前照灯，每只灯的发光强度应大于 12000cd，四灯制在用汽车前照灯，每只灯的发光强度应大于 10000cd。

两灯制的新注册汽车的前照灯，每只灯的发光强度应大于 15000cd，四灯制的新注册汽车前照灯，每只灯的发光强度应大于 12000cd；检测时，要求汽车的电源系应处于充电状态（可通过电流表、电压表或放电指示灯的状态来判断）。

2. 前照灯光束照射位置

检测机动车前照灯的近光束照射位置时，车辆应空载，允许乘坐一名驾驶人。前照灯在距屏幕 10m 处，若 H 为前照灯基准中心高度，光束明暗截止线转角或中点的高度应为 $0.60{\sim}0.80H$，其水平位置向左、右均不得大于 100mm。

四灯制的前照灯，其远光单光束灯在屏幕上的调整，要求光束中心离地面高度为 $0.85{\sim}0.90H$。水平位置要求左灯向左偏不得大于 100mm，向右偏不得大于 170mm。而右侧灯向左或向右偏均不得大于 170mm。

前照灯的检查方法有屏幕调试法和检验仪调试法。前照灯检验仪根据其结构与原理的不同，可分为聚光式、屏幕式、投影式以及自动追踪式四种，检验项目基本相同。检测仪设计原理、使用方法有所不同，所以主要参考仪器使用说明书。

【完成任务】
　　在网上查找前照灯检测仪的说明书和标准 GB 7258—2017 的内容，找出其中与修理相关的内容，有条件的学校可以给学生安排一次前照灯光束调整的任务。

八、前照灯改装

前照灯改装通常有以下几种方法。

1. 更换大功率灯泡

将原车的 55/60W（H4）的普通卤钨灯泡直接换成 90/100W 的大功率灯泡，其余部分不需要做任何改动。此种改装方式，能够提升一定的灯光亮度，但是会使线路、开关的负荷增加，灯泡热能增加，灯杯温度升高，高温下还会加速反光镜的水银老化，大的工作电流易造成线路及开关的超负荷，甚至可能引发火灾。

2. 加装前照灯继电器

将蓄电池电压通过继电器触点直接加在前照灯上，灯光开关控制继电器线圈，由于工作电流不再绕经开关，线路的电压损耗小，这样可使大灯两端的电压与蓄电池电压基本接近。

3. 改装氙气前照灯

氙气前照灯主要由氙气灯泡和安定器组成。对于远、近光组合在一起的还有一套用来变换远、近光的机械附属装置。根据目前市场上氙气前照灯产品的不同，改装方式主要分两种：一种是整体式的专用总成改装，含灯罩、灯壳、反光罩、氙气灯泡在内的全套前照灯总成，一般是远、近光都换成了氙气前照灯，这种情况不需要进行灯泡焦点的调试和光束的聚焦位置的调整；另一种改装方式是只更换 HID 灯泡，一般分成只更换远光、只更换近光和远、近光均更换三种。

技师指导

氙气前照灯的改装需要另接电源和搭铁线。氙气远光灯的电路如图 3-16 所示，将原车左、右前照灯插头拆下，取其中一个即可，插至灯光继电器上，当车内远光开关打开，远光继电器闭合向安定器供电，车外 HID 灯泡远光点亮；若有 HID 灯泡近光则近光经近光继电器线圈至地，车外 HID 灯泡近光点亮。改装时安定器安装要远离热源、散热器，最好置于透气性和散热性较好的位置；电源取电不能取到不该取的电路里，否则会导致原线路供电电流不够，或线路电流过大而超负荷引起生热。氙气灯自动熄灭一般是由于 12V 供电出现了如电压低、电压不稳和电路接触问题。

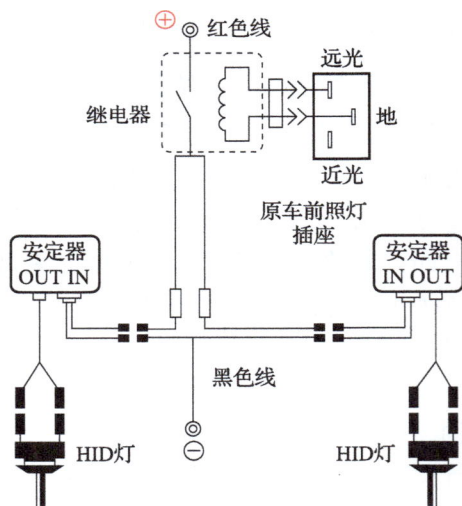

图 3-16　氙气远光灯的电路

九、灯光的常见故障

卤钨灯泡的常见故障有灯光不亮、亮度下降和灯泡频繁烧坏等。

1. 灯光不亮

引起灯光不亮的原因主要有灯泡损坏、熔断器的熔丝熔断、开关或继电器损坏及线路出现故障等。在进行故障诊断时，应根据电路图对电路进行检查，判断出发生故障的部位。

2. 亮度下降

1）发动机未起动时，若灯光亮度不足，多为蓄电池电量不足。

2）发动机工作后，若灯光亮度不足，多为发电机发电量不足。

3）导线接头松动或搭铁不良，供电线路沿程有电阻存在，导致灯泡供电电压不足而变暗。

4）汽车洗车或淋雨后，灯罩内可能进水，前照灯的玻璃内有水蒸气，导致射出的光线暗淡。其他极少出现的故障还包括散光镜损坏、反射镜有尘垢、灯泡发黑和灯丝没有位于反射镜焦点上，这些故障均会导致灯光暗淡。

3. 灯泡频繁烧坏

灯泡频繁烧坏一般是由于发电机内的电压调节器故障，使发电机输出电压过高造成的，应更换调节器。此外，接触不良也有可能造成灯泡的频繁烧坏，检查时也应注意这方面的情况。

【完成任务】

老师设计的前照灯电路的故障现象是 ＿＿＿＿＿＿＿＿＿＿＿＿＿；
故障原因是 ＿＿＿＿＿＿＿＿＿＿＿＿＿＿＿＿＿＿＿＿＿＿。

老师设计的雾灯电路的故障现象是＿＿＿＿＿＿＿＿＿＿＿＿＿；
故障原因是 ＿＿＿＿＿＿＿＿＿＿＿＿＿＿＿＿＿＿＿＿＿＿。

老师设计的室内灯电路的故障现象是 ＿＿＿＿＿＿＿＿＿＿＿；
故障原因是 ＿＿＿＿＿＿＿＿＿＿＿＿＿＿＿＿＿＿＿＿＿＿。

老师设计的牌照灯电路的故障现象是 ＿＿＿＿＿＿＿＿＿＿＿；
故障原因是 ＿＿＿＿＿＿＿＿＿＿＿＿＿＿＿＿＿＿＿＿＿＿。

📖 知识点 3　信号装置

【完成任务】

根据实车相应的电路图排除对转向信号灯电路、危险警告灯电路、制动灯电路、倒车灯电路和喇叭电路设计的故障。

下面就几个主要的警告灯加以说明。

一、转向灯和危险警告信号灯

1. 转向灯和危险警告信号灯的功能

汽车上一般有 6 个转向灯，通常车前、后为 4 个 21W 灯泡，车侧为 2 个 5W 灯泡，光亮为淡黄色，闪动频率为每秒 1~2 次。打开转向开关时，仅为一侧 3 个灯闪烁，而危险警告开关按下时，则是两侧 6 个转向灯闪烁。

2. 电子闪光器

电子闪光器是实现转向灯闪烁的原因，闪光器可分为有触点式和无触点式两种。如图 3-17 所示为三脚电子闪光器。

（1）有触点式　6 个转向灯的总功率为 94W，功率较大，因继电器带载能力较强，所以较为多用。触点式闪光器特点是打转向后能听到继电器触点"咔嗒"开闭的声音，继电器触点开闭的声音也有助于故障判别。有触点式又分为带继电器触点的晶体管闪光器和带继电器触点式集成电路闪光器两种。

图 3-17　三脚电子闪光器

1）带继电器触点的晶体管闪光器：振荡电路是由电阻、电容和晶体管组成的，利用电容充/放电的通常称为晶体管闪光器。

2）带继电器触点式集成电路闪光器：振荡器是由集成电路、电阻、电容组成的，通常称为集成电路闪光器。

（2）无触点式

1）无触点晶体管闪光器。无触点晶体管闪光器即把触点式晶体管闪光器中的继电器去掉，采用大功率晶体管来替代原来的继电器。

2）无触点集成电路闪光器。无触点集成电路闪光器与无触点晶体管闪光器相似，将闪光器中功率输出级的触点式继电器改为无触点大功率晶体管，以实现对转向灯开关的控制。

无触点式闪光器的特点是打转向灯后，闪光器没有继电器吸合/断开的声音，不利于修理，同时带载能力也有限，较少应用，最近几年有用仪表来模拟继电器的声音。

由于闪光器的闪光控制利用了电容的充放电原理，因此如果一侧转向灯换小功率灯泡或灯泡损坏，另一侧的闪动频率将加快。

早期汽车的闪光器多放在中央熔丝盒上，现在一部分汽车放在危险警告灯开关内部。图 3-18 所示为转向信号灯继电器在危险警告开关中，且接可接收防盗信号，因为防盗系统也要控制转向灯闪烁。

图 3-18　转向信号灯继电器在危险警告开关中

【完成任务】

根据图 3-19 和图 3-20 所示的转向灯和危险警告信号灯电路图完成下列任务。

翻译 Flasher Relay：＿＿＿＿＿＿；Turn Switch：＿＿＿＿＿＿；Combination Switch：＿＿＿＿＿＿；Combination Meter：＿＿＿＿＿＿；GND：＿＿＿＿＿＿；EHW：＿＿＿＿＿＿；ER：＿＿＿＿＿＿；EL：＿＿＿＿＿＿。E 的作用是正触发还是负触发？＿＿＿＿＿＿。

车的一侧有几个转向灯？＿＿＿＿＿＿；它们是一条线路引出并联的吗？＿＿＿＿＿＿；组合仪表内的发光二极管的作用是什么？＿＿＿＿＿。将转向灯泡取下一个时会出现什么现象？＿＿＿＿＿＿；换个小功率的灯泡上去会有什么现象？＿＿＿＿＿＿。

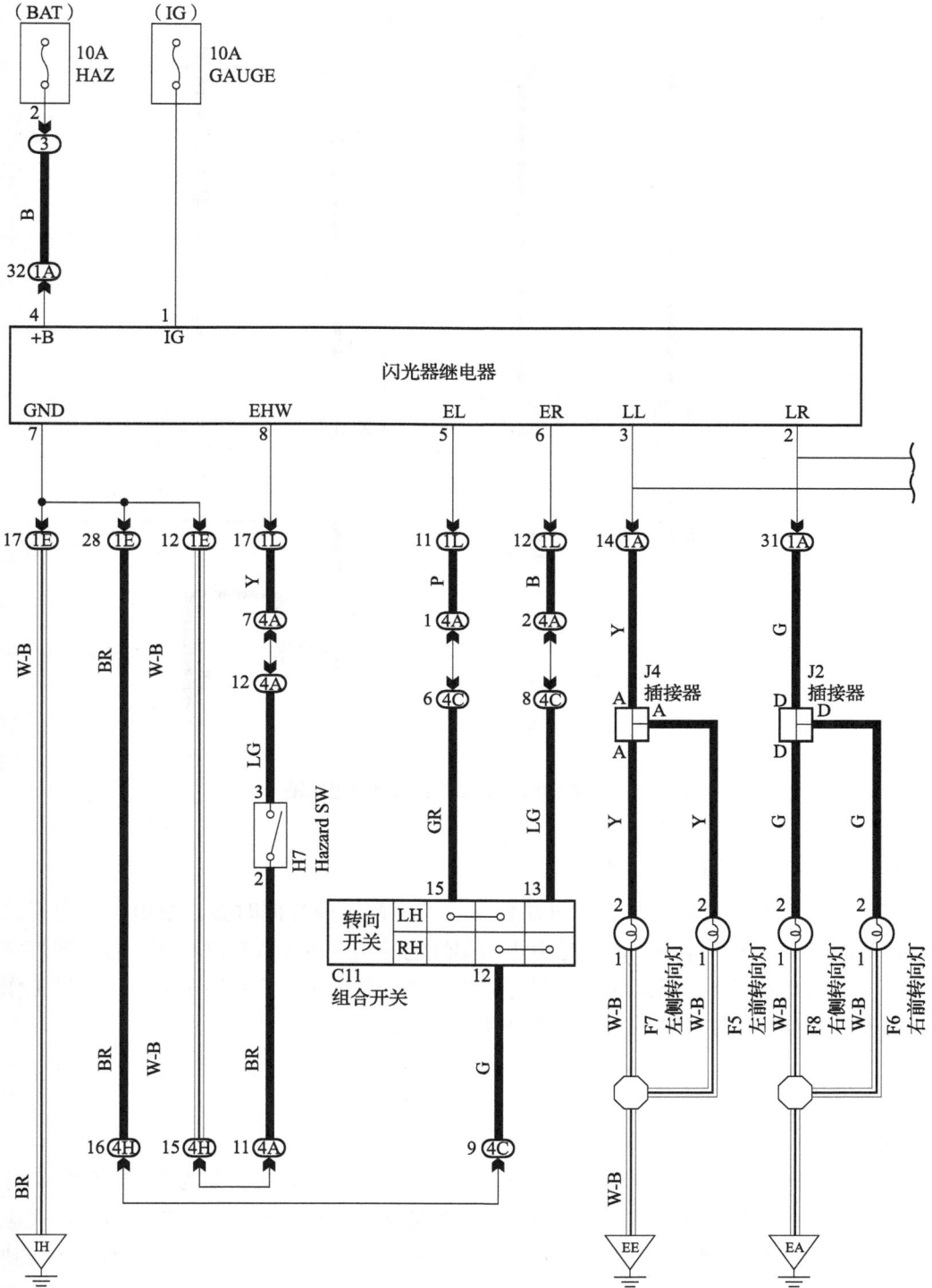

图 3-19　转向灯和危险警告信号灯电路图（1）

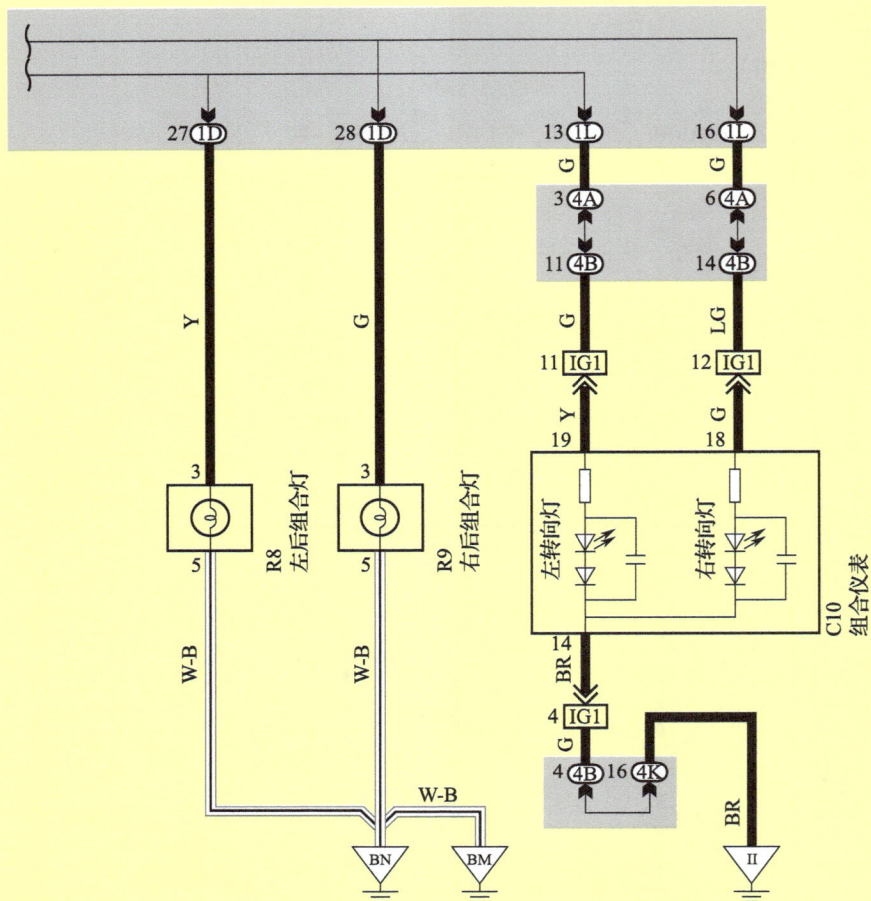

图3-20 转向灯和危险警告信号灯电路图（2）

3. 转向信号灯的常见故障及排除方法

转向信号灯的常见故障与排除方法包括：若两侧转向灯同时亮，是由于转向开关失效；若两侧转向灯闪烁频率不同，是由于两侧灯泡的功率不等或有灯泡坏；若转向灯常亮不闪是由于闪光器损坏；若闪烁的频率过高或过低则是由于灯泡功率不当，闪光器工作不良，继电器触点间隙过大或过小，以及电源电压过高或过低。

二、制动灯

1. 制动灯

制动灯的作用是在汽车制动时提醒行人及后面车辆的驾驶人，分为车后两侧制动灯和高位制动灯。高位制动灯的作用是警示后面行驶的车辆，从而避免发生追尾事故。底盘较低的轿车在近距离制动时，由于两侧制动灯位置较低，通常亮度也不够，后面跟随行驶的车辆驾驶人有时很难看清楚，存在发生追尾事故的隐患，所以现代轿车除了两侧的制动灯外，多安有高位制动灯。

2. 制动灯开关

制动灯开关在踩下制动踏板时接通，一般安装在制动踏板下方，对于货车的气压式制动系统，制动灯开关一般装于制动阀上。制动灯开关还分为两线型和四线型两种，如图 3-21 所示。汽车采用两线型"常开"制动开关来点亮制动灯。制动灯开关为四线型时，其中的两条"常闭"制动灯开关接线连到发动机控制单元上，用于发动机控制单元解除巡航控制。

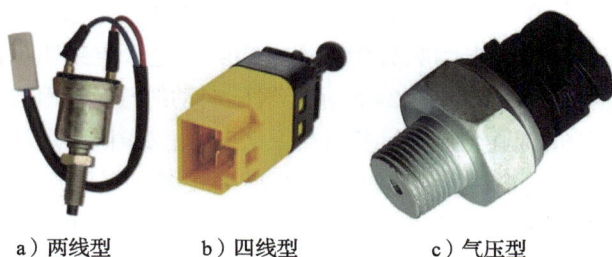

a）两线型　　　b）四线型　　　c）气压型

图 3-21　两线、四线和气压型制动灯开关

【完成任务】

老师设计的制动灯电路的故障现象是 _____；
故障原因是_____。

三、倒车灯与倒车蜂鸣器

倒车灯为白色，位于车后部。在配有手动变速器的汽车上，倒车灯开关（图 3-22a）位于手动变速器上，由变速杆将倒档拨叉轴推到倒档位置时，开关接通，点亮倒车灯。对配有自动变速器的汽车，由变速器的多功能开关在 R 位时控制倒车继电器工作来控制倒车灯亮。

a）倒车灯开关　　　b）货车倒车蜂鸣器（壳体搭铁）

图 3-22　倒车灯开关和货车倒车蜂鸣器（壳体搭铁）

在货车上，倒车灯常要并联上倒车蜂鸣器（图 3-22b），蜂鸣器自有振荡电路，通电即鸣叫，以通知车后人员此车正在倒车中，请注意避让。现在轿车多装有倒车雷达，倒车时，倒车信号进入驻车辅助控制单元，4 个雷达探测后部障碍物的距离，当有障碍物达设定时距离，倒车蜂鸣器向驾驶人提示有障碍物。货车用倒车蜂鸣器是用声音提示车外人员注意避让，而带倒车雷达的倒车蜂鸣器是向驾驶人提示有障碍物，两者作用是不同的。

【完成任务】

倒车灯开关位置在_____；教师设计的倒车灯电路的故障现象是 _____；故障原因是 _____。

四、喇叭

喇叭按其发音动力分为电喇叭和气喇叭。气喇叭主要用于具有气压制动装置的重型车辆上；电喇叭具有结构简单、体积小、质量小、声音悦耳且维修方便的特点，因而在中、小型车辆中获得了广泛应用。电喇叭分为普通电喇叭和电子电喇叭。图 3-23 所示为标准喇叭结构和蜗牛电子喇叭结构，图 3-24 所示为气压制动的气喇叭和液压制动的气喇叭。

标准喇叭（盆形带机械触点喇叭）多用在低档车上；蜗牛喇叭为蜗牛形状，可以是机械触点式也可以是电子式，机械触点的蜗牛喇叭应用较多。气压制动的气喇叭是喇叭开关控制向喇叭供气的电磁阀；液压制动没有气源，喇叭开关控制向喇叭气泵供电，气泵气体直接吹动喇叭发音。

1. 标准喇叭结构

标准喇叭由电磁铁、衔铁、振动盘、膜片以及由衔铁控制的触点断电器组成（图 3-23a）。

a）标准喇叭结构

b）蜗牛电子喇叭结构

图 3-23 标准喇叭结构和蜗牛电子喇叭结构

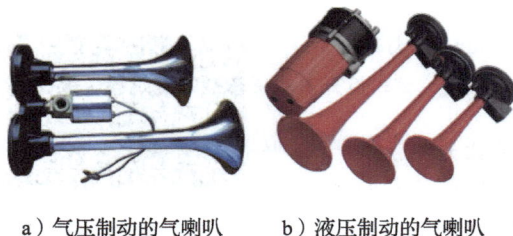

a）气压制动的气喇叭   b）液压制动的气喇叭

图 3-24 气压制动的气喇叭和液压制动的气喇叭

2. 标准喇叭工作原理

当喇叭开关接通时，与衔铁相连的膜片被电磁铁吸引，在衔铁撞到电磁铁前，即将触点断电器断开，衔铁在膜片的弹力作用下回位，触点重新闭合。喇叭工作时这一过程反复进行。衔铁撞击铁心引起连接到膜片上的振动盘的振动（标准喇叭也称碰撞喇叭）。振动盘前方的空气也开始振动并产生一个恒定的声音信号。

蜗牛喇叭的工作原理与标准喇叭相似，也由电磁铁引起膜片的振动。蜗牛喇叭的空气柱振动产生了喇叭的高音特性。气喇叭比标准喇叭的功率大得多，所以不允许在市内使用。因此，货车的喇叭系统中还要有标准喇叭，驾驶人可以通过开关在标准喇叭和气喇叭之间转换。

为使电喇叭发音正常，喇叭应固定在缓冲支架上，缓冲支架与固定支架之间装有橡皮垫等弹性物质。此外，电喇叭触点应保持清洁，其接触面积不低于80%。触点严重烧蚀时，应及时进行检修。调整铁心（音调调整螺钉）和音量调整螺钉即可调节喇叭的音调和音量。可调整喇叭背部有音调和音量的调整螺钉，喇叭后部无调节螺钉时，说明喇叭不能进行调整。喇叭音量和音调的调整如图3-25所示。

图3-25　喇叭音量和音调的调整

◖ 技师指导 ◗

喇叭损坏一般是由于汽车涉水后引起的进水生锈、烧触点以及质量问题，如内部的线圈应该用铜材，实践中，拆开喇叭后，发现采用铝材代替了铜材。喇叭声音不正时，多为方向盘内的喇叭开关接触不好或喇叭接线松动。

喇叭和音响系统中的扬声器区别是，扬声器内部没有触点。

普通有触点式电喇叭的触点易烧蚀氧化，而电子电喇叭没有触点，故可克服上述缺点。电子电喇叭主要由多谐振荡器和功率放大器组成，多谐振荡器接收到供电后就开始振荡，振荡信号经放大后直接作用到喇叭线圈上，振荡信号和机械触点通断作用相同。

◖ 技师指导 ◗

电子喇叭与普通喇叭都有两个接线柱，但电子喇叭要按正负极接入电路，而普通的有触点喇叭不必区分正、负极，但两个喇叭同时安装时应具有相同接线，防止振动方向相反，否则声音不好听。

电子喇叭声音有连续感，普通喇叭声音有断续感。

3. 喇叭电路

由于现代汽车大多装有双喇叭，消耗电流较大，为保护喇叭触点不被烧蚀，通常在喇叭电路中设有继电器。喇叭按钮开关只有小电流通过，用以控制喇叭继电器的线圈，而供喇叭的大电流只流经喇叭继电器的开关，其电路如图3-26所示，H为喇叭开关，H1为喇叭，J4为喇叭继电器。

为了降低生产成本，有的实车采用喇叭电流直接流经喇叭开关，从而取消继电器，直接在熔丝盒底上用铜片短接原继电器的线圈电路到原继电器的开关电路。例如把图3-26中的喇叭继电器J4取消，用铜片短接继电器座的2/87和4/85插座。

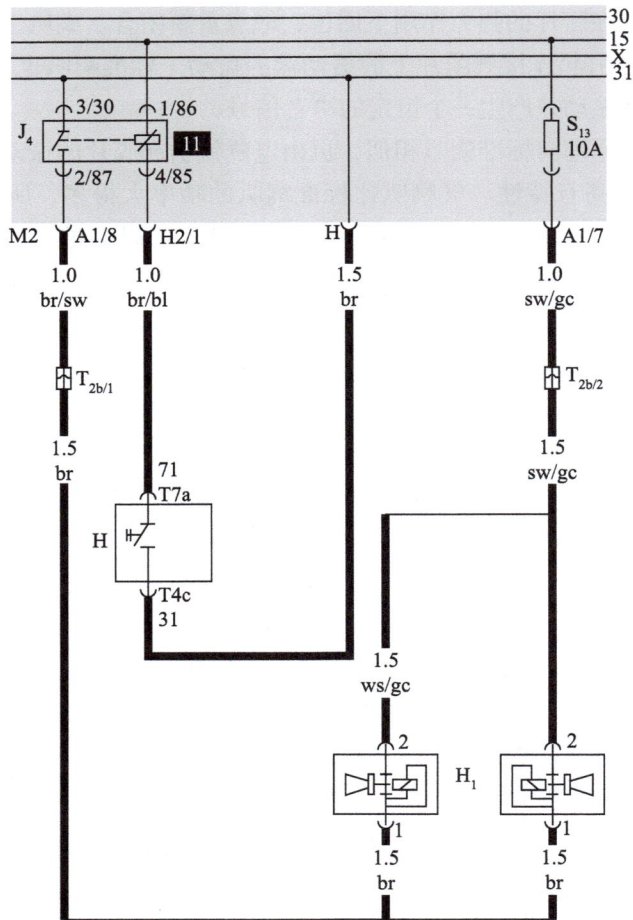

图 3-26 轿车喇叭电路

🔹 **技师指导** 🔹

喇叭电路多采用喇叭继电器，一部分车为了降低成本，取消了喇叭继电器，在实车中继电器位置通常用铜片短接。货车通常采用一个继电器带动两个蜗牛喇叭，如图 3-27 所示。

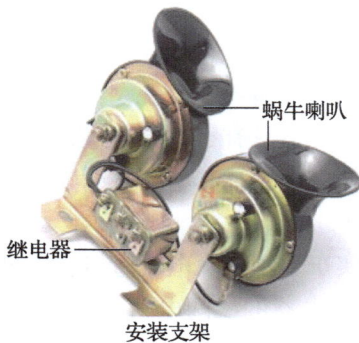

图 3-27 蜗牛喇叭和喇叭继电器

【完成任务】

老师设计的喇叭信号电路的故障现象是 _____；有继电器的电路要采用 _____诊断方法；故障原因是_____。

实践任务
照明系统故障灯点亮的故障排除

请在本书配套的《实践任务及工作任务单》中完成实践任务 3 的学习内容。

学习任务单

一、填空题

1. 前照灯总成中包括_____、_____、_____和_____灯。
2. 后尾灯总成中包括_____、_____、_____和_____灯。
3. 照明系统分为_____和_____两种。
4. 四灯制的前照灯，装于_____的一对使用双丝灯泡，装于_____的一对为远光单光束灯。
5. 转向灯的另一个作用是驾驶人操作危险警告灯开关，这时两侧的_____个转向灯全部闪烁。

二、判断题

1. 远、近光灯分开布置时，近光位于内侧。   （   ）
2. 卤素灯泡从外形上可分 H1、H2、H3、H4 四种。   （   ）
3. 当汽车的供电系统和蓄电池出现故障时，安定器自动关闭停止工作。   （   ）
4. 照射范围"动态"控制系统根据车速、前后桥高度传感器的信号调整灯光。（   ）
5. 将一定数量的发光二极管连接成一体就构成了发光二极管灯。   （   ）

三、单选题

1. 大众汽车顺时针转动灯光开关依次接通的是（   ）。
   A. 前照灯自动 AUTO、示宽灯、前照灯近光
   B. 示宽灯、前照灯近光、前照灯自动 AUTO
   C. 示宽灯、前照灯近光、前照灯远光
   D. 前照灯自动 AUTO、前照灯近光、前照灯远光
2. 汽车在十字路口处转弯时，（   ）点亮，起一定的辅助灯光照明作用。
   A. 转向灯   B. 固定转弯灯
   C. 示廓灯   D. 制动灯
3. 引起灯光不亮的最常见的故障原因是（   ）。
   A. 灯泡损坏   B. 熔断器熔断
   C. 开关或继电器损坏   D. 线路故障
4. 灯泡频繁烧坏一般是由于（   ）。
   A. 发电机内的电压调节器故障   B. 接触不良
   C. 灯泡质量不良   D. 以上都不是
5. 喇叭不响故障，其中可能性最小的原因是（   ）。
   A. 进水生锈   B. 烧触点   C. 质量问题   D. 线路故障

能力模块四
刮水／洗涤装置原理认知与检修

情境导入

电动汽车刮水器刮水时速度明显变慢，或者某个功能不工作故障，或者刮水片老化需要更换。如果你是接车的修理技术人员，应如何解决本故障？修理方案应如何制订？

学习目标

能力目标
- 能说出普通继电器控制刮水／洗涤的工作原理。
- 能说出 LIN 控制刮水器总成控制的工作原理。
- 能够检查普通继电器控制的刮水／洗涤电路。
- 能够检查 LIN 控制刮水器总成电路。

素养目标
- 能够独立检查普通刮水和洗涤电路。
- 能够独立检查 LIN 刮水和洗涤电路。

知识储备

📖 知识点 1　刮水／洗涤装置元件

一、刮水／洗涤装置功能

为了让汽车在雨天或雪天时也能保证驾驶人有良好的视线，确保行驶安全，在汽车的风窗玻璃上装有刮水器。电动刮水器的动力源是直流电机，通过传动机构，使刮水片在风窗玻璃外表面上往复摆动，以扫除风窗玻璃上的雨水、积雪或灰尘。

二、刮水器的传动方式

1. 刮水器的"刚性传动"方式

图 4-1 所示为电动刮水器的组成。发动机的曲柄连杆机构是一个最直接的把直线平动转变成转动的例子，反过来，转动曲轴让活塞动起来，转动也可以转变成直线平动。电动刮水器的工作原理中，电机相当于带动曲轴转动，连杆（相当于活塞）发生直线平动，连杆的平动推动摆臂以小角度转动，进而带动刮水片在风窗玻璃上刮动。

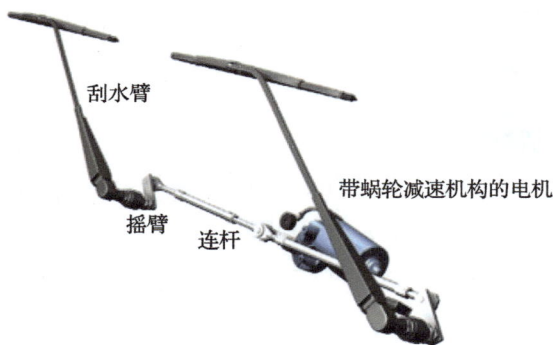

刮水臂
带蜗轮减速机构的电机
摇臂　连杆

图 4-1　电动刮水器的组成

← 技师指导 →

电动刮水器结构中电机到刮水臂的摇臂和连接的轴会由于运动磨损松旷，长时间不用还会生锈，导致运动阻力过大、运动时产生噪声，这时需要更换连杆和摇臂。刮水片不能刮净风窗玻璃或刮水片随刮水臂上下摆动，刮水片不能充分压在风窗玻璃上，以及刮水片老化、开裂等情况下都要更换刮水片。

2. 刮水器的"柔性传动"方式

图 4-2 所示为柔性齿条传动刮水器，电机驱动的蜗轮轴上有一个曲柄销，它驱动连杆机构，而连杆和一个装在硬管里的柔性齿条联接。因此，在连杆运转时，齿条会做往复运动，齿条的往复运动带动齿轮箱中的小齿轮做往复运动，从而驱动刮水片往复摆动。

三、刮水器电机调速原理

刮水器电机按其磁场结构不同分为有绕线式和永磁式两种。永磁式电机具有体积小、质量小、噪声小、结构简单等优点，

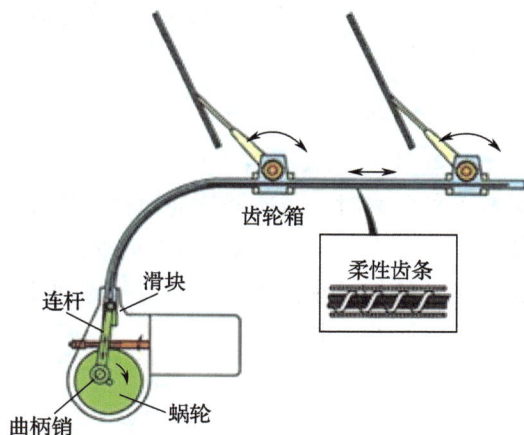

图 4-2　柔性齿条传动刮水器

目前在国内外汽车上得到了广泛的应用。永磁式刮水器电机是利用 3 个电刷来改变正、负电刷之间串联线圈的个数实现变速的。其原理是：低速旋转时控制对置的电刷向转子中通电，高速旋转时控制侧置的电刷向转子中通电。

四、刮水器自动复位装置

刮水器自动复位装置分为电枢一端为正电压的双静触点式和电枢一端为负电压的三静触点式两种。

1. 双静触点式

如图 4-3 所示电机通过丝杠减速器推动从动塑料齿轮转动，塑料齿轮上计设有特定形状的铜片用来导电，A、B 两点是两静触点。

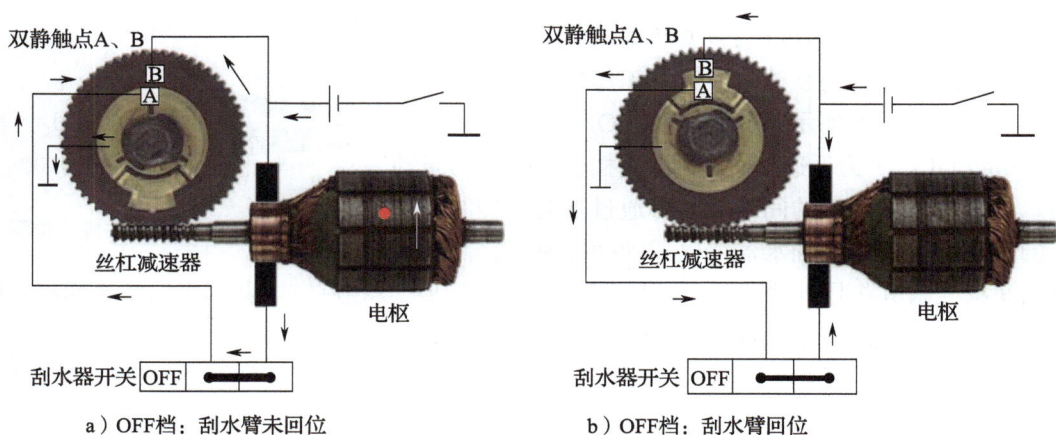

a）OFF 档：刮水臂未回位　　　　　b）OFF 档：刮水臂回位

图 4-3　双静触点式刮水器自动复位装置电路

如图 4-3a 所示，尽管刮水器开关关闭（OFF 档，但开关内部线路接通），电流经 A 搭铁，电机继续转动。

如图 4-3b 所示，当车窗外刮水臂回位到前风窗下部位置时，减速器从动塑料齿轮恰

好转动到 A、B 相通构成回路，导致电枢的两换向电刷两端电位为 12V，电机上没有电压差，电机停转。

2. 三静触点式

三静触点（A、B、C）电枢接负式电路如图 4-4a 所示，当车窗外刮水臂未回位到前风窗下部位置时，减速器从动塑料齿轮导电片恰好转动到 A、B 相通构成回路，电机可继续转动。如图 4-4b 所示，当车窗外刮水臂回位到前风窗下部位置时，减速器从动塑料齿轮导电片恰好转动到 B、C 相通构成回路，导致电枢的两换向电刷两端电位为 0V，电机上没有电压差，电机停转。

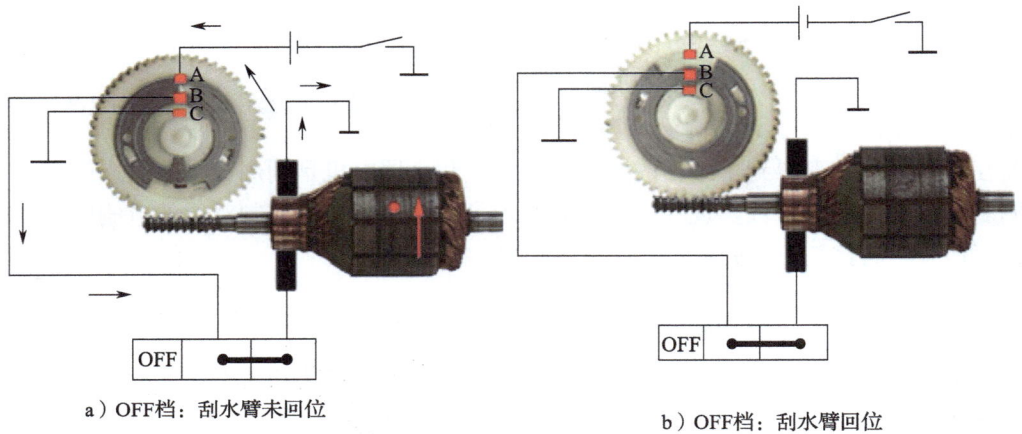

a）OFF档：刮水臂未回位　　　　　　b）OFF档：刮水臂回位

图 4-4　三静触点电枢接负式电路

五、刮水器继电器的间歇控制电路

汽车刮水器继电器的间歇控制电路有多种形式，按照间歇时间是否可调有可调节型和不可调节型之分，它们都是在开关拨到间歇档时才触发工作的。刮水器开关操作位置如图 4-5 所示，O 为空档（OFF）、I 档为间歇档（Interval）、1 为低速档、2 为高速档、AUTO 为自动档。一般轿车间歇档的间隔时间可通过加装在控制开关上的滑动变阻器控制刮水器继电器的间歇时间。高档轿车的间歇控制电路是自动调节式，其控制电路中的刮水器控制继电器内置的微控制器，能根据外部雨量传感器确定的雨量大小，自动调节间歇时间。

图 4-5　刮水器开关操作位置

【完成任务】

请操作一下实习车的刮水器开关，描述一下其档位和功能。

_____。

六、风窗洗涤装置

风窗洗涤装置主要由储液罐、洗涤泵、输液管、喷嘴（喷水鼻）等组成。洗涤泵由永磁直流电机和洗涤泵组成。洗涤装置喷嘴的安装位置有两种形式：一种是在前发动机机舱盖左右两侧各安装一个喷嘴，各自冲洗规定区域，洗涤泵喷嘴方向可以根据使用情况调整；另一种是将喷嘴直接安装在刮水臂内，当刮水臂做弧形刮水运动时，喷嘴即刻向风窗玻璃上喷洒清洗液。储液罐上的洗涤泵和喷水鼻如图 4-6 所示。洗涤泵安装在储液罐上或管路内，在离心泵的进口处设置有滤清器。

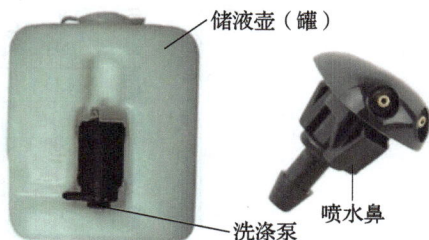

储液壶（罐）

喷水鼻

洗涤泵

图 4-6　储液罐上的洗涤泵和喷水鼻

【完成任务】

请用钢针或将曲别针抻直后调节一下喷嘴（喷水鼻）的方向，以保证喷出的玻璃水在风窗玻璃的指定位置，保证刮水片能刮净风窗玻璃。

📖 知识点 2　刮水／洗涤电路

一、前刮水器电机／洗涤泵电路

图 4-7 所示为丰田汽车前风窗刮水器电机和洗涤泵电路。其工作原理如下：点火开关打开后，30A RR WIP 和 20A WSH 被供电。

1）OFF（关闭）档：后刮水器电机电刷两端接地，电位相等，电机停转。

2）INT（间歇）档：电流电阻 R1 →调速开关（间歇时间调节开关）→电容 C1 →复位开关→ EA 接地，复位开关的动作使电容充电，电容 C1 的电压提高，这个电压经 INT 开关，经 D → R2 →晶体管 T2，晶体管 T2 导通，继电器线圈电流经晶体管 T2 流过，继电器开关右摆将电流引入 INT 开关，再流出至刮水器内的 L2 →电机→手动恢复式断路器→ EA 接地，这时接地开关断开，电容 C1 经 T2 的输入电路放电，T2 的基极电压下降，电机工作一个循环后，接地开关再次接地给电容充电，C1 反复充电放电，电机周期性循环。延时时间可由速度调节开关内的滑动变阻器调节 C1 的充电时间。

3）LO（低速）档：电流经组合开关 LO，经 L2 →电机→手动恢复式断路器→搭铁。

4）HI（低速）档：电流经组合开关 HI，经侧电刷→电机→手动恢复式断路器→搭铁。

5）MIST（点动刮水）档：MIST 是自动回位开关，转动开关到 MIST 时，低速档 LOW 电路工作，只要松手，MIST 开关回位至 OFF。

6）Wash（刮水／洗涤）档：洗涤泵电机控制开关不仅要实现洗涤，还要实现刮水的低速档工作。其工作原理是洗涤电机电流经洗涤 ON 档到 IL 接地，洗涤泵工作，与此同时晶体管 T1 的基极通过 R8 →洗涤泵开关→ IL 搭铁，T2 的输出电路经 R6、R3、R4 有电流流过导致 T2 的基极有 R4 的电压，使 T2 导通，继电器触点开关右摆，LO（低速）档工作。

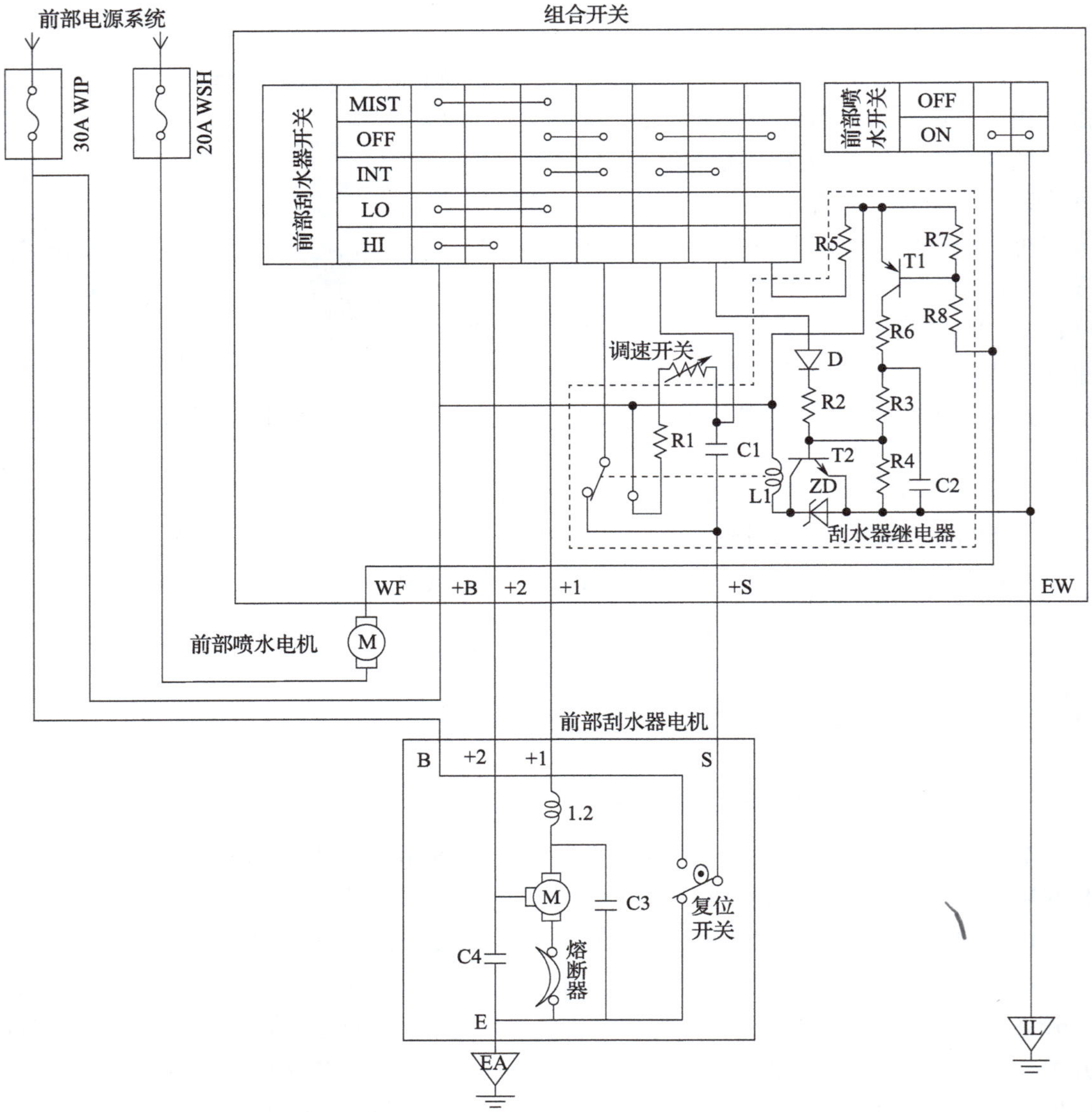

图 4-7　丰田汽车前风窗刮水器电机和洗涤泵电路

【完成任务】

根据丰田汽车前风窗刮水器电机和洗涤泵电路（图 4-7）完成下面问题。

刮水开关共有几个档位？ _____、_____、_____、_____、_____和_____。

哪几个档位为单连开关档？ _____、_____和_____。哪几个档位为双连开关档？ _____、_____。MIST 档是什么档？ _____。

电子继电器具有"刮水器电机间歇"和"洗涤和刮水联动"功能。那么，在"刮水器电机间歇"功能中电子继电器的搭铁控制是否经过洗涤泵电机开关到 IL 搭铁？ _____。在"洗涤和刮水联动"功能中有几条电路经过洗涤泵电机开关到 IL

搭铁?　_____。

在 OFF 档时，请找到刮水电机两端搭铁的电路，并描述两端是如何搭铁的：_____
_____。

二、后刮水器电机 / 洗涤泵电路

图 4-8 所示为丰田汽车后风窗刮水器电机和洗涤泵电路。其工作原理如下：点火开关打开后，15A RR WIP 和 20A WSH 被供电。

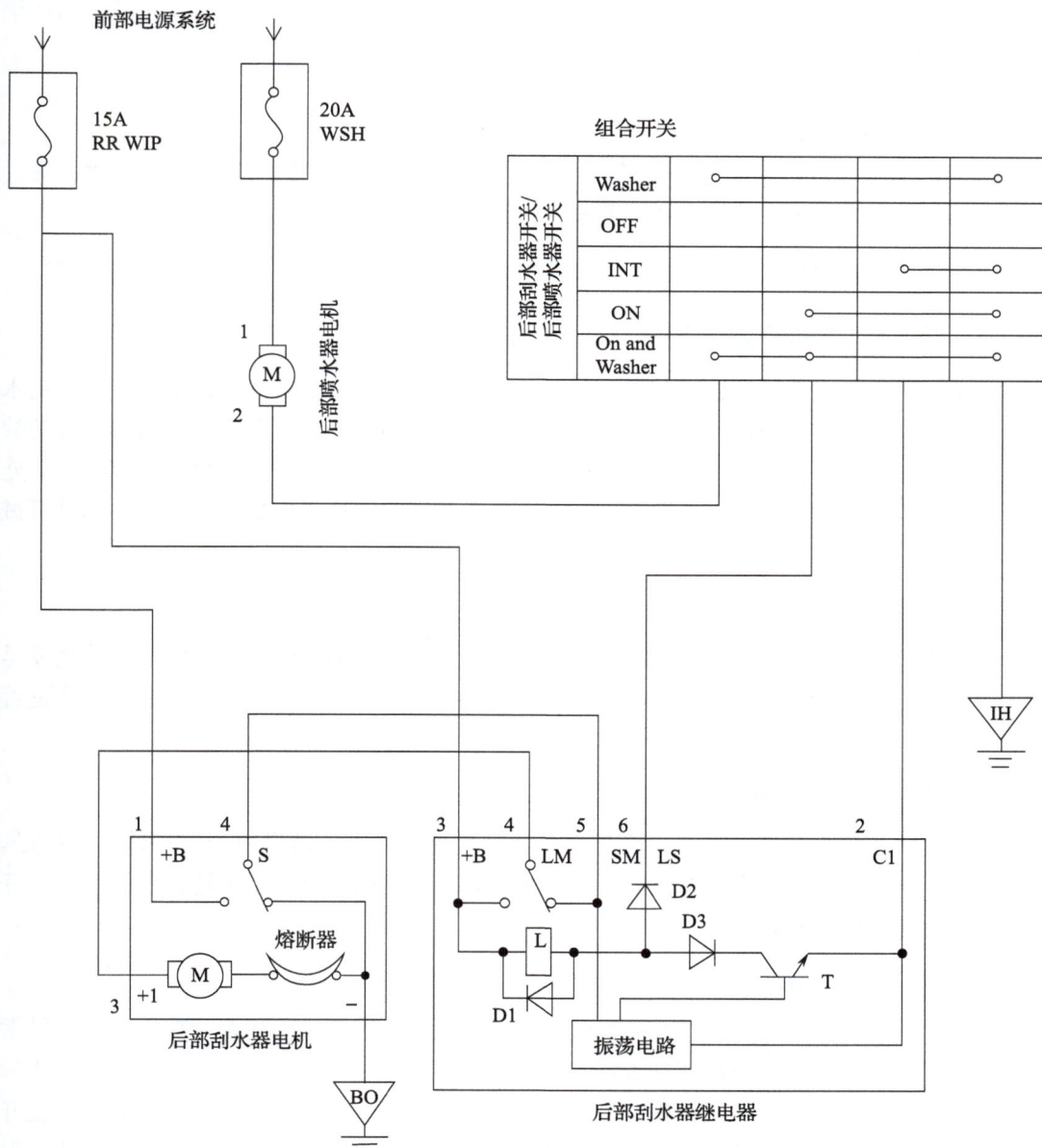

图 4-8　丰田汽车后风窗刮水器电机和洗涤泵电路

1）OFF（关闭）档：后刮水器电机电刷两端接地，电位相等，电机停转。

2）INT（间歇）档：振荡电路工作，周期性触发晶体管 T，继电器线圈 L 的电流经 D3 和晶体管 T 至搭铁点 IH。继电器内部的触点 LM 周期性的左摆将电源端子 +B 的电流引出到后刮水器电机的端子 +1，电机周期性转动，实现间歇档。

3）ON（刮水）档：继电器线圈 L 的电流经 D2 至搭铁点 IH。继电器内部的触点 LM 左摆将电源端子 +B 的电流引出到后刮水器电机的 +1 端子，电机转动，实现 ON 档。

4）Wash（洗涤）档：洗涤泵电机电流经 Wash（洗涤）档开关到 IH 搭铁。

5）On and Wash（刮水 / 洗涤）档：洗涤泵电机电流经 Wash（洗涤）档开关到 IH 接地，洗涤泵电机工作，与此同时，继电器线圈 L 的电流经 D2 →刮水 / 洗涤开关→ IH 接地，继电器触点 LM 左摆给刮水器电机供电，经 BO 搭铁。

【完成任务】

在图 4-8 所示的丰田汽车后风窗刮水器电机和洗涤泵电路中，在 OFF 档时，请找到刮水器电机两端搭铁的电路，并描述两端是如何搭铁的：

_____。

三、风窗刮水器系统的维修

风窗刮水器系统常见的故障有刮水器不工作或间断性工作、持续操作不停，以及刮水片不能复位等。除此以外，还有一些与刮水片调整有关的故障。在对风窗刮水器系统的故障进行检修之前，需要确定是电器故障还是机械故障。最简单的方法就是从电机上拆下连接刮水片的机械摇臂，接通刮水器系统，观察电机的运行。如果电机工作正常，则是机械问题，比如生锈。

1. 刮水器速度变慢

电器或机械故障均会引起刮水器速度变慢。大多数导致刮水器动作变慢的电路故障是由于接触电阻大而引起的。如果电源供电回路正常，则应检查刮水电机的搭铁回路是否正常。

2. 间歇刮水系统不正常

如果刮水系统只是在间歇档位工作不正常，首先应检查间歇继电器的搭铁是否良好。如果搭铁正常，利用欧姆表检查继电器到刮水器开关之间的电路；如果连接线路也是良好的，则应更换间歇继电器。

3. 刮水片不能复位

刮水片不能复位可能是复位开关导致，也可能是刮水器开关内接触片变形所致。最常见的与复位开关有关的故障是当开关断开时，刮水片就停在该位置。发生该故障时，要拆下电机端盖，接通刮水器开关，观察复位开关的工作情况。当关闭刮水器开关时，复位开关应能使其常闭触点闭合到位，否则应更换复位开关。如果刮水器开关内接触片弯曲变形或折断，同样会造成刮水片不能复位，应检修或更换刮水器开关。

四、风窗洗涤装置的维修

许多风窗洗涤装置的故障都是输液系统引起的。因此，应首先拆下泵体上的水管然后使电动泵工作。如果电动泵能够喷出清洗液，则故障发生在输液系统。若打开洗涤器开关，如果电动泵工作但不喷液，检查泵内有无堵塞，排除泵体内的任何异物；如果没有堵塞，须更换电动泵。

补充洗涤液时，专用玻璃水是较好的选择，其中已加入去垢剂和防锈剂。考虑到经济性，在不结冰的情况下，清水也是好的选择。有的车主为了能刮掉风窗玻璃上的油、蜡、蚊虫等污物，可在水中添加少量的去垢剂和防锈剂，如洗衣粉、洗碗剂等，这样去垢效果较好，但会使风窗密封条和刮水片胶条变质，甚至还会引起车漆变色以及储液罐、喷嘴等塑料件的开裂。

为了防止洗涤液在低温下冻结，冬季型玻璃水中添加了甲醇、异丙醇、甘醇等防冻剂，凝固温度可达 −20℃。如冬季不用洗涤器时，应将洗涤管中的水倒掉，防止冻裂储液罐。

实践任务
刮水器故障的解决

请在本书配套的《实践任务及工作任务单》中完成实践任务 4 的学习内容。

学习任务单

一、填空题

1. 刮水器电机按其磁场结构不同分为_____和_____两种。
2. 永磁式刮水器电机是利用 3 个电刷来改变正、负电刷之间_____的个数实现变速的。
3. 永磁式刮水器电机低速旋转时控制_____的电刷向转子中通电。
4. 汽车刮水器继电器的间歇控制电路按照间歇时间是否可调有_____和_____之分。
5. 高档轿车的间歇控制电路是自动调节式，其控制电路中的刮水器控制继电器内置的微控制器，能根据外部_____确定的雨量大小，自动调节间歇时间。

二、判断题

1. 风窗洗涤装置主要由储液罐、洗涤泵、输液管、喷嘴（喷水鼻）等组成。（　　）
2. 可用钢针或将曲别针抻直后调节一下喷嘴（喷水鼻）的方向。（　　）
3. 洗涤泵为永磁直流电机和洗涤泵组成。（　　）
4. 洗涤泵安装在储液罐上或管路内，在离心泵的进口处设置有滤清器。（　　）
5. 永磁式电机具有体积小、质量小、噪声小、结构简单等优点。（　　）

三、单选题

1. 刮水时间调节是依靠调节（　　）。
   A. 充电电阻大小 　　　　　　　　B. 充、放电电阻大小
   C. 充电电容大小 　　　　　　　　D. 放电电容大小
2. MIST 档是（　　）。
   A. 除霜档　　　　B. 间歇档　　　　C. 点动刮水档　　　　D. 加热档
3. 下列不是风窗刮水器系统常见故障的是（　　）。
   A. 刮水器不工作　　　　B. 间断性工作　　　　C. 持续操作不停
   D. 刮水片不能复位　　　　E. 线路故障
4. 大多数导致刮水器动作变慢的电路故障是由于（　　）而引起的。
   A. 接触电阻大　　B. 操作开关故障　　C. 搭铁不良　　　　D. 线路故障
5. 刮水器 I 档为（　　）。
   A. 自动档　　　　　　　　　　　　B. 间歇档
   C. 低速档　　　　　　　　　　　　D. 高速档

Module 05

能力模块五
汽车仪表和警告装置原理认知与检修

情境导入

　　汽车仪表盘中红色制动警告灯点亮。如果你是接车的修理技术人员，应如何解决这个故障？修理方案应如何制订？

学习目标

能力目标
- 能说出仪表盘中有哪些仪表。
- 能说仪表三灯指什么。
- 能说出仪表警告灯有哪些。
- 能说出仪表指示灯有哪些。
- 能说出仪表故障灯有哪些。
- 能说出蓄电池放电警告灯、机油压力过低警告灯、制动警告灯点亮的处理方法。
- 能够进行仪表的自诊断检查。
- 能够检查机油感应塞造成的假机油压力过低警告。
- 能够检查制动警告灯点亮的驻车制动开关和制动液面过低开关电路。
- 能够检查制动蹄片磨损警告电路。

素养目标
- 了解汽车仪表的设计要求。
- 了解汽车警告灯的设计要求。
- 培养小组团结合作意识。

知识储备

知识点 1　仪表和警告装置简介

说明　任务驱动时，设定故障要反映实际可能故障，最好采用从服务站收集来的有故障的仪表、油箱油位传感器总成、发动机机油压力传感器等进行任务驱动。任务驱动可分为四种类型：第一种是仪表故障；第二种是变阻器类传感器故障；第三种是开关类传感器故障；第四种是带防盗系统仪表的更换。

一、早期的仪表

汽车仪表装置通常是由仪表、三种灯和蜂鸣器等组成。图 5-1 所示为化油器车型的仪表。该仪表应用的是机械式的车速/里程表，以及电热式的燃油表和水温表。电热式仪表的特点是外界测量元件直接接到表内两个线圈中的中一个线圈上，测量元件的电阻变化导致线圈电流变化，近而在线圈内产生磁场变化，导致两个线圈的合成磁场方向发生改变，仪表指针指向合成磁场方向。该仪表由于回路电流不能精确控制，现已被淘汰。

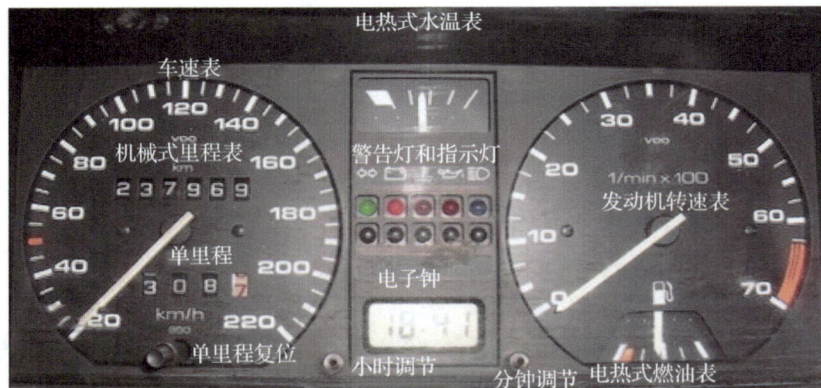

图 5-1　化油器车型的仪表

仪表通常采用标准四表结构，包括发动机转速表、车速表、水温表和燃油表。发动机转速表和车速表原理相同，都是转速类仪表。水温表和燃油表原理相同，都是测量元件的电阻发生变化。对于客车，还要求有气压表和电压表等。

二、现代汽车仪表

电子显示组合仪表接收各种传感器传来的信号，并根据这些信号进行计算，以确定车辆的行驶速度、发动机转速、发动机冷却液温度、燃油量以及车辆其他情况的测量数据，并将这些数据以指针、数字或条形图的形式显示出来。

　　汽车电子仪表多采用八位或十六位单片机，系统元件包括：具有多路大电流输出的步进电机驱动控制和十字交叉线圈的驱动控制；可直接驱动 LED 显示屏；带有在线可编程存储器（Flash Rom），静态存储器（SRAM）；具有低电压中央处理器（CPU）复位检测功能；CAN 通道；多通道 8/10 位模 / 数转换（A/D）；8/16 个输入捕捉通道等。

　　仪表的基本功能如图 5-2 所示。冷却液温传感器和燃油位置传感器等信号经仪表处理器内置的 A/D 转换器转换成数字信号。车速表传感器和发动机转速传感器等先将频率信号处理成方波信号，再进入仪表微处理器，经软件处理为数字信号。仪表微控器控制步进电机的两相线圈换流，仪表指针做出相应角度摆动。若有电子式气压表，则车下储气筒上配有气压传感器。若有机械式气压表，则车下储气筒为单线气压开关。若有电压表则直接采集发电机发出的电压，电压经 A/D 转换后再驱动电压表指针。LED 屏的图形和文字内容是将存储好的一帧一帧数据在显示屏上一帧一帧显示出来，显示哪帧数据由外部触发。仪表照明灯、警告灯和指示灯采用了 LED，对于采用 LED 的照明灯还可由外部触发进行脉冲宽度调制（PWM）调光，几乎所有仪表都内置有蜂鸣器，在有警告信息出现时，蜂鸣器会发出声音来提醒驾驶人。

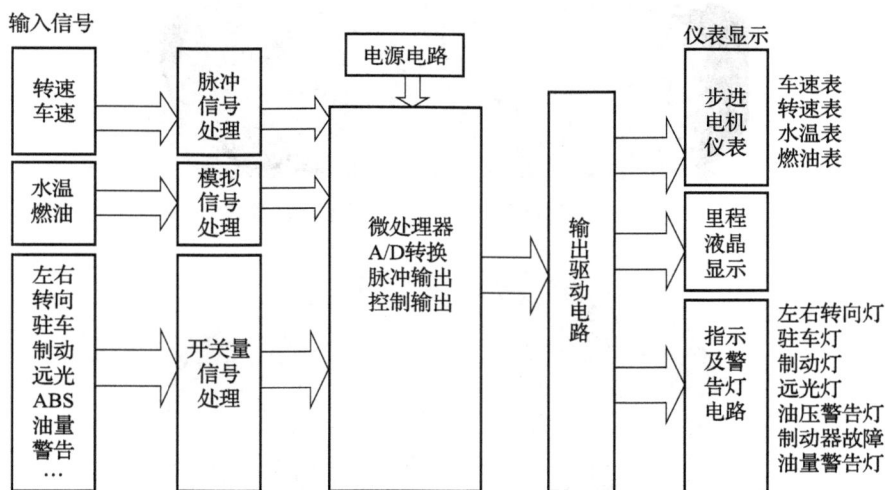

图 5-2　仪表的基本功能

　　电子显示组合仪表与常规的机电模拟仪表相比，具有以下优点：电子显示组合仪表显示精确度高；信息刷新快；能提供大量复杂的信息；易于使用数字进行分时显示，可使仪表盘得到简化；采用数字显示后，驾驶人可以选择仪表的显示内容，大多数系统还能让有潜在危险的信息在仪表中央信息显示屏上自动显示，例如，如果驾驶人选择了显示里程，而当时发动机温度已升到设定上限，则仪表发出水温警告，中央显示屏显示信息，蜂鸣器发出警告，以提醒驾驶人；只要有足够的存储器空间，LED 显示图形造型的自由度就提高，为仪表造型的设计提供了有利条件。

◆ 技师指导 ◆

现代汽车仪表为减少接入仪表的导线数量，采用 CAN 通信共享整车各电子控制单元信号。例如：发动机控制单元将发动机转速信号发到 CAN 总线上，仪表可以接收到；发动机水温、燃油位置等信号因为是模拟信号，它们没有电控单元，信号不能发到 CAN 总线。

近来有整车采用全数字化管理方式，用电控单元把所有的信号全转化为数字信号，这时燃油液位信号和机油油质、油位和油温等采用智能传感器把数字化后的信号送到仪表。更多数据由其他控制单元发到 CAN 总线上共享，例如：发动机转速和水温可由发动机控制单元通过串行通信或 CAN 通信向仪表控制单元发送信息。

三、现代汽车仪表

随着现代汽车开始使用电控发动机和电控变速器，仪表也进入高速发展时期。现代汽车仪表一般采用图 5-3 所示标准四表加 LED 段码显示的仪表、图 5-4 所示的标准四表加三显示屏加三区域指示灯的仪表或图 5-5 所示丰田真空荧光投影反射式仪表。

图 5-3　标准四表加 LED 段码显示的仪表

图 5-4　标准四表加三显示屏加三区域指示灯的仪表

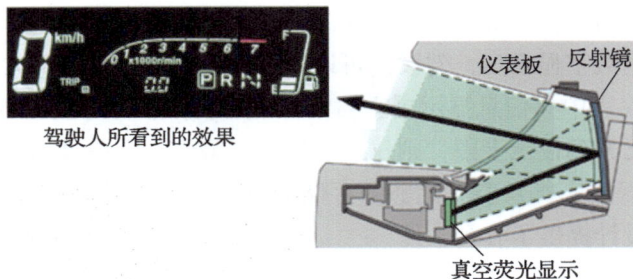

驾驶人所看到的效果

仪表板　反射镜

真空荧光显示

图 5-5　丰田真空荧光投影反射式仪表

现代仪表指针多以步进电机和十字线圈式驱动，步进电机多为两相步进电机。使用LED的仪表板为主流，中、高档车仪表板采用仪表中央大屏来显示汽车诊断信息和安全信息等。

LCD（液晶显示器）屏有淘汰的趋势，LED（发光二极管）成为显示的主流，真空荧光显示器（VFD）应用较少，主要在日本丰田车系中使用。仪表板指示灯和照明灯用灯泡可替换为贴片发光二极管，使可靠性大大提高，能避免仪表指示灯灯泡或照明灯灯泡损坏后要拆仪表换灯泡的问题。

薄膜场效应晶体管（Thin Film Transistor, TFT）即液晶平板显示器，它是唯一在亮度、对比度、功耗、寿命、体积和重量等综合性能上全面赶超阴极射线管（Cathode Ray Tube, CRT）的显示器件，它的性能优良，大规模生产特性好，自动化程度高，原材料成本低廉，发展空间广阔。

采用大型TFT-LED显示一切全车信息的全图形化仪表盘（图5-6）配置在部分高级车里，屏幕中间切换到行走模式后，可显示夜视摄像机的图像和导航画面。

图5-6 全图形化仪表盘

四、仪表三灯

为使驾驶人随时了解汽车各系统的工作状况，汽车上都设有表示汽车工作状况指示灯、警告灯和故障灯（即"仪表三灯"）。指示灯（如前照灯远、近光变换指示）只起提示作用，与有无故障无关，用于提示设备是打开还是关闭状态。警告灯（如发动机机油压力警告灯）一旦点亮，说明机油压力过低，要停车检查。故障灯是说明电控系统有故障的灯，例如，发动机故障灯和动力转向故障灯一旦点亮，要将汽车开至服务站进行检查。

1. 汽车仪表灯符号

汽车组合仪表故障灯、警告灯、指示灯说明见表5-1。

表5-1 汽车组合仪表故障灯、警告灯、指示灯说明

系统	符号	说明	备注
发动机		发动机系统故障灯	该指示灯用来显示车辆发动机的工作状况，点火开关打开，车辆自检时，该指示灯点亮后自动熄灭，如常亮则说明车辆的发动机出现了机械故障，需要维修

（续）

系统	符号	说明	备注
发动机		发动机水温过高警告灯	该指示灯用来显示发动机内冷却液的温度，点火开关打开，车辆自检时，会点亮数秒，后熄灭。水温指示灯常亮说明冷却液温度超过规定值，需立刻暂停行驶，水温正常后该指示灯熄灭
		发动机水温过低警告灯	
	EPC	发动机电子功率控制故障灯	该指示灯常见于大众品牌车型中。打开点火开关，车辆开始自检时，该灯会点亮数秒，随后熄灭。如车辆起动后仍不熄灭，说明车辆机械与电子系统出现故障
		发动机机油压力过低警告灯	
		发动机机油位过低警告灯	
	SVS	发动机系统故障灯	
		冷却液过低指示灯	
		发动机起停系统指示灯	
		燃油存量不足	
	E.	燃油存量不足	
		柴油发动机预热指示灯	

（续）

系统	符号	说明	备注
发动机		发动机起动系统指示灯	
		发动机限速指示灯	
		柴油机排气过滤器堵塞指示灯	
		柴油滤清器堵塞指示灯	
		机油油位、油温或油质有问题指示灯	
		机油油面过低指示灯	
		车辆有故障需要维修指示灯	
		燃油箱油口盖位置指示灯	
		电子节气门指示灯	
		保养维护指示灯	
		保养维护指示灯	
		起动踏制动、离合器踏板指示灯	

（续）

系统	符号	说明	备注
发动机		发动机动力部分 损失指示灯	
		发动机排放超标 指示灯	
		发动机起停 指示灯	
		发动机未被关闭 指示灯	
		发动机关闭指示灯	
		发动机转速低 指示灯	
		发动机转速高 指示灯	
		超速限制指示灯	
		限速指示灯	
		车辆需要维修 指示灯	
		油量不足指示灯	
		燃油滤清器更换 指示灯	

（续）

系统	符号	说明	备注
发动机		应踩下制动踏板指示灯	踩下制动踏板后该指示灯熄灭
		制动片磨损警告灯	
		防抱制动系统故障灯	该指示灯用来显示 ABS 的工作状况。当打开点火开关，车辆自检时，ABS 灯会点亮数秒，随后熄灭。如果未闪亮或者起动后仍不熄灭，表明 ABS 出现故障
		制动警告灯	该指示灯用来显示车辆驻车制动的状态，平时为熄灭状态。当驻车制动被拉起后，该指示灯自动点亮。驻车制动被放下时，该指示灯自动熄灭。有的车型在行驶中未放下驻车制动会伴随有警告，制动液位低时也会点亮此灯
	EBD	电子制动力分配故障灯	
		车身稳定控制系统功能已被关闭指示灯	
		车身稳定控制系统功能控制正在进行指示灯	
	TCS OFF	牵引力控制功能关闭指示灯	
	TCS	牵引力控制功能指示灯	

（续）

系统	符号	说明	备注
发动机	**VSC** **SLIP**	车身稳定控制系统指示灯	该指示灯用来显示车辆 VSC（电子车身稳定系统）的工作状态，多出现在日系车上。当该指示灯点亮时，说明 VSC 系统已被关闭
	VDC OFF	车身稳定控制系统关闭指示灯	
	ESP BAS **EPS** **VSA**	车身稳定控制系统故障灯	
	(P) AUTOH	自动驻车制动指示灯	
	ABS (!) BRAKE	制动温度过高指示灯	
		坡道车速控制指示灯	
		下坡辅助开启指示灯	
	TC	牵引力控制关闭指示灯	
		动态稳定控制指示灯	

（续）

系统	符号	说明	备注
发动机	DTC	动态稳定控制指示灯	
	(P)	电子驻车系统需要维修指示灯	
	(())	上坡辅助指示灯	
胎压监控		胎压指示灯	
		低气压轮胎位置指示灯	
	TPMS	胎压监控指示灯	
		蓄电池放电警告灯	发电机未发电时该灯亮起
刮水器及洗涤		玻璃水少指示灯	该指示灯用来提醒驾驶人所装玻璃水的多少，平时为熄灭状态，该指示灯点亮时，说明车辆所装的玻璃水已不足，需添加。添加足量的玻璃水后，指示灯熄灭
		刮水器故障指示灯	

（续）

系统	符号	说明	备注
照明和信号		照明灯或信号灯故障指示灯	该指示灯借用近光指示灯做故障指示灯
			该指示灯借用远光指示灯做故障指示灯
			该指示灯是独立的故障灯
		灯泡损坏指示灯	该指示灯借用后雾灯指示灯做故障灯
		转向指示灯	该指示灯用来显示车辆转向灯所在的位置。通常为熄灭状态。当驾驶人点亮转向灯时，该指示灯会同时点亮相应方向的转向指示灯，转向灯熄灭后，该指示灯自动熄灭
		前雾灯指示灯	该指示灯用来显示前雾灯的工作状况，当前雾灯点亮时，该指示灯相应的标志同时点亮。关闭雾灯后，相应的指示灯熄灭
		后雾灯指示灯	该指示灯用来显示后雾灯的工作状况，当后雾灯点亮时，该指示灯相应的标志同时点亮。关闭雾灯后，相应的指示灯熄灭
		示宽灯指示灯	该指示灯用来显示车辆示宽灯的工作状态，平时为熄灭状态，当示宽灯打开时，该指示灯随即点亮。当示宽灯关闭或者关闭示宽灯打开照明灯时，该指示灯自动熄灭

（续）

系统	符号	说明	备注
照明和信号		自适应前照灯调节指示灯	
		远光灯指示灯	该指示灯用来显示车辆远光灯的状态。通常的情况下该指示灯为熄灭状态。当驾驶人点亮远光灯时，该指示灯会同时点亮，以提示驾驶人车辆的远光灯处于开启状态
		光强或雨滴传感器故障指示灯	
		自适应弯道灯有故障指示灯	
		夜视功能打开指示灯	
	AFS OFF	自适应前照灯系统关闭指示灯	
		驾驶疲劳指示灯	
		车辆警告灯	车辆全局系统有警告信号时该指示灯亮起
	i	信息指示灯	仪表接收重要的警告信息时该指示灯亮起
空调系统		空调滤芯堵塞更换指示灯	
		更换滤芯指示灯	

（续）

系统	符号	说明	备注
空调系统		后风窗加热指示灯	
		车外温度低	通过前保险杠处温度传感器测量温度
变速器及四驱分动箱		变速杆不可设置在P位指示灯	
		手动变速器实际档位指示灯	该指示灯显示实际档位
	HOLD	保持模式指示灯	
		换档指示灯	该指示灯用来提示升档
	A/T OIL TEMP	自动变速器油温过高指示灯	自动变速器油温过高时该指示灯亮起
		变速器控制单元故障灯	该故障灯也是变速箱驻车档控制器故障灯
		变速器温度过高指示灯	变速器温度过高时该指示灯自动亮起

（续）

系统	符号	说明	备注
变速器及四驱分动箱	4WD LOCK / 4WD	四轮驱动模式指示灯	操作四驱模式时该指示灯自动亮起
	4x4!	四驱系统故障指示灯	四驱系统有故障时该指示灯自动亮起
	O/D OFF	超速档关闭指示灯	该指示灯用来显示自动变速器的 O/D 档（Over/Drive，即超速档）的工作状态，按下变速杆上的 O/D OFF 开关时，当 O/D 档指示灯闪亮，说明 O/D 档已取消，使用直接档。此时加速能力获得提升。该指示灯有时也兼自动变速器故障灯
		两轮驱动模式开启指示灯	操作两驱模式时该指示灯自动亮起
钥匙、车门及防盗	KEY OUT / ?	钥匙在车外警告灯	钥匙在车外时该警告灯自动亮起
		转向锁故障指示灯	转向锁存有故障码时该指示灯自动亮起
		防盗器故障灯	防盗器存有故障码时该故障灯自动亮起

系统	符号	说明	备注
钥匙、车门及防盗		智能进入和起动故障灯	
		电子方向盘锁止警告灯	该灯亮起时表示防盗器存有故障码
		门开启警告灯	车门开启时该警告灯自动亮起
		行李舱开启指示灯	行李舱开启时该指示灯自动亮起
		前机舱盖开启警告灯	前机舱盖开启时该灯亮起
		遥控器电量低指示灯	
		钥匙不在区域内	该灯亮起时请更换电池
		钥匙未被识别	

（续）

系统	符号	说明	备注
巡航系统		巡航开启指示灯	
	SET	巡航设定指示灯	当达车速设定时该指示灯亮起
安全气囊及安全带	AIR BAG	安全气囊故障灯	该灯亮起时表明安全气囊控制单元存有故障码
		驾驶人安全带警告灯	该指示灯用来显示安全带是否处于锁止状态，当该灯点亮时，说明安全带没有及时地扣紧。有些车型会有相应的提示音。当驾驶人安全带及时扣紧后，该指示灯自动熄灭
	PASSENGER	乘客侧安全带警告灯	乘客侧安全带未扎时该灯亮起
		乘客侧安全气囊关闭指示灯	人为操作关闭开关或乘客座椅无人时该灯亮起

（续）

系统	符号	说明	备注
动力转向系统	PS 🔴 P/S ⊙!	动力转向故障灯	动力转向控制单元有故障码时该灯亮起
电控悬架系统	ABC	主动车身控制指示灯	调节车身高度及减振器阻尼时该灯亮起
		空气悬架高度上升调整指示灯	操作空气悬架高度上升时该灯亮起
		空气悬架高度下降调整指示灯	操作空气悬架高度下降时该灯亮起
		减振器调节指示灯	调节减振器时该灯亮起
带旅行挂车		挂车接合器指示灯	接上挂车时该灯亮起
		拖车转向指示灯	

（续）

系统	符号	说明	备注
驾驶模式	SPORT	运动模式开启指示灯	操作开关后该灯亮起
	节能驾驶指示灯符号	节能驾驶指示灯	操作开关后该灯亮起
	eco	经济模式指示灯	操作开关后该灯亮起
	车窗符号	车窗防夹功能指示灯	操作车窗开关时该灯亮起
	天窗符号	天窗防夹功能指示灯	操作天窗开关时该灯亮起
	SOS	SOS 呼叫警告灯	带蓝牙电话功能配备 按下 SOS 开关后该灯亮起
	！	点火警告灯	
	时钟符号 00.00.00	时间、日期调整指示灯	调整时间时该灯亮起
辅助驾驶系统	驻车符号	驻车辅助指示灯	倒车时该灯亮起
	前向碰撞符号	前向碰撞预警指示灯	跟车过近时该灯亮起
	P符号	超声波倒车辅助指示灯	倒车时该灯亮起
	车道保持符号	车道保持指示灯	超车道线时该灯亮起

（续）

系统	符号	说明	备注
辅助驾驶系统		盲区监测指示灯	后方有车从侧面超车时该灯亮起
		车距警告灯	车距过小时该灯亮起
电动汽车		整车控制器存有故障码故障灯	该灯是否亮起由整车控制器（VCU）控制
		动力蓄电池管理系统故障灯	该灯是否亮起由电池管理系统（BMS）控制
		电机或变频器有故障的故障灯	
	READY	高压上电完成指示灯	高压上电完成时该灯亮起
	SPORT MODE	运动模式指示灯	该灯是否亮起由整车控制器（VCU）控制
	ECO MODE	经济模式指示灯	该灯是否亮起由整车控制器（VCU）控制
	EV MODE	电动模式指示灯	该灯是否亮起由整车控制器（VCU）控制
		动力蓄电池过热警告灯	该灯是否亮起由电池管理系统（BMS）控制
		动力蓄电池电量不足指示灯	该灯是否亮起由电池管理系统（BMS）控制
		充电枪与充电座已连接指示灯	该灯是否亮起由电池管理系统（BMS）控制

（续）

系统	符号	说明	备注
电动汽车		动力蓄电池断开指示灯	该灯是否亮起由电池管理系统（BMS）控制
		动力蓄电池绝缘有故障	该灯是否亮起由电池管理系统（BMS）控制

2. 警告灯符号的意义

红色警告灯常亮或闪烁，指示相关单元出现故障。要特别注意"发动机机油压力""制动液液位低""冷却液温度"和"电子制动力分配系统故障"警告灯，一旦上述警告灯亮起，应立即停车。

黄色的故障灯说明控制系统有故障码存在，应尽快去服务站。故障灯在点火开关打开，汽车自检时会亮，但无故障时会熄灭。

指示灯颜色可为黄色、绿色等，要求不严格，在元件电路工作时起提示的作用。

（1）发动机机油压力警告灯　该警告灯如果在发动机运转时亮起，应立即停车。此时表明机油压力不足。

（2）油箱盖警告灯　如果油箱盖没有正确拧紧而丢失，该警告灯会亮起。

（3）电子稳定性程序（ESP）工作指示灯　在 ESP 系统进行制动控制时，该指示灯闪烁。

（4）颗粒排放滤清器堵塞警告灯（柴油发动机）　若在发动机运转时该灯闪烁，表示颗粒排放滤清器需要清污，或者表示发动机怠速运转时间过长（排气冒白烟）。如果滤清器继续在这种工况下工作，该滤清器会有堵塞的危险。如果条件允许，尽快以 60km/h 以上的速度行驶至少 3min。

（5）与制动有关的故障灯和警告灯

1）驻车制动、制动液液位低和电子制动力分配警告灯。每次打开点火开关，该灯在拉起驻车制动或者没有正确松开驻车制动时亮起；此灯也可以表明制动液液位低，该情况下，即使松开驻车制动，该警告灯依然常亮；在 ABS 警告灯亮起的同时该灯亮起，表明电子制动力分配（EBD）系统出现故障。

2）防抱死制动系统（ABS）警告灯。每次打开点火开关时，该灯亮 3s；如果在车速超过 12km/h 时亮起，表明 ABS 存在故障。但是，汽车上的传统伺服助力制动依然起作用。

3）前制动片磨损警告灯。如果该灯亮起，请尽快更换制动片。

（6）蓄电池充电警告灯　打开点火开关时，该灯亮起。如果在发动机运转时该灯亮起，则可能发生情况：充电电路存在故障；蓄电池或起动机接线端子松动；发电机传动带断裂或松弛；发电机故障。

（7）发动机诊断警告灯　打开点火开关时，该灯亮起后熄灭。如果在发动机运转时该灯闪烁，表明排放控制系统中存在故障。如果在发动机运转时该灯常亮，表明喷油或点火系统中存在故障，有损坏催化转化器的危险（只限燃油发动机）。

（8）柴油发动机预热指示灯　如果发动机进行了充分的暖机，该灯不亮，此时可以立即起动发动机。如果灯亮，等待灯灭后再起动。

（9）柴油滤清器放水警告灯　该灯亮起时，应尽快与服务代理商联系，因为有损坏燃油喷射系统的风险。

（10）乘客侧安全气囊解除警告灯　该警告灯亮起时伴有声音信号，并在多功能显示屏上显示信息。如果解除（关闭）了乘客侧安全气囊，在打开点火开关后该灯常亮。

（11）安全气囊警告灯　打开点火开关后，该警告灯亮 6s。该警告灯若在车辆运行时亮起，伴有声音信号，并在多功能显示屏上出现图形信息，表明前面、侧面或窗帘安全气囊出现故障。

（12）座椅安全带未扣紧警告灯　在发动机运转时，如果驾驶人座椅安全带没有扣紧，则该灯亮起。

（13）车门未关紧警告灯　该灯若在发动机运转时亮起，表示车门没有关好或行李舱盖打开。

（14）防盗器警告灯　该灯亮起，表示汽车防盗器系统中有故障。

（15）燃油液位低警告灯　当该灯亮起后，油箱内所剩的燃油还能行驶约 50km。

五、仪表电路

组合仪表的硬件电路主要由电源电路、信号采集电路、仪表控制器处理电路、仪表和指示灯驱动电路等组成。

1. 电源电路

仪表板电源电压的波动将引起电路中电流的变化，从而造成仪表的指示误差。为了避免这种误差，仪表板内装置了稳压器，用以保持仪表工作电压的恒定。如仪表板线性稳压集成电路 IC7812，稳压后输出 12V 电压给仪表板供电，保证仪表电压不随发电机电压发生波动。仪表板内的稳压方式有稳压二极管稳压、线性稳压电路稳压和开关稳压三种。为防止因蓄电池反接而损坏仪表，电源输入时使用二极管进行保护。

电源电路及掉电保护。由于汽车蓄电池提供的是 12V 电源，因此要进行电压转换及滤波处理。电源电路中 +5V 为模拟量电源，V_{cc} 为数字量及单片机工作电源。掉电保护电路是在掉电的时候也可以及时地记录汽车行驶的里程数据。使用掉电保护电路可在掉电时维持一段时间的供电电压，保证单片机完成里程数据的保存，并调整指针回零。具体方法是：在电源的输入端加一个 1000μF 或 2200μF 的电解电容，外部电源断开时，电容可以维持单片机电源足够长的时间，使得单片机可以完成外部中断的服务程序。

2. 仪表输入和输出接口

图 5-7 所示为仪表信号输入和输出电路。仪表模拟输入信号采集有燃油液位信号、冷却液温度信号、气压传感器信号等。数字输入信号采集有车速信号、发动机转速信号、

ABS 故障信号、安全气囊故障信号、发动机检查等数字信号。开关信号有左右转向指示开关信号、远近光指示开关信号、档位开关信号（P、R、N、D、4、3、2、1）、机油压力开关信号、安全带开关的开关信号、发电机是否发电的开关信号、车门开关信号、制动片磨损开关信号、停车驻车制动开关信号、前雾灯开关信号、冷却液液位开关信号、气压不足等开关信号。

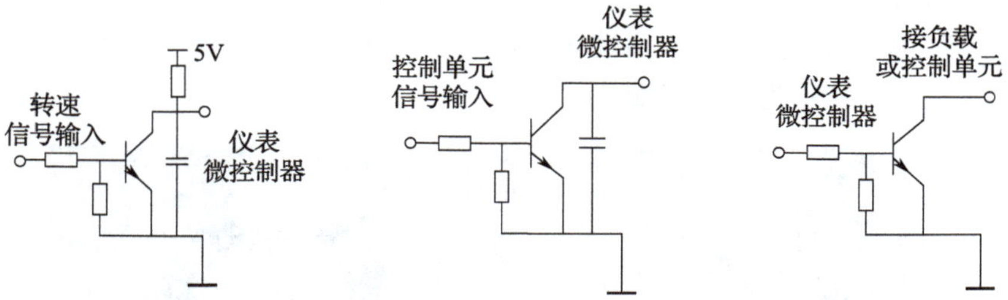

a）频率信号触发电路　　b）控制单元触发仪表电路　　c）仪表信号输出电路

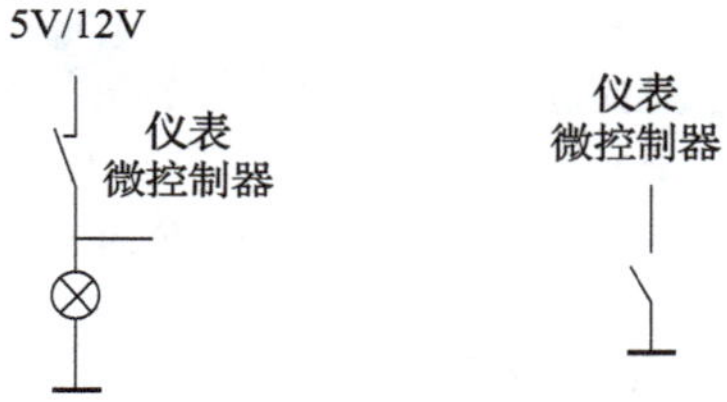

d）仪表下拉电阻信号输入　　e）开关搭铁信号采集

图 5-7　仪表信号输入和输出电路

图 5-7a 所示为频率信号触发电路，输入电路经电阻驱动晶体管基极，微处理器由电容上部的输出端来采集信号脉冲来计数。图 5-7b 所示为控制单元触发仪表电路，例如，要控制仪表上的发动机故障灯亮起，发动机控制单元控制晶体管导通将仪表微控制器的电位拉低为低电位，微控制器收到低电位信号后，点亮故障灯。图 5-7c 所示为仪表信号输出电路，在这个电路中，发光二极管、蜂鸣器和其他控制单元都可接在晶体管的集电极，仪表微控制器通过基极控制负载工作与否。图 5-7d 所示为仪表下拉电阻信号输入，比如灯光开启的指示信号输入。图 5-7e 所示为开关搭铁信号采集，比如机油压力开关。

◖➤ 技师指导 ➤◗

　　针对仪表的学习要求是能看懂仪表外围线路图，清楚信号类型，并能通过诊断仪触发仪表动作，从而判断仪表好坏。

📖 知识点 2　汽车仪表

　　20 世纪 90 年代以前普遍采用电热式仪表、动圈式仪表和十字线圈式模拟仪表。其中电热式仪表反应迟钝，易受电压波动影响；动圈式指示仪表抗振性能差、过载能力差、指针易抖动；十字线圈指示仪表也存在一致性差、通用性差的缺点。

2000 年以后，由于微控制器在仪表上的大量应用，现代汽车电子控制仪表广泛采用十字线圈式（电磁式）和步进电机式。

一、十字线圈式仪表

十字线圈式仪表是两组线圈十字交叉缠绕，工作原理是一个线圈中为固定电流，另一个线圈中是控制器的控制电流，仪表控制器通过控制这个电流使两线圈的合成磁场方向不同，这个合成磁场与线圈内部的永磁性转子作用，使永磁性转子转动，永磁性转子带动指针产生摆动。图 5-8 所示为十字线圈式仪表。

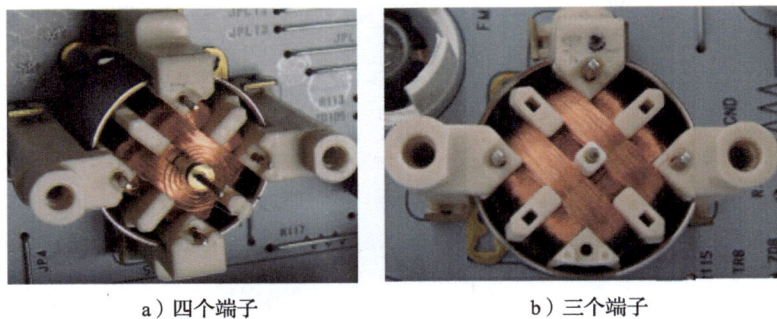

a）四个端子　　　　　　　　　　　　b）三个端子

图 5-8　十字线圈式仪表

四个端子的指针表通常为车速表或发动机转速表，因为其左右的偏摆角度范围很大，通常采用游丝弹簧回位。三个端子的指针表通常为水温表或燃油表，因为其左右的偏摆角度范围较小，通常采用重力回位。

二、步进电机式仪表

PWM 方式仪表的微型步进电机结构如图 5-9 所示。步进电机转动经多级减速机构传至仪表指针轴，带动指针转动。减速机构也可以采用丝杆齿轮减速机构。

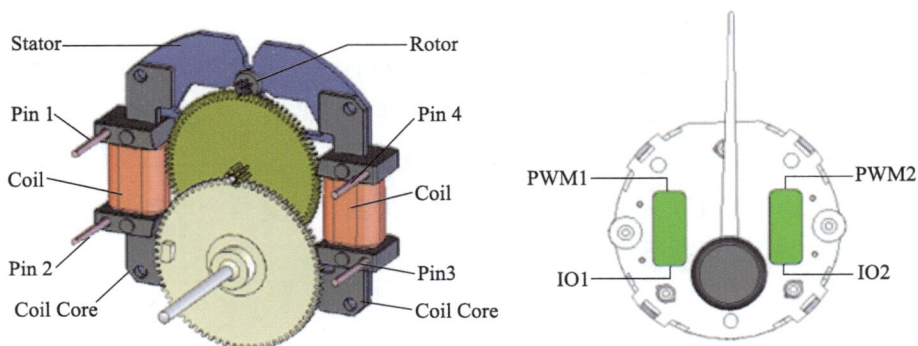

图 5-9　微型步进电机结构

◆ 技师指导 ◆

Coil（线圈）、Coil Core（线圈铁心）、Pin（引脚）、Stator（定子）、Rotor（转子）线圈通电在两 Stator（定子）铁心上形成不同磁极，推动 Rotor（转子）。

步进电机是两相永磁步进电机，转子步进角度为 60°。步进电机结构如图 5-10a 所示，电机内部有 180：1 的减速齿轮机构，通过齿轮减速降低转速，在输出的指针轴上得到 1/3 度的分辨率。为了节省成本，目前使用单片机的 PWM 端口直接模拟实现微步驱动。微型步进电机已经成为主流的方案，通常会使用两个 PWM 端口和两个 I/O 接口来驱动一个步进电机，PWM 方式虽然模拟了微步驱动，但是驱动的效果仍然要比专用驱动芯片的效果差一点。

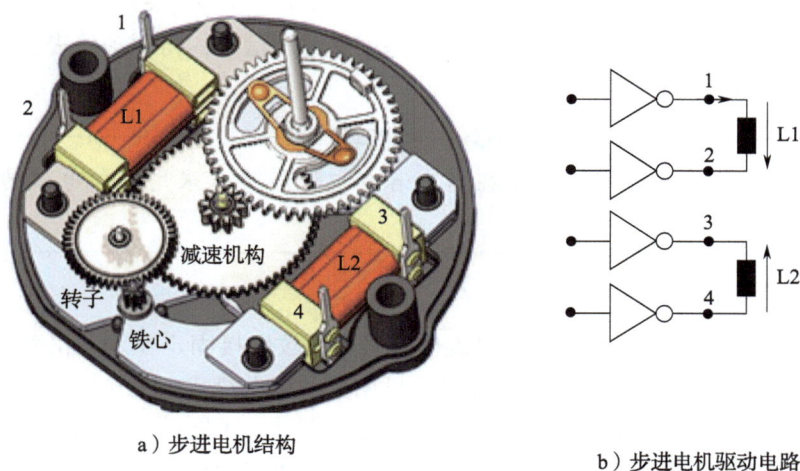

a）步进电机结构　　　　　　　　　b）步进电机驱动电路

图 5-10　步进电机结构和步进电机驱动电路

步进电机驱动电路如图 5-10b 所示，两相线圈中的每一相由两个反向器控制，微控制器只要控制四个反相器的输入端即可实现 L1 线圈和 L2 线圈的电流正反向通过，从而在铁心内产生不同的极性，促使多极永磁转子转动，再经多级减速机构输到仪表的指针轴上。

三、典型客车仪表举例

图 5-11 所示为仪表板背部元件，稳压集成电路采用 IC7812，采用处理器 AT89C2051 对频率或电压信号进行处理，并驱动仪表驱动芯片 BY1819（BY1819 为双线圈汽车转速表专用单片集成电路）。若仪表为步进电机式，将驱动芯片换成步进电机驱动芯片即可。

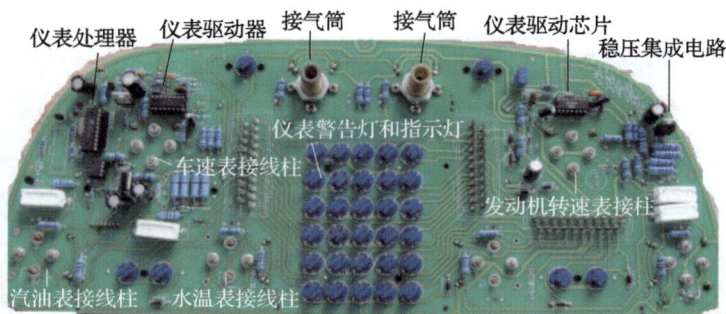

图 5-11　仪表板背部元件

1. 电流表 / 电压表

电流表又称安培表，早期装在客车上，用来显示电源系统的工作状态，当蓄电池放电时，表针指向"－"的一侧；当蓄电池充电时，表针指向"＋"的一侧。

近年来客车用电压表代替电流表，图 5-12 所示为汽车用电压表，由于电压表不仅能监控发电机和调节器的工作状况，同时还能指示蓄电池的技术状况，比电流表和放电指示灯更为直观与实用。电压表表盘上部电池形状的充电指示灯点亮时，表示电源系统工作不正常。柴油车标称电压多为 24V，低于 21V 时或高于 30V 时应检查发电机状态。

无论是电压表还是电流表，内部电路都是采集电压信号，再驱动仪表进行指示，只是它们的表盘刻度形式不同。

⟡ 技师指导 ⟡

铜板式电流表已被淘汰，现在客车若有电流表也是采用霍尔电流传感器测量电流。

2. 发动机水温表

图 5-13 所示为汽车水温表，水温表传感器用螺纹联接固定在发动机冷却水道上。水温表用于监测发动机水套中冷却液的温度，早期多采用电热式，工作原理与燃油表基本相同，使用热敏电阻改变电阻值，从而驱动表头指针摆动。不同的是水温传感器为一个热敏电阻元件，其阻值随温度的升高而减小，现在电子仪表采用十字线圈或步进电机驱动仪表指针。

⟡ 技师指导 ⟡

有一些中高档轿车的水温表采用"区间定值控制"，即在温度从低温到 90℃时正常显示；超过 90℃但未超过上限温度（如 120℃）时，仪表一直显示 90℃。这样设计的目的是防止驾驶人过度注意水温表而影响驾驶，若发动机过热，仪表蜂鸣器发出蜂鸣声，水温过高警告灯亮起。

3. 机油压力表

图 5-14 所示为机油压力表。机油压力表用以显示发动机工作时主油道内的油压，机油压力传感器一般安装在主油道或机油泵上，将主油道的油压转变为电信号，经处理器处理后传给机油压力表的十字线圈。

图 5-12　汽车用电压表

图 5-13　汽车水温表

图 5-14　机油压力表

◆ 技师指导 ◆

轿车一般采用机油压力警告灯，而不采用机油压力表，客车中一部分汽车还有机油压力表。用机油压力警告灯代替机油压力表，可使仪表简化，成本降低，直观方便。如大众车系轿车有高压和低压两个压力开关，机油压力警告灯若亮起表示机油压力过低或过高。

当发动机低速运转时，如果机油压力低于 30kPa，低压机油压力警告灯亮起；当发动机转速超过 2150r/min 时，如果机油压力达不到 180kPa，高压机油警告灯亮起，同时蜂鸣器发出蜂鸣声。

4. 燃油表

（1）普通燃油表电路　燃油表用来显示油箱中的剩余燃油量，如图 5-15 所示。燃油表传感器多为浮子式结构，当浮子位置高时，输出电阻小，电流大，指针指向 F（Full）或 1 的一侧；当浮子位置低时，输出电阻大，电流小，指针指向 E（Empty）或 0 的一侧。即燃油表传感器由随液面位移而自动位移的浮子带动一个内装滑动电阻器的机构组成，当油箱内的液位出现油面高低变化时，引起浮子位置的高低变化，在滑动电阻器上将会得到不同的电阻值输出，从而得知液面的高度，并

图 5-15　燃油表

驱动燃油表指示到相应的位置。电子燃油表主要通过采样电路向微处理器的 A/D 口输入传感器电阻变化而产生不同的采样信号，经 A/D 转换后，通过预置的系统软件处理控制驱动机构带动指针指示燃油量。

（2）带自纠偏测量电路的燃油表　一般电子燃油表的信号采集电路如图 5-16 所示，由于实车多采用燃油传感器（Fuel Sensor）回路与车载电动油泵电机共用地线，自 S 共地点以后的导线长度较长，经测量 S 点对地的电阻 $R=0.04\Omega$，由于油泵电机的工作电流很大（一般可达 5A 左右），在工作时 S 点对地的电压影响较大（0.2V），工作时的电压叠加导致在满量程采样时有较大的偏差，在打开点火开关和起动油泵两种工作状态会出现满量程指示迅速下降的情况，往往会引起用户的困惑和报怨。新型的燃油表通常采用带自纠偏测量电路的油位测量。

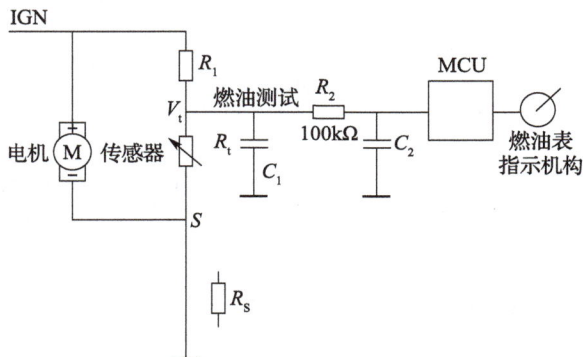

图 5-16　一般电子燃油表的信号采集电路

自动纠偏控制策略，即采用两次测量的方式，带自动纠偏测量电路的油位测量如图 5-17 所示，R_t 为油箱滑动变阻器，其余电路则在仪表中，微控制器（MCU）通过控制 P 沟道场效应管（MOSFET—P）在断开时，测量油泵电机流经 R_t 后形成的电压（图 5-17 中并未画出油泵电流流入 R_t），P 沟道场效应管导通时，再测量 R_t 的电压。将两次 A/D 采样的结果通过软件进行修正后再驱动仪表步进电机。

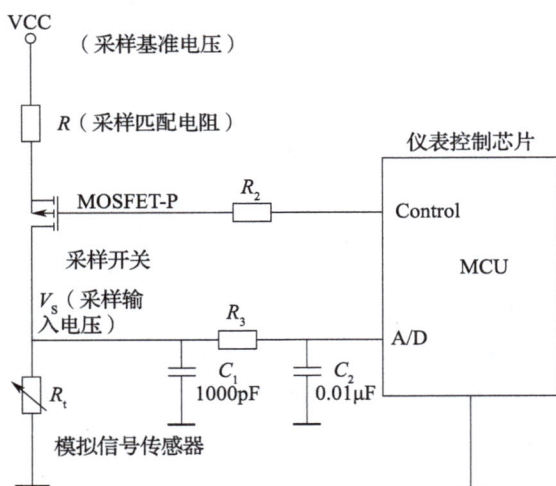

图 5-17　带自动纠偏测量电路的油位测量

◆ 技师指导 ◆

油箱中浮子随着油面的升、降而起伏，带动传感器的触点在电阻上滑动产生不同的阻值，当滑动变阻器接触不良的时候，就相当于在油位传感器上串联了一个可变电阻，电路回路中的电阻就会增加，导致油表不准或表针不稳。另外，燃油质量不合格也会加剧滑动变阻器出现接触不良。

（3）精确油位测量和带有磨损修正功能的仪表　油位测量硬件电路如图 5-18 所示，为了防止在加速、上坡和转弯时油表指针快速摆动，有的汽车在油箱中采用两个油位传感器，仪表指针根据油箱油位控制模型进行控制，所以只有真实的油位升降，仪表指针才会有摆动。

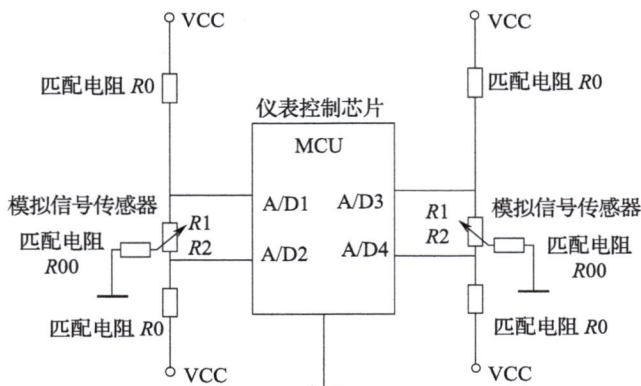

图 5-18　油位测量硬件电路

为了修正因油位滑动变阻器产生的磨损或燃油成分腐蚀导致的传感器电阻变化，高端汽车的油位测量具有燃油传感器磨损修正功能，方法是在仪表软件中植有磨损修正软件。在两个油位测量中，取其中的一套电路就可实现磨损修正功能。

如图 5-18 所示，磨损修正原理是左上部电源 VCC 经 $R0$、$R1$、$R00$ 形成回路，左下部电源 VCC 经 $R0$、$R2$、$R00$ 形成回路。A/D1 和 A/D2 通过测量电压来确定回路的电阻。比如标准电阻 $R1+R2$ 为 500Ω，新测得 $R1+R2$ 为 506Ω，$506\Omega-500\Omega=6\Omega$ 即两次测量误差得出的结果，所以可知误差为 $6\Omega/2=3\Omega$，误差可作为油位修正的控制参数。

5. 车速/里程表

车速/里程表是用来指示汽车行驶速度和累计行驶里程的仪表，由车速表和里程表两部分组成。

早期里程表主要由蜗轮蜗杆和数字轮组成，当汽车行驶时，主动轴经三对蜗轮蜗杆驱动数字轮上的最右侧的第一个数字轮（一般为 0.1km），任一个数字轮与左侧相邻的数字轮传动比都为 10：1，这样显示的数字呈十进位递增，便自动累积了汽车总的行驶里程。其结构较复杂，成本也较高。现在的低档汽车仪表中，一般采用小液晶屏段码显示时间和里程，高档汽车仪表中时间和里程只是多信息显示的一部分。

车速/里程表和车速传感器如图 5-19 所示，车速/里程表通常采用三线霍尔式非接触车速传感器，奥迪轿车采用两线舌簧开关式车速传感器。

a）车速/里程表　　b）三线霍尔式非接触　　c）奥迪 A6 两线舌簧开关式　　d）捷达三线霍尔式非接触
　　　　　　　　　　　车速传感器　　　　　　车速传感器　　　　　　　　车速传感器

图 5-19　车速/里程表和车速传感器

车速表主要由十字线圈（或步进电机）、刻度盘和表针等组成，不工作时，在游丝（步进电机式仪表中没有）的作用下，使指针位于 0 位。当汽车行驶时，车速传感器传来的频率信号经处理器处理后，经驱动芯片触发步进电机或十字线圈，从而指示车速。

里程计算原理：霍尔式传感器转轴每转一圈，霍尔式传感器将感应发出 8 个脉冲。现以速比为 1：624 的车型为例，汽车行驶 1km，霍尔式传感器发出的脉冲数共为 $8×624=4992$ 个，将这些脉冲信号输入给单片机，当计数满 4992 时，表明汽车行驶 1km，然后给累计单元加 1，并存入带电可擦可编程只读存储器（EEPROM），最后通过刷新液晶显示器，即可实现里程计数，并显示总里程数。每经过 1km 向 EEPROM 中写入 1 次，在停车等待时，CPU 停止写入总里程。车速表是短时（10ms）采集脉冲数目，换算出 10ms 行驶里程，从而算出每小时里程，每小时里程即为车速，仪表微控制器驱动步进电机通过指针指示车速。

━━◠ 技师指导 ◠━━

　　主车速传感器即常说的车速传感器。在前驱汽车中位于变速驱动桥的差速器壳上，在四驱汽车中位于分动器输出轴上。车速信号也可经 ABS 控制单元输出至仪表。位于变速器输出轴上的车速一般作为备用（副车速）信号，只有主车速传感器损坏时，仪表才使用此信号。

6. 发动机转速表

　　图 5-20 所示为柴油发动机转速表，为了检查调整发动机，监视发动机工作情况，使驾驶人正确地选择换档时机，大多数汽车的仪表盘上装有发动机转速表，少数车为了节省成本不装发动机转速表。发动机转速表分为十字线圈式或步进电机式。

　　转速表是把转速传感器传送的频率信号传送到单片机，经过计算后输出 PWM 信号来驱动步进电机，从而在刻度盘上指示发动机相应的转速值。

━━◠ 技师指导 ◠━━

　　发动机转速信号取自电控发动机曲轴转速传感器、凸轮轴转速传感器或点火放大器上，注意，找出信号产生位置很重要，电控发动机转速信号经发动机控制单元处理后，再经串行通信或 CAN 通信传至仪表。

7. 气压表

　　图 5-21 所示为前、后储气筒的气压表，在采用气压制动时，气压表须显示前、后两个储气筒内的气压是否足够用于制动。

图 5-20　柴油发动机转速表

图 5-21　前、后储气筒的气压表

　　一般正常制动系统气压在 600~800kPa 之间，压力到达 900kPa 时储气筒安全阀开始排气泄压。气压不能低于 400kPa，否则会导致气压制动力不足。气压应大于 400kPa 才能行驶，否则会因气压不足以解除驻车车轮的弹簧制动或制动效能不足而造成事故。

　　图 5-22 所示为气压表接口，机械式气压表在表后部有接前、后储气筒的管接头。

　　图 5-23 所示为弹簧管式压力表结构，弹簧弯管是由金属管（无缝铜管或无缝钢管）制成的。管子截面呈扁圆形或椭圆形，它的一端固定在支承座上，并与气路介质相通。另一端是封闭的自由端，与杠杆连接。杠杆的另一端连接扇形齿轮，扇形齿轮又与中心轴上的小齿轮相啮合，压力表的指针固定在中心轴上。

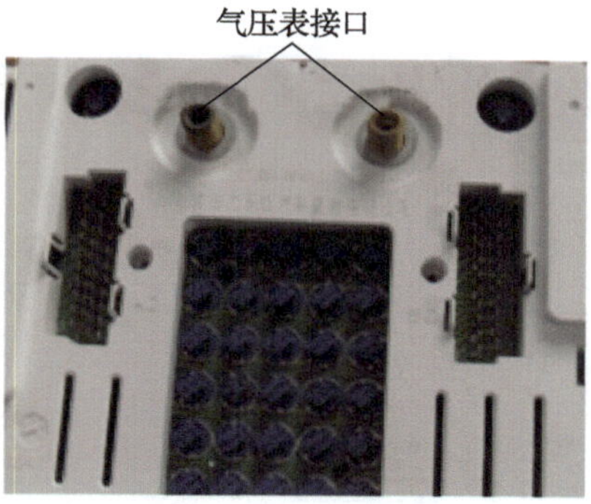

图 5-22　气压表接口

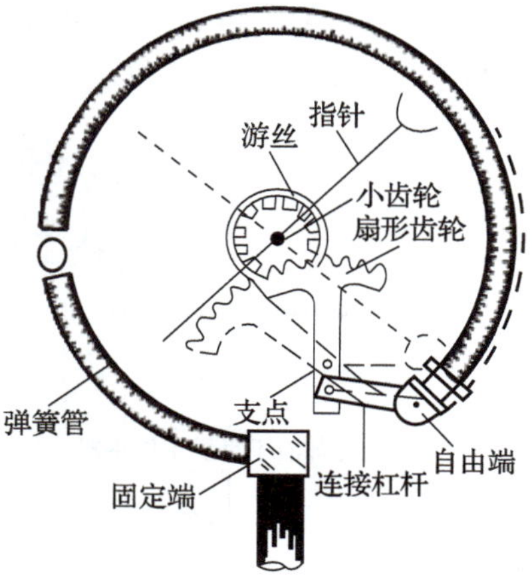

图 5-23　弹簧管式压力表结构

当弹簧弯管受到介质压力的作用时，它的截面有变成圆形的趋势，迫使弹簧弯管逐渐伸直，从而使弹簧弯管的自由端向上翘起。压力越大，自由端向上翘起的幅度越大。这一动作经过杠杆、扇形齿轮和小齿轮的传动，使指针偏转一个角度，在刻度盘上指示出气压数值。当气体压力降低时，弹簧管要恢复原状，指针退回到相应刻度处。在弹簧管式压力表前加气压刻度盘，即可指示气压。

客车中机械式气压表仍较常用，即在电子仪表中加两块机械式气压表。现代汽车前、后储气筒越来越多采用压力传感器测量压力，压力的电信号经 A/D 转换后，驱动十字线圈或步进电机式仪表来指示气压数值，其工作原理参考燃油表电路。

8. 仪表亮度调节

仪表亮度控制器有两种类型，一种是在尾灯断开之后，仍可改变显示器亮度；另一种是只有在尾灯接通后才能改变显示器亮度。

早期直接用绕线电阻器分压方式控制仪表亮度，电阻生热后易烧夜行灯开关（尾灯开关）塑料壳，导致不能调光。后期将前照灯开关上的变阻器旋钮的动作作为信号输入到基本电气控制单元（例如大众汽车 J519），便可通过可变变阻器改变晶体管输出的占空比，并将这一信号输入控制单元的变光电路，控制单元根据通断的占空比，控制显示器的亮度。顺时针旋转旋钮，灯光变亮；逆时针旋转旋钮，灯光变暗。

四、CAN 仪表

普通仪表接收模拟信号、频率信号和开关信号后，直接驱动仪表上的警告灯、指示灯、故障灯，以及直接驱动仪表指针。CAN 仪表不仅接收模拟信号、频率信号和开关信号，还接收 CAN 传来共享的数据信息信号，这样在不增加线束的情况下，仪表显示的内容将更丰富。大众 CAN 仪表保留的直接输入信号如图 5-24 所示。例如，电控发动机控制单元可以将获得的发动机转速信号发送到总线上去，仪表控制单元就可以从 CAN 获取发动机转速信息，从而驱动发动机转速表指针转动。

在 CAN 仪表中，有些信号仍要通过独立的信号通道传到仪表，例如油箱中的燃油量信号。在图 5-24 中，为了可靠传递油箱的油位信号，先经 J538 油泵继电器内电路将油位信号处理成数字信号，再传递给仪表，提高了油位指示的可靠性。

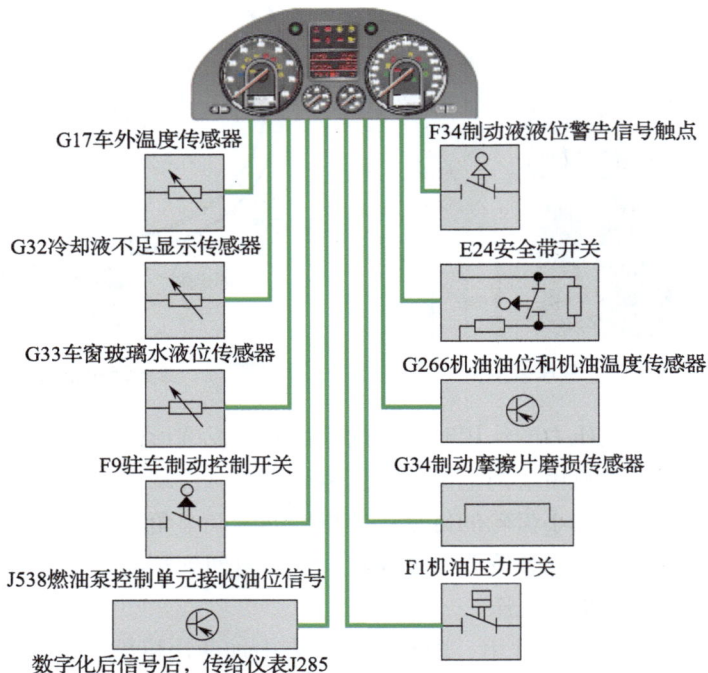

G17车外温度传感器

G32冷却液不足显示传感器

G33车窗玻璃水液位传感器

F9驻车制动控制开关

J538燃油泵控制单元接收油位信号

数字化后信号后，传给仪表J285

F34制动液液位警告信号触点

E24安全带开关

G266机油油位和机油温度传感器

G34制动摩擦片磨损传感器

F1机油压力开关

图 5-24　大众 CAN 仪表保留的直接输入信号

五、仪表的自检

现在的仪表就相当于是一块带有微处理功能的电脑板，有处理、存储、驱动和通信功能。一旦仪表显示不正常，故障可能发生在仪表，也可能是仪表的外部信号不正确导致。为了能快速确定是仪表外部还是仪表内部导致的故障，仪表在设计时有执行器自驱动程序，也称执行元件诊断。执行元件诊断工作时，仪表会忽略仪表外部信号输入，由仪表自驱动程序产生信号触发灯泡点亮和仪表指针动作，这样就可以确定仪表是否正常。整个过程要通过外部检测仪与仪表通信，进行执行元件诊断才能进行。

●━ 技师指导 ━●

仪表的自检功能在仪表不正常时一定要借用执行元件诊断，可迅速分隔故障位置。

📖 **知识点 3**　**仪表信号和警告**

说明　本部分内容重要的是知道警告条件和发出警告后知道车辆处于什么情况。警告元件多为开关，首先应知道元件在车上的位置和控制工作条件，例如机油压力低压开关什么时候导通，什么时候断开。开关在制造上的结构不用了解，只要知道是开关即可。最后应了解当发出警告后的处理方法。

现代汽车为提高汽车的安全性、可靠性，装备了很多安全警告装置，相应仪表的警告灯也很多，这些警告装置基本上都是由仪表盘中相应的红色警告灯和蜂鸣器组成。这些红色的警告灯大多数是由仪表外部的开关元件触发的。

一、仪表信号的采集

1. 发动机转速信号采集

1）20 世纪 90 年代末的化油器车型，采用机电模拟表时，发动机转速信号取自点火线圈上，现已淘汰。

2）非电控柴油发动机转速表信号取自发电机三相定子中的一相交流信号。

3）采用电控汽／柴油机后，仪表电控化，发动机转速信号由发动机控制单元通过串行通信或 CAN 通信向仪表传送。

2. 车速／里程表信号采集

1）20 世纪 90 年代末的化油器车型，由变速器／驱动桥上的车速／里程表软轴带动仪表内的永磁体在一个铝筒中转动，铝筒中产生电流，铝筒中的电流和旋转的永磁体相互作用使铝筒产生转动。另一种情况是车速／里程表软轴带动仪表内部的遮光盘在光电耦合器中转动，从而产生频率信号，仪表处理器计算频率，再驱动仪表，日本丰田汽车曾采用过这种控制方式。以上两种方式现已被淘汰。

2）现在车速／里程表的信号来自变速器／驱动桥的车速传感器，传感器有霍尔式、舌簧开关式和磁阻式；若配备自动变速器，变速器的输出轴转速也可作为车速信号来使用，但只能作为副车速传感器，驱动桥上的车速传感器才是主车速传感器，副车速信号经自动变速器控制单元和 CAN 通信，将副车速信号传给仪表。

3）车速信号也可能取自 ABS 控制器，在高档轿车中，ABS 控制器允许输出车速信号。

3. 蓄电池充电信号采集

1）20 世纪 90 年代末的化油器车型，例如大众汽车，仪表稳压后的电源经蓄电池充电指示灯到发电机 D+ 端子，当发电机工作发电时，D+ 端子输出 12V 以上电压，充电指示灯两端因无电压差熄灭，指示灯熄灭表示发电机发电良好。

2）现在发电机电压调节器通过末级晶体管调节励磁线圈的电流，若晶体管的基极产生 PWM 负载信号，输出 PWM 信号就说明发电机已经发电了，该信号传给发动机控制单元或中央电气控制单元后，控制仪表蓄电池指示灯熄灭。另外，输出的 PWM 信号越大，说明发电机外部的用电负荷越大，此时 PWM 信号控制发动机提高转速来增加发电量。

4. 各种温度信号采集

1）20 世纪 90 年代末的化油器车型采用热敏电阻直接测量水温，仪表内的线圈串联热敏电阻来触发热电仪表，这样的仪表现已被淘汰。

2）现在采用热敏电阻直接测量水温，热敏电阻上的电压信号进入仪表后，仪表将电压信号处理成数字信号，驱动仪表驱动器芯片，使仪表指针动作。

对于发动机水温过高或水温过低这样的温度开关信号可直接点亮仪表上的警告灯，也可输入微控制器，由仪表微控制器点亮相应的警告灯。

5. 各种液位信号采集

制动液液位低和风窗玻璃水液位低警告一般采用舌簧式开关，而燃油箱油液位低警告一般采用微型浮子开关。

6. 燃油表信号采集

1）20 世纪 90 年代末的化油器车型在油箱内采用滑动变阻器测量油位，在仪表内用磁动式仪表指示油位，现已被淘汰。

2）现在仍在油箱内采用滑动变阻器，上拉电阻的电压信号进仪表后，被仪表处理成数字信号，从而驱动仪表的步进电机驱动器芯片，使仪表指针动作。

注：燃油量警告开关也可设计成当滑动变阻器达到某一油位（如少于 10L）时发出警告，也可单独用浮子开关发出警告。

7. 压力开关信号采集

1）发动机的机油压力开关采用膜片式，机油压力过低时点亮仪表上的机油警告灯（也可伴随蜂鸣警告）。

2）制动系统的储气筒气压开关采用膜片式，因为是开关信号，可直接控制低气压警告灯。

3）若制动系统的储气筒采用压力传感器监测压力，压力信号作为微控制器输入，则指示灯受仪表微控制器控制。

8. 制动蹄片磨损量信号采集

在制动蹄片中埋入导线，磨损到导线时，发出警告。制动蹄片磨损情况的检测方法有两种，当制动蹄片超过磨损允许的限度时，一种方法是磨损使检测传感器本身由通路变成断路，另一种方法是磨损使制动盘接触到检测传感器，由断开变闭合，构成回路。我国车企多采用第一种检测方法。

第一种方法中，磨损检测传感器的本质是 U 形金属丝。在盘式制动器上的安装情况是将两个前车轮的 U 形金属丝串联，国内典型车型（如红旗轿车）就采用这种方法。磨损检测传感器的安装位置、电路结构以及在制动器上的安装情况如图 5-25 所示。

U 形金属丝的顶端位于制动器摩擦块的磨损极限位置上，制动器摩擦块没有磨损到极限位置时，输出电压为 0V，当摩擦块磨损到规定限度时，U 形金属丝部分被磨断，电路在制动时仍可通过制动盘连通。但当抬起制动踏板时，制动摩擦块和制动盘间形成几微米的制动间隙，此时电路断开，这时输出电压为电源电压，电源电压作为信号触发仪表点亮制动器警告灯。

9. 行车油耗、平均油耗和短里程记数

行车油耗由发动机控制单元向仪表传送喷油器开启时间或流量计信号确定；平均油耗由仪表根据里程和燃油箱油量位置等确定；短里程记数功能由驾驶人按下短里程记数按钮

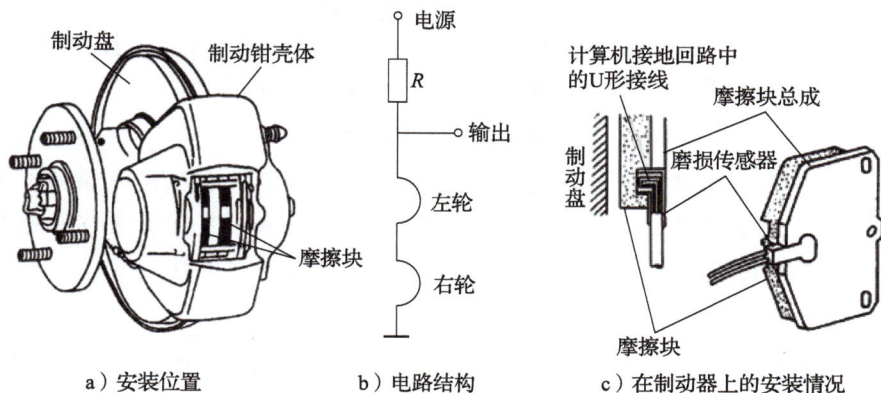

a）安装位置　　　　b）电路结构　　　　c）在制动器上的安装情况

图 5-25 磨损检测传感器的安装位置、电路结构以及在制动器上的安装情况

重新对里程进行累积，用于测量两地间距离。

10. 车门、发动机舱盖、行李舱盖警告

车门、发动机舱盖和行李舱盖警告由对应的车门开启开关（4 个）、发动机舱盖开关、行李舱开启开关触发。

二、仪表信号

1. 机油压力开关和机油传感器

（1）普通型机油压力开关和机油压力传感器　图 5-26 所示为不同型式的机油压力开关，装在机油滤清器之后缸体的主油道上，一般称机油低压警告开关。当机油压力低于一定值时，此开关闭合，机油低压警告开关接通，机油低压警告灯点亮，以提醒驾驶人停车检查。有的轿车为了监测机油滤清器堵塞，在机油泵之后、机油滤清器之前另加一个高压开关，当机油滤清器堵塞后，这段机油压力升高，高压开关动作警告。有的机油压力测量采用模拟连续输出方式，称为机油压力传感器。

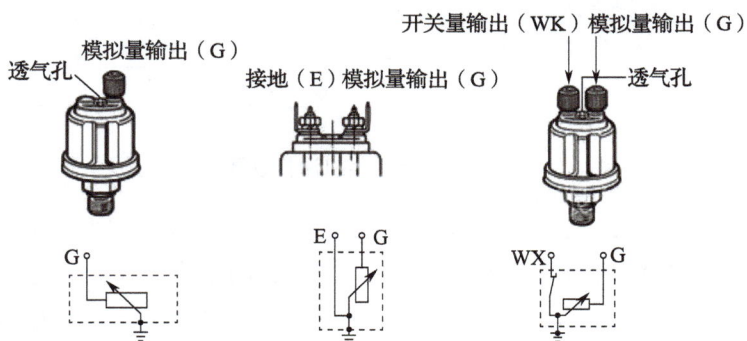

图 5-26 不同型式的机油压力开关

机油压力开关或机油压力传感器的壳体外表有压力触发范围，外壳不标压力触发范围的，轴向端面会标压力触发范围。

例如：德国 VDO 单线机油压力传感器的外壳接地，接线处标有字母 GK，GK 接仪表

的机油压力表的负极，额定电压为 6~8V，电阻值为 10~184Ω。德国 VDO 双线带警告开关的机油压力传感器的外壳接地，接线处标有字母 W 和字母 GK，W 接仪表的警告灯负极，GK 接仪表的机油压力表负极，额定电压为 6~24V，电阻值范围为 10~184Ω。

⟫ 技师指导 ⟫

轿车只有机油压力开关，没有机油压力传感器，即只有 WK 这条线。判断机油故障灯亮起是由于压力降低，还是由于机油压力开关损坏（开关内部损坏而常闭合），可以通过听发动机噪声是否正常或从发动机机油加油口看凸轮轴的润滑情况。

大众汽车采用高压和低压两个机油压力开关，低压机油压力开关为"常开型"，位于滤清器后部的油道上，用于监测曲轴、凸轮和液压挺柱等工作间隙是否正常。高压机油压力开关为"常闭型"，位于机油滤清器前，用于检测滤清器是否堵塞。常开型和常闭型是指不安装在发动机上时开关的状态，装到发动机油道后，开关状态完全取决于机油压力。

（2）多功能机油传感器　多功能机油传感器也称智能传感器，逐渐在高档轿车采用。多功能机油传感器可以安装在油底壳中，以便于精确记录机油油位高度、机油温度和机油品质状况。多功能机油传感器如图 5-27 所示。这种机油传感器包括两个桶形电容器，其中一个电容器装在另一个电容器的上面。机油质量由下部电容器进行检测，机油油位由上部电容器来确定。

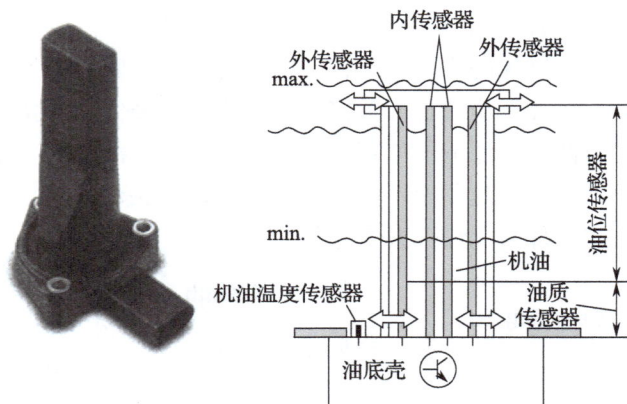

图 5-27　多功能机油传感器

1）机油品质测量原理：如果因为磨损或添加剂的分解导致机油状况发生变化，那么，下部充满机油的电容器的电容量就会发生变化；电容量的变化经过集成电路的处理而转变成数字信号，随后被传递给发动机控制单元；发动机控制单元对此信号进行处理，从而计算出下一次换油维护的时间。

2）机油油位测量原理：上部电容器中有油和无油时的容量不同，发动机对此信息进行处理，并通过仪表中央信息显示器可以告诉驾驶人机油油位情况。

3）机油温度测量原理：将机油温度传感器（NTC）集成在机油传感器中。

━━◈ 技师指导 ◈━━

　　如果车辆安装有多功能机油传感器，就必须使用车辆仪表显示屏，并在"Engine oil"（发动机机油）菜单项下，确定当前机油油位。这个显示屏还能显示出到规定的下一次换油剩余的里程。

2. 制动系统低气压开关

　　对采用气压制动的汽车，为防止因制动系统气压不足造成制动不灵敏或失效的情况，一般都装有低气压警告装置，其警告灯开关多装于储气筒上，通常前、后储气筒上各一个。现广泛采用压力传感器代替压力开关。

3. 两种液面警告灯装置

　　舌簧开关和热敏电阻可用于液面监测。

　　（1）舌簧开关式　制动液液面警告灯开关装在制动主缸的储液罐内，其结构如图 5-28 所示。

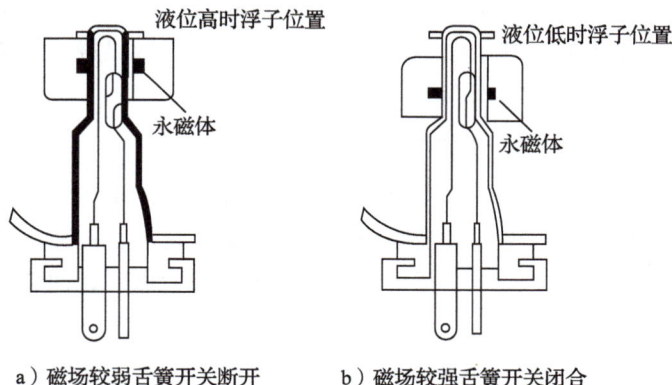

a）磁场较弱舌簧开关断开　　　　b）磁场较强舌簧开关闭合

图 5-28　制动液液面警告灯开关的结构

　　警告开关外壳的外面套装着浮子，浮子上固定有永磁体，外壳内部装有舌簧开关，舌簧开关的两个接线柱与警告灯和电源相连，当制动液面在规定值以上时，浮子浮在靠上的位置，永磁体对舌簧开关的吸力不足，舌簧开关在自身的弹力作用下保持断开的状态；当制动液面下降到一定值时，浮子位置下降，舌簧开关在永磁体吸力作用下闭合，警告灯点亮。图 5-29 所示为舌簧开关。

图 5-29　舌簧开关

⊷ 技师指导 ⊶

　　舌簧开关（也称干簧管）还可用于车速测量，例如用于奥迪的车速传感器。舌簧开关还可用作制动灯断路监测，一旦制动灯断路，仪表上会有制动灯故障警告。其大致原理是两制动灯泡分别串接在继电器内的两个线圈上，制动时，当两个制动灯泡完好时，两个线圈同时产生磁场，两个线圈内中间夹的舌簧开关闭合，仪表警告灯不亮。当一个灯泡烧断时，一个线圈不产生磁场，舌簧开关断开，仪表警告灯亮，表示灯泡有损坏，应尽快维修。图 5-30 所示为制动灯检测继电器，不过，现代汽车中已不再使用。现代汽车照明和信号系统由汽车电气控制单元控制，如大众汽车中的车载电网控制单元 J519，这样灯泡通断可直接由车载电网控制单元 J519 进行冷监控识别，并且不再局限于制动灯灯泡。

图 5-30　制动灯检测继电器

　　（2）热敏电阻式　在监测燃油箱油位时，可在油箱接近底部加装一个热敏电阻，当油箱内油量减少到一定位置时，热敏电阻开始露出油面，由于散热慢，阻值发生变化，燃油油量警告灯自动点亮，以提醒驾驶人注意油位。

4. 水温"过热"和"过冷"开关

　　当发动机冷却液温度高到一定程度时，警告灯点亮，早期车型多用温度开关，现在可用水温传感器代替温度开关，由仪表控制单元处理后确定是否点亮警告灯。

　　极少数柴油车辆还装有"过冷"指示灯，当缸体水温较低时，使仪表中的绿色水温指示灯亮，表示水温低，不宜行驶。

实践任务
红色制动警告灯亮故障的解决

　　请在本书配套的《实践任务及工作任务单》中完成实践任务 5 的学习内容。

学习任务单

一、填空题

1. 汽车仪表装置通常是由_____、_____和_____等组成。
2. 标准四表指_____、_____、_____和_____。
3. 水温表和燃油表原理相同，都是测量元件的_____发生变化。
4. 发动机转速表和车速表原理相同，都是_____类仪表。
5. 现代仪表指针多以_____和_____驱动仪表指针。

二、判断题

1. 电热式仪表已经淘汰。　　　　　　　　　　　　　　　　　　　（　　　）
2. 汽车电子仪表多采用八位或十六位单片机控制。　　　　　　　（　　　）
3. 水温传感器和燃油位置传感器等信号经仪表处理器内置的 A/D 转换器转换成数字信号。　　　　　　　　　　　　　　　　　　　　　　　　　（　　　）
4. LED 屏的图形和文字内容是将存储好的一帧一帧数据在显示屏上一帧一帧显示出来，显示哪帧数据由外部触发。　　　　　　　　　　　　　　　　（　　　）
5. 几乎所有仪表都内置有蜂鸣器，在有警告信息出现时，蜂鸣器会发出声音来提醒驾驶人。　　　　　　　　　　　　　　　　　　　　　　　　（　　　）

三、单选题

1. 目前仪表显示的主流是（　　　）。
   A. LCD 屏（液晶显示器）　　　　　　B. LED（发光二极管）
   C. 真空荧光显示器（VFD）　　　　　D. 阴极射线管（Cathode Ray Tube，CRT）
2. 现代汽车仪表为减少接入仪表的导线数量，采用（　　　）通信共享整车各电控控制单元信号（　　　）。
   A. LIN 网　　　　　B. CAN 网　　　　　C. MOST 网　　　　　D. 以太网
3. 磨损检测传感器检测原理是利用（　　　）。
   A. 一个 U 形线和电阻串联　　　　　B. 两个 U 形线和电阻串联
   C. 三个 U 形线和电阻串联　　　　　D. 四个 U 形线和电阻串联
4. 车门警告灯可以由（　　　）触发。
   A. 4 个车门开启开关　　　　　　　B. 杂物箱开关
   C. 发动机舱盖开关　　　　　　　　D. 行李舱开启开关
5. 现代汽车前、后储气筒越来越多采用（　　　）来测量压力。
   A. 气压压力开关　　　　　　　　　B. 气压压力传感器
   C. 真空传感器　　　　　　　　　　D. 电阻

能力模块六
汽车空气调节系统
原理认知与检修

情境导入

　　一辆纯电动汽车空调出风口的温度设定在最冷、鼓风机开启到最高档时，出风口温度仍在14℃以上，显然是制冷能力不足。经询问车主从未检查过空调系统。经查冷凝器表面并未发现堵塞，如果你是接车的修理技术人员，应如何解决本故障？修理方案应如何制订？

学习目标

能力目标
- 能说出空调的作用。
- 能说出空调中压缩机、干燥器、膨胀阀、蒸发器、储液器的作用。
- 能说出蒸发器开关或温度传感器的作用。
- 能说出环境温度开关或温度传感器的作用。
- 能说出出风口调节的几种控制方式。
- 能说出空调的保养项目。
- 能够操作空调面板进行制冷、制热操作，由此检查压缩机是否动作、出风口是否实现正常动作。
- 能够通过测量空调系统压力判定故障元件。
- 能够进行前保险杠冷凝器堵塞后检查和清洗。
- 能够使用压力表手动完成空调系统压力检查、抽真空、加注制冷剂、加注冷冻机油的操作。
- 能够使用空调自动加注机完成空调系统压力检查、抽真空、加注制冷剂、加注冷冻机油的操作。

素养目标
- 上网查找并了解加注制冷剂时发生的危险案例。
- 小组团结合作、沟通与表达。

知识储备

知识点 1　空气调节系统基础知识认知

【完成任务】
　　能进行空调控制面板制冷、制热、通风和除湿的控制操作；能说出制冷、制热基本元件位置；能说出"液态"和"气态"相互变换时的吸热和放热过程。

一、汽车空调系统的作用

汽车空调的作用是对汽车车厢内的空气进行温度、湿度和清洁度的调节，具体包括：

1）制冷。制冷是对车厢内的空气或由外部进入车厢内的新鲜空气降温和除湿，使空气变得凉爽。

2）采暖。采暖是对车厢内的空气或由外部进入车厢内的新鲜空气加热，达到取暖、除湿的目的。

在夏季，人体感觉最舒适的温度在 22~28℃，冬季在 16~18℃。人体面部所需求的温度比足部略低，即要求"头凉足暖"，温差大约为 2℃。

3）通风。通风是将外部的新鲜空气吸入车厢内，达到换气的目的，空气流速在 0.2m/s 以下为好。轿车空气由前风窗玻璃下进入，过滤后经驾驶室，从行李舱两侧下部的气道流出。

4）湿度调节。人体觉得最舒适的相对湿度在夏季是 50%~60%，冬季则是 40%~50%。

───● 技师指导 ●───

　　夏季的雨天，前风窗玻璃结雾后，可用空调外循环制冷模式除湿。一部分车内湿气经蒸发器冷凝成水后，由空调箱的排水管排出，另一部分湿气由车行李舱两侧下部的气道流出。冬季开暖风外循环进行前风窗玻璃的除雾或除霜时，湿气由车行李舱两侧下部的气道流出，防止结霜。

5）空气净化。空气净化的作用是利用滤清器除去空气中的灰尘，空气滤清器上的活性炭能吸附臭味、烟气等，甚至有的蒸发器上还涂有杀菌材料，使空气变得清新。空气净化最主要的方法是通过活性炭空气滤清器过滤或通过离子发生器将空气中的氧气离子化。

⟐ 技师指导 ⟐

按时更换空气净化装置、清洗蒸发器和暖风水箱才能保证系统出风时无异味。

上述五部分功能装置的全部或部分组合在一起，按照一定的布置形式安装在汽车上，便组成了汽车空调系统。

在低档客、货车上，通常只安装采暖系统，在轿车和高档客、货车上，除安装有采暖系统外，还装有强大的制冷系统，有的还装有空气净化装置和离子化装置。

二、汽车空调系统分类

1. 按功能分类

按照空调系统的功能不同可分为单一功能式和组合功能式。单一功能式是指制冷系统和采暖系统各自独立、自成系统，一般用于客车。组合功能式是指制冷系统和采暖系统共用鼓风机和操纵机构。这时鼓风机吹暖风水箱制热，吹空调蒸发器制冷。

2. 按驱动方式分类

制冷系统按照驱动方式的不同可分为非独立式和独立式两种。非独立式制冷系统的压缩机由汽车本身的发动机驱动，空调的工作状态受发动机工况的影响，非独立式用于轿车和部分大型客车上。独立式制冷系统的压缩机由专用的空调发动机（也称副发动机）驱动，故空调的工作状态不受发动机工况的影响，具有工作稳定、制冷量大等优点，多用于大型客车。

3. 按热源的来源分类

采暖系统按照热量的来源不同也可分为非独立式和独立式两种。非独立式采暖系统的热量来源于汽车发动机的冷却系统。采用独立式采暖系统的轿车是在发动机舱内加装驻车加热器，客车是在车厢底部加装驻车加热器。

三、通风装置

汽车的通风装置主要起到换气的作用，即打开和外部相通的通风口，利用汽车迎面的空气压力通风或利用空调系统中鼓风机的强制通风来进行换气，从而净化车厢内的空气，消除乘员呼出的二氧化碳、水蒸气和烟气所产生的污染，同时调节车厢内的温度和湿度。此外，通风对于防止风窗玻璃起雾也起着重要的作用。

为维持舒适条件所需要的最小限度的换气量称为"必要换气量"。车内乘员每人每小时所需要的新鲜空气量为 $25\sim36m^3$，因此在车窗完全关闭的情况下，应按照此标准设置车厢内的"必要换气量"。

1. 空气压力通风方式

将控制面板开至外循环，但不起动鼓风机时就是空气压力通风方式。空气压力通风方式是利用汽车行驶时，对车外部所产生的风压，外部新鲜空气经通风进风口进入，从车后下侧的排风口排出，实现自然通风换气。在设计进风口与排风口的位置时，要根据汽车行驶时车外表面上的风压分布状况与车身结构来确定。一般车身的大部分区域都是负压区，仅在汽车的前部为正压区。在设置风口时，要将进风口设置在正压区，排风口设置在负压区，以便充分利用汽车行驶所产生的气动压力而引入大量新鲜空气。同时，进风口应尽可能远离地面，以防吸入被污染的空气。进入车厢内的空气的最佳流速为 1.5~2.0m/s。排气口的压力系数随着安装位置的不同而异，要尽可能加大排气口的有效通道面积，以提高排气效果，还必须防止灰尘、噪声以及地面雨水上溅的浸入。空气压力通风方式因不消耗动力，在轿车上得到了广泛的应用。当车速为 60km/h 时，通风量为 120~170m³/h。

【完成任务】
在空调控制面板上操作开关，实现空气压力通风方式。

2. 强制通风方式

强制通风方式是将控制面板开至外循环，同时开启鼓风机，强制车外新鲜空气进入车厢内的方式。货车使用强制通风方式时，经常与空气压力通风方式一起使用，通风换气效果优良。轿车均采用空气压力通风与强制通风相结合的方式，其通风装置与制冷、采暖系统等组合在一起而形成完整的空调系统。

ⓒ━ 技师指导 ━ⓒ

轿车空调面板的外空气循环开关和鼓风机开关一起控制空气压力通风和强制通风。

【完成任务】
在空调控制面板上操作开关，实现强制通风方式。

四、汽车暖风系统

采暖系统是用鼓风机将室外或室内的空气吹过暖风水箱翅片，吸收流经翅片的冷却液热量，以提高空气温度。一般按照所使用的热源不同可分为"发动机冷却液采暖系统"和"独立热源式采暖系统"两种。

1. 发动机冷却液采暖系统

发动机冷却液采暖系统是把送入热交换器中的车外或车内空气，与升温后的发动机冷却液进行热交换，暖风水箱和暖风水箱的冷却液循环如图 6-1 所示。由电动鼓风机（离心式送风机）将升温的空气经出风口送入车厢内。这种装置经济、可靠，在汽车上应用较为广泛。发动机冷却液采暖系统除供车内取暖以外，还能对汽车前风窗玻璃和前门车窗玻璃进行除霜。有的汽车在发动机和暖风水箱之间装有暖风阀，冷却液通过暖风阀流入热交换器，散热后的冷却液再流回水泵参与小循环，暖风阀的作用是控制冷却液是否通过暖风热交换器。热交换器是由传热系数很高的黄铜或铝制造而成，有管片式、管带式和带状蜂窝式 3 种。

在夏季不用暖风时，可以关闭暖风阀，防止暖风水箱的冷却液循环干扰制冷功能，使制冷性能下降。

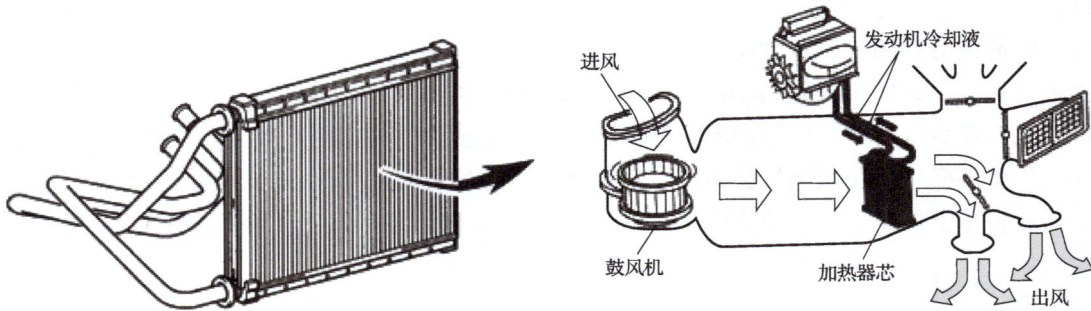

图 6-1 暖风水箱和暖风水箱的冷却液循环

进风 / 发动机冷却液 / 鼓风机 / 加热器芯 / 出风

● 技师指导 ●

　　暖风水箱发生泄漏时，现象是出风口冒气，有湿气并有带有防冻液味的气体吹入驾驶室。另外汽车在最大制冷时，温度仍不够低，应该注意检查是否有发动机热冷却液通过暖风阀漏进来，影响了制冷效果。很多汽车没有暖风阀，夏季暖风水箱通过热冷却液，但挡风板可遮住暖风水箱，让暖风水箱没有空气通过。更换暖风水箱操作较复杂，工时较长。

【完成任务】
　　在车上找到发动机通往暖风水箱的两根水管，查看水管上是否有暖风阀。

2. 独立热源式采暖系统

　　独立热源式采暖系统有"气暖"和"水暖"两种。气暖是直接吸入车厢内的冷空气进行加热；水暖是加热冷却液，它的最大优点是不仅可以为车厢取暖，而且可以对发动机进行预热，避免发动机低温冷起动困难。驻车加热器的主要部件包括用于加热的加热器本体、用于循环冷却液的水泵、用于泵油的计量油泵、进气消声器、排气消声器以及定时器和遥控器。

　　（1）气暖加热器　气暖加热器利用汽油、柴油等作为燃料，使其在燃烧筒中燃烧产生热量，对采暖用的空气进行热交换。采暖用的空气可以是来自车厢外的外循环新鲜空气，也可以是车厢内的内循环空气。独立热源式采暖系统在一些大、中型客车上得到了广泛的应用。图 6-2 所示为独立热源式气暖系统。系统工作原理是当接通采暖系统控制电路时，指示灯点亮，同时电热塞开始预热，1min 后油路上的电磁阀打开，同时燃油计量泵电机、新鲜空气风扇电机、助燃空气风扇电机以及旋转式雾化器转动。当冷却液达到一定温度时，空调鼓风机开始运转，向车内吹入热风。若火焰检测装置检测出燃烧室火焰温度过高时，保护电路控制电热塞断电。如暖风温度过高，过热恒温器或热熔丝将自动切断控制电路，使采暖系统停止工作，以免发生事故。采暖系统正常工作时，燃烧气体经过热交换器内部加热热交换器，热量通过热交换器的筒壁上的肋板传递给新鲜的空气，使之升温后由风扇送入车厢内。当关闭采暖系统时，供油电磁阀断开油路而停止燃烧，但此时风扇电机等仍继续运转，直至热交换器温度和火焰温度降到一定值，过热保护装置才断开风扇电机电路。

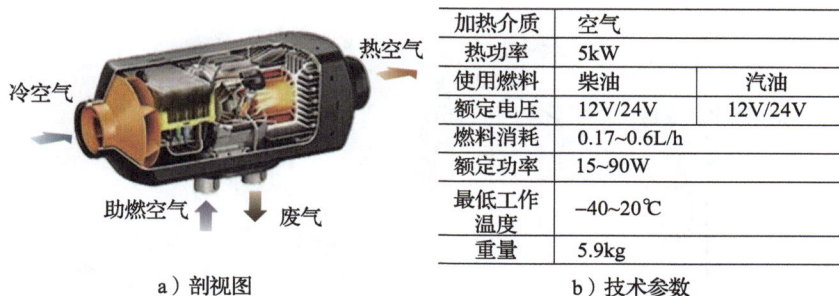

加热介质	空气	
热功率	5kW	
使用燃料	柴油	汽油
额定电压	12V/24V	12V/24V
燃料消耗	0.17~0.6L/h	
额定功率	15~90W	
最低工作温度	−40~20℃	
重量	5.9kg	

a）剖视图　　　　　　　　　　　　　　b）技术参数

图 6-2　独立热源式气暖系统

（2）水暖式加热器　安装水暖式加热器使之与发动机冷却循环串联，其工作原理是利用汽车的蓄电池对计量油泵、电动水泵、燃烧空气风机和预热塞供电通过燃烧汽油所产生的热量来加热发动机循环冷却液进而使发动机实现热起动，同时使驾驶室升温。

图 6-3 所示为水暖式加热器，图 6-4 所示为驻车加热系统的组成和连接，遥控器或定时器给加热器上部的 ECU（控制单元）一个起动信号，计量油泵从油箱泵油并以脉冲形式将燃油打到燃烧室前的金属毡上，笔状点火器加热到 900℃左右，将喷溅的细小油滴汽化，空气由燃烧空气鼓风机吸入，与汽油混合后并点燃，火焰将热能传递给发动机冷却液，电动水泵推动冷却液进入空调箱内部的散热器，鼓风机把经过暖风水箱加热的空气吹入车厢。

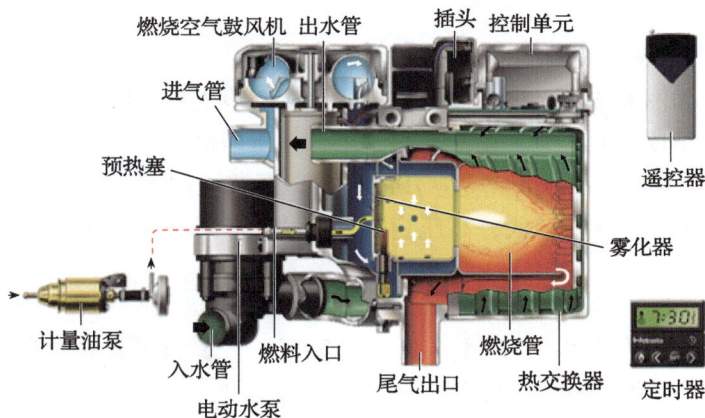

图 6-3　水暖式加热器

当驻车加热系统装有遥控装置时，在寒冷的冬天，驾驶人可在办公室或家里遥控加热器，提前对车厢进行预热，这样不但可以改善驾乘人员的舒适性，也便于发动机迅速起动，从而提高出行速度。

当发动机工作稳定后，驻车加热系统又将升温后的冷却液引向车厢内的加热器用于取暖。如果加热器内的冷却液温度和发动机冷却液温度相同，在发动机冷却液温度低于80℃时，加热器内的冷却液优先供发动机预热用；当发动机冷却液温度高于 80℃时，该系统又会将发动机冷却液引入加热器用于车厢取暖；当冷却液温度达到 95℃时，系统便自动切断燃烧器的电源，停止供油，达到节约燃料的目的。此时，加热器中的水泵将继续工作，以保证加热器的零件不因过热而损坏和保持车厢内暖气的供应。

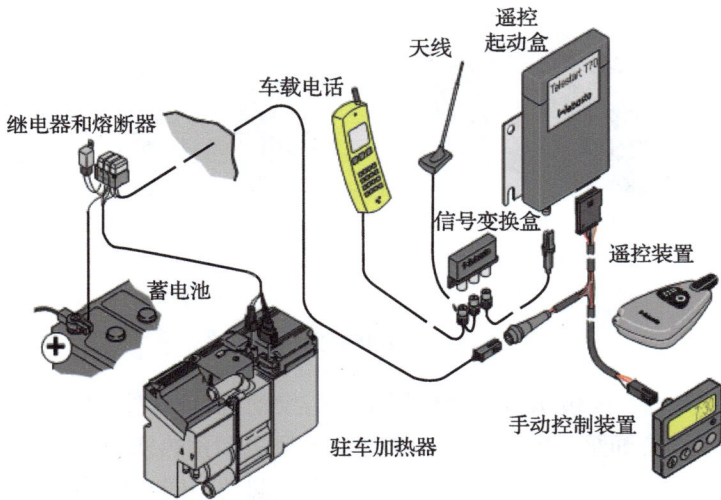

图 6-4 驻车加热系统的组成和连接

【完成任务】

请写出驻车加热系统的元件组成。

五、制冷系统结构和工作原理

1. 制冷系统的组成和功能

汽车制冷系统如图 6-5 所示，主要由空调压缩机、冷凝器、储液干燥器、膨胀阀、蒸发器和控制电路等组成。低压管路是从节流阀出口至压缩机入口，沿程有蒸发器、低压加注口、积累器（集液器）。高压管路是从压缩机出口至节流阀入口，沿途有压缩机、冷凝器、干燥器、高压加注口和节流阀，高压管路上还设有空调电气系统的高、低压开关。

【完成任务】

请写出汽车空调系统的元件组成，并说出高压和低压的分界线在哪儿？哪段是高压液体？哪段是高压气体？哪段是低压气体？哪段是低压液体？冷凝器和蒸发器哪个放在发动机散热器前部？哪个放到仪表板下的空调箱中？电子扇和鼓风机的区别是什么？

2. 制冷系统部件功能

1）空调压缩机。空调压缩机把低温、低压的气态的制冷剂吸入，并压缩成高温（约 70℃）、高压（一般为 15bar，$1bar=10^5Pa$）气态制冷剂，与外界空气形成温差。

2）冷凝器。高温、高压气态制冷剂经过冷凝器，把热量传至风扇吸入的空气上，从发动机舱的底部带走，制冷剂降温为中温（约 50℃）、中压（一般为 13bar）液态制冷剂。

3）干燥器。干燥器能除去制冷剂中的水分。

4）高压和低压加注口。通过加注口可对管路抽真空，也可通过加注口加注制冷剂。

5）高、低压开关。高压开关防止因管路中制冷剂压力过高而损坏空调系统。低压开关防止因制冷剂泄漏，压力过低导致损坏空调压缩机。

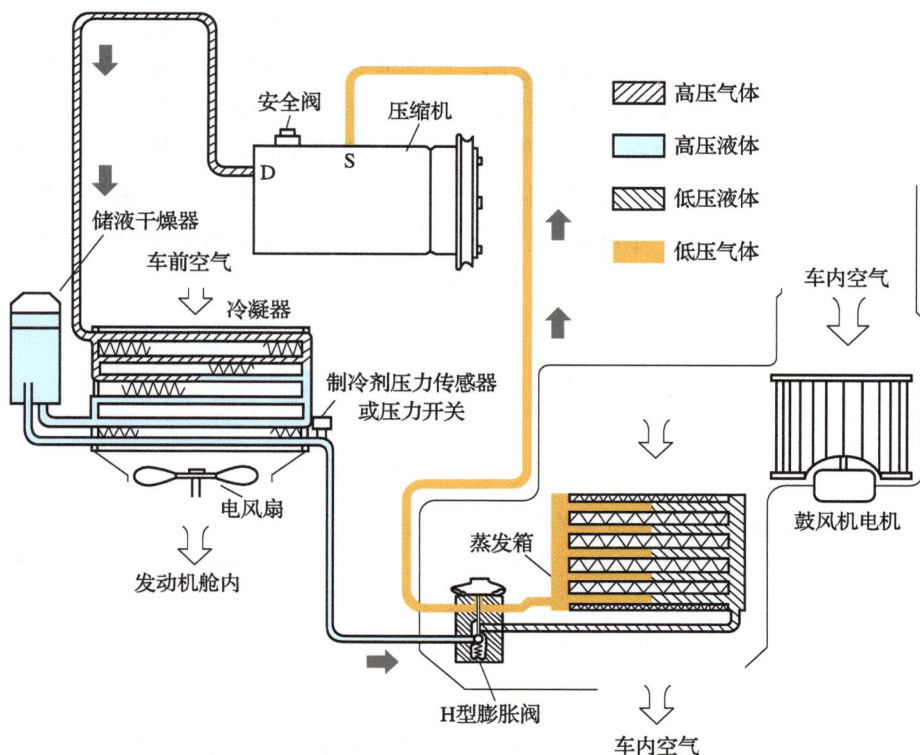

图 6-5　汽车制冷系统

6）膨胀阀。膨胀阀也称节流阀，是一个随制冷负荷增大，小孔截面变小的可变截面孔，它把高压制冷剂节流雾化成低温液态制冷剂。

7）蒸发器。鼓风机吸入的热风穿过蒸发器外部，蒸发器的前半程为低温液态制冷剂，低温液态制冷剂吸收热风的热量后，在后半程变成低温、低压的气态。

8）积累器。积累器也称集液器，用于储存从蒸发器内出来的未气化的低压液态制冷剂，防止液击压缩机。实际汽车上一般不设计该部件。

3. 制冷系统的工作原理

（1）制冷剂　制冷剂 R12 即 CF_2Cl_2（二氯二氟甲烷），也称氟利昂，具有破坏大气臭氧层的能力，已被淘汰，但若原车使用了 R12，再加注制冷剂时仍要加 R12。目前汽车空调系统中常用的是 R134a 即 CH_2FCF_3（四氟乙烷）制冷剂，其优点和缺点如下：

1）优点：R134a 具有良好的大气环境特性，不破坏臭氧层；安全性高，不易燃，不爆炸，无毒，无刺激性和腐蚀性；蒸发潜热高，定压比热大，具有较好的制冷能力；黏度较低，流动性好；R134a 对钢、铁、铜、铝等金属未发现有相互化学反应的现象。

2）缺点：R134a 的工作压力差高于 R12，从而使压缩机做功有所增高；与 R12 配合使用的冷冻机油不相溶，不利于润滑；R134a 对锌有轻微的腐蚀作用。

（2）工作原理　汽车发动机驱动压缩机，将蒸发器出来的低温、低压制冷剂蒸气吸入并压缩成为温度 70℃左右、压力 1.5MPa 左右的高温、高压蒸气，然后经高压管路送入冷凝器。在冷凝器中，高温、高压的制冷剂蒸气冷凝成为 50℃左右、压力为 1.3MPa 的高压液体。在这个过程中，制冷剂的热量被排到车外的空气中。被液化后的制冷剂进入储液干燥器，除去其中的水分和杂质后进入膨胀阀，经膨胀阀节流降压和降温后进入蒸发器。低温、低压的制冷剂液体在蒸发器中吸热汽化，使蒸发器本身的温度降低。鼓风机将车内或车外的新鲜空气吹过蒸发器表面，使之降温后由送风管道或送风口吹进车厢内，车厢内便得到凉爽的空气。在蒸发器中，吸热汽化后的制冷剂蒸气再次被压缩机吸入，然后重复上述过程。制冷剂在制冷系统中不断地循环变化，便可使车厢中不断获得凉爽的空气，从而达到调节车内温度的目的。

六、空调控制面板操作

1. 面板操作

【完成任务】

在手动空调控制面板（图6-6）中，哪个开关不属于空调控制面板开关？鼓风机风速具有几个档？按下空调开关（A/C）打开空调，是否还要起动鼓风机才能让空调电磁离合器工作？冬季进入车内，人呼出的热气在车内前风窗结霜时，如何操作才能除霜？夏季雨后，车内前风窗结雾时，如何操作才能除雾？

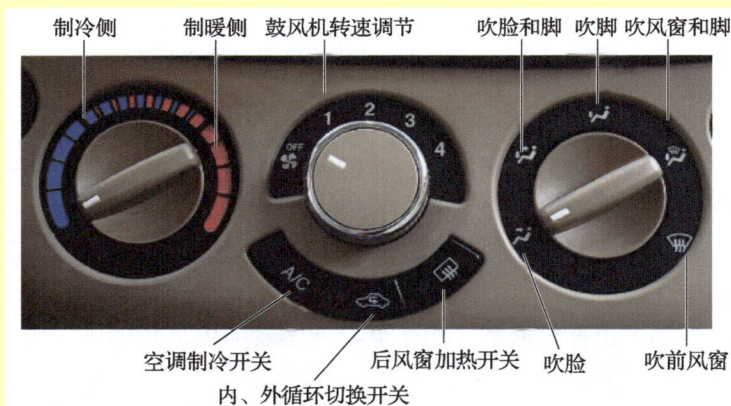

图6-6 手动空调控制面板

空调控制面板功能如下：

1）冷、暖风选择开关。将开关向左转动至蓝色区域（实物颜色）为鼓风机空气经蒸发器制冷，开关向右转动至红色区域（实物颜色），鼓风机空气经暖风水箱制热。

2）风速选择开关。将风速选择开关顺时针转动，鼓风机在不同的转速下运行，产生不同的风速。

3）送风模式开关。送风模式一般有吹脸、吹脸和脚、吹脚、吹风窗和脚、吹前风窗五个模式，其中吹风窗和脚模式有的手动空调上没有。

4）空调开关（A/C）。A/C开关接通时，先向发动机控制单元发送空调申请信号，发动机进行转矩提升控制后，结合空调系统自身开启条件，控制空调压缩机的电磁离合器通电吸合，使空调压缩机工作。

5）内循环开关。按下内循环开关后，蒸发器内的鼓风机吸入车内空气制热或制冷；不按下此开关时，为外循环模式，蒸发器内的鼓风机吸入车外新鲜空气制热或制冷。

注意： 图 6-6 中的后风窗加热开关不属于空调控制开关。

2. 空调出风口介绍

图 6-7 所示为自动空调出风口，手动空调出风口与自动空调出风口基本相同，通常设计有如下出风口：L、K 为前风窗除霜出风口，M、J 为左、右两侧车门窗除霜出风口；A、D 为仪表板两侧出风口，B、C 为仪表板中央出风口；H、F 为脚下出风口（仅吹热风）；E 为后中央出风口；I、G 为后部乘员脚部热风口。人脸面部的出风口上设计有垂直方向和水平方向的调节钮，可由乘员调节。

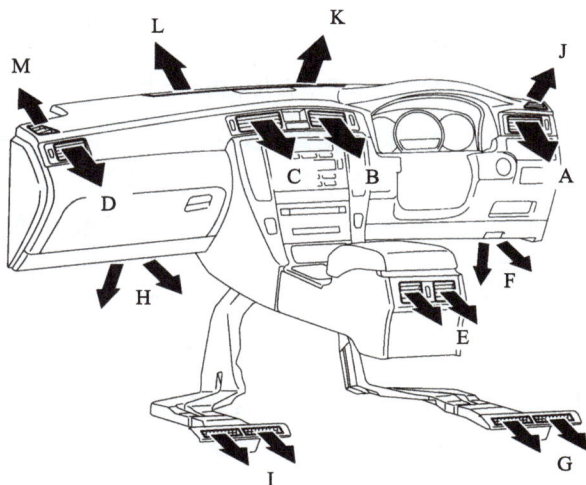

图 6-7　自动空调出风口

【完成任务】

若要让图 6-7 的 M、L、K、J 和 A、B、C、D 出风口同时出风，应将图 6-6 的送风模式开关放到哪个位置？

3. 手动空调的送风门模式

图 6-8 所示为捷达轿车手动空调箱内部结构。

1）在捷达轿车空调控制面板上进行冷、暖选择时，在蒸发器内部是控制混合风挡板是否遮住暖风散热器。

2）在按下内、外循环开关时，在蒸发器内部是控制内、外循环切换真空阀。

3）吹风窗是前风窗出口切换挡板打开；吹脚是脚下出风口打开；吹脸是中央及两侧的出风口打开，在出风口处还设有三个控制风量和风向的手动调节装置。鼓风机开关控制鼓风机的转速。四个控制挡板的伺服机构可以采用金属拉索或真空膜盒控制，一般内外循环真空切换阀和混合风的挡板多为真空控制，而其他两个挡板的控制多为拉索直接控制。

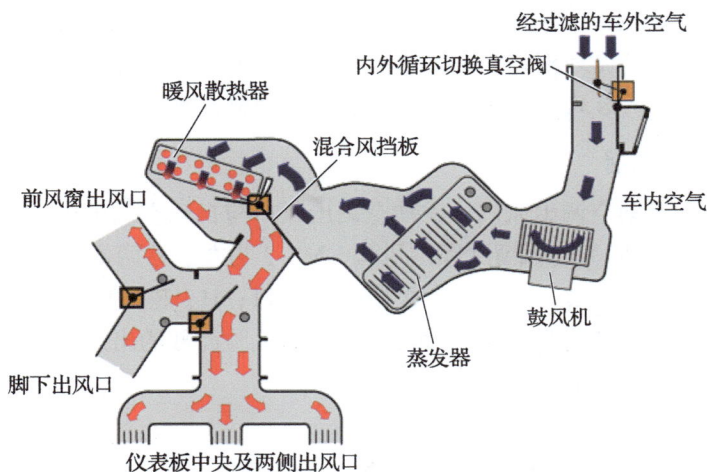

经过滤的车外空气

内外循环切换真空阀

暖风散热器

混合风挡板

前风窗出风口

车内空气

脚下出风口

鼓风机

蒸发器

仪表板中央及两侧出风口

图 6-8　捷达轿车手动空调箱内部结构

━●━ 技师指导 ━●━

　　风口切换挡板关闭不严或不能控制将导致风量不足。由图 6-8 可知，拆下鼓风机可以用风枪和水枪清洗蒸发器，而换暖风水箱和清洗暖风水箱则需要抬起仪表板，再拆空调箱总成取出暖风水箱。

【完成任务】

　　根据图 6-8 所示的捷达轿车手动空调箱内部结构分析，在吹脸吹脚模式时混合风挡板是如何控制的？在吹风窗和吹脚模式时挡板是如何控制的？

📖 知识点 2　制冷系统元件结构和工作原理认知

　　说明　分小组轮换拆装空调压缩机、各种膨胀阀、蒸发器总成和风扇控制器，要求能说出四种元件的结构以及空调电路图的工作原理。

━●━ 技师指导 ━●━

　　用压力表可以测量空调系统制冷剂的多少，方法是让空调压缩机停转一段时间，待高、低压管压力相等时，常温静态压力一般为 0.5~0.6MPa，这个压力一般可作为正常的依据。天气温度越高，这个静态压力越高。当温度在 30~35℃时，发动机转速在 1500~2000r/min 且保持稳定时，将空调调到最冷，风速开到最大，此时歧管压力表高压侧读数应为 1.4~1.6MPa，低压侧读数应为 0.15~0.25MPa。

【完成任务】

　　在学习空调压力表后，要用空调压力表测量一下正常轿车不同温度下的静态压力，不同发动机转速下高、低压管的动态压力，判断一下制冷剂的量是否合适。

> ◆ 技师指导 ◆
>
> 　　高、低压开关不仅控制空调压缩机是否工作，也控制冷凝器风扇的转速。例如，高压管高于 3.2MPa 或低压管低于 0.2MPa 时，空调压缩机都停转。空调开关和鼓风机开关都打开时，风扇低速转动，当高压管压力高于 1.6MPa 时，风扇高速转动。在自动空调中，高、低压开关可由压力传感器代替。

一、空调压缩机

　　汽车空调压缩机按照结构形式分为曲柄连杆活塞式、摇盘式、斜盘式和涡旋式等。其中摇盘式和斜盘式应用较多。客车多用曲柄连杆活塞式压缩机，低档轿车多采用定排量摇盘式、斜盘式和涡旋式压缩机。

　　压缩机轴转动一周排出液体的体积量叫排量，转动一周排出的液体数量能变化的称为变排量压缩机。中、高档采用"两级排量变换斜盘式"或"无级变排量摇盘式"压缩机。固定排量的空调压缩机在现代汽车上应用越来越少，变排量空调压缩机是在定排量的压缩机基础上发展起来的。

　　两级排量变换式压缩机在压缩机工作初期，因为蒸发器气体压力大，压缩机在最大排量下工作，这时功率消耗与固定式排量压缩机相同，当车厢温度下降至一定温度时，压缩机切换到 1/2 排量下工作，这时消耗功率是比较小的，约为压缩机额定消耗功率的 1/2。

　　无级变排量式压缩机由于采用变排量控制阀控制，没有定排量压缩机总频繁切断离合器的现象，压缩机的负荷变化较缓，对汽车发动机冲击很小，发动机可平稳地工作，改善了发动机的工作条件，节省了燃油。

　　电控变排量摇盘式压缩机的结构组成如图 6-9 所示。摇盘式压缩机的各气缸以其主要轴线为中心，呈五角或七角均匀分布，连杆连接活塞和摇盘，两头用球形万向节使摇盘的摆动和活塞的移动协调而不发生干涉。摇盘中心用钢球作支承中心，并用一对固定圆锥齿轮限制摇盘只能摇动而不能转动。主轴和传动板连接固定在一起。

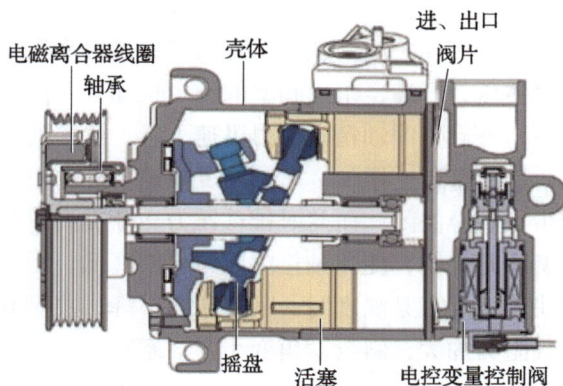

图 6-9　电控变排量摇盘式压缩机的结构组成

　　压缩机工作时，主轴带动传动板一起旋转。由于传动板是楔形的，故其转动将迫使摇盘做以钢球为中心的左右摇摆移动。摇盘和传动板之间的摩擦力，使摇盘具有转动趋势，但被固定的一对圆锥齿轮所限制，所以摇盘只能沿轴线做往复直线运动，从而带动活塞在缸内做往复运动，完成吸气、排气过程。主轴旋转一周，摇盘上的各缸分别完成一个工作循环。

摇盘式压缩机变排量的工作原理是利用蒸发器出风温度或压力对压缩机行程进行无级调节，摇盘式变排量压缩机可采用机械式变排量控制阀，也可采用电控变排量控制阀。机械式变排量控制阀可用在手/自动空调上，电控变排量控制阀只能用在自动空调上。

机械式变排量控制阀的结构（图 6-10）中主阀是以铜制的内部抽真空的波纹管，波纹管内装有弹簧。前端的阀杆和后端的调整螺钉固装在内部抽真空的波纹管上。控制阀的主阀压力是在控制阀装配时，根据预定的压力值，通过吸气压力进行调整。调好后在外壳上冲两个凹槽嵌入调整螺钉的槽内，防止调整螺钉松动，影响预定的压力值。修理中，变排量控制阀结构复杂，要求精度高，所以不可以拆卸控制阀内部。

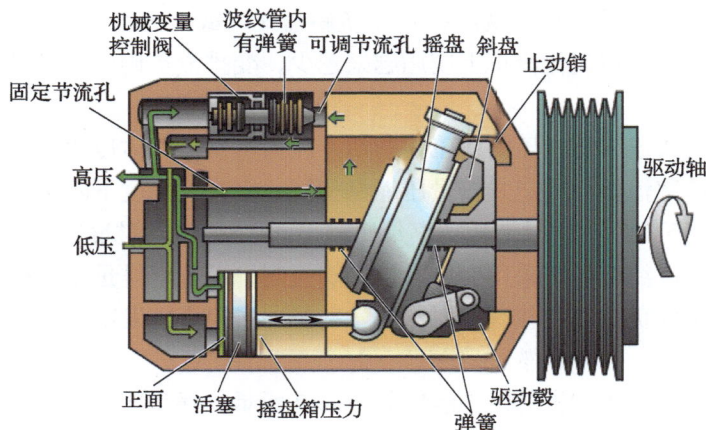

图 6-10　机械式变排量控制阀的结构

机械式变排量控制阀的工作原理如下：在活塞缸缸体上有一个固定的节流孔，高压腔高压制冷剂经固定节流孔进入摇盘箱，在活塞背部形成活塞背压；在发动机低转速时，高压管压力也相对不高时可调节流孔关闭，在活塞背压形成接近高压管的压力；当车厢内温度升高时，蒸发器内的气体压力升高，中间阀室的压力也随着升高，由于曲轴箱内压力和吸气压力的共同作用，主阀开启，曲轴箱内压力迅速下降，活塞的吸气阻力减小，斜盘摆角加大，活塞行程增加，制冷量迅速增加，车厢温度快速下降；由于吸气和曲轴箱内压力逐渐降低，主阀开度减少，直至关闭，而此时排气压力逐渐提高，其排气压力作用于副阀上；打开副阀并利用弹簧顶开主阀，使曲轴箱内压力再次降低，压缩机工作在大排量输出工作状态；当车厢温度快速下降至某温度时，吸气压力下降，主阀和副阀关闭，曲轴箱内气体压力逐渐升高，吸气阻力加大，斜盘摆角变小，活塞行程减小，排量减少，使压缩机工作在小排量输出状态。

部分大众汽车采用了电控调节的变排量控制技术，有一部分汽车还取消了压缩机前部的电磁离合器，压缩机一直运转，无接合冲击，进一步提高了舒适性。自动空调通过调节蒸发器的温度使制冷量和热负荷及能量消耗完美匹配，减少了再加热过程，使出风口的温度、湿度恒定调节。由于排量可以降低到近 0%，且省去了电磁离合器的电磁线圈，也减少了带轮体积，可使质量减少 20%（约 500~800g），压缩机的功率消耗下降，燃油消耗下降。新结构的带轮用于带传动和空调压缩机之间的力传递，消除转矩波动的同时起到过载保护的作用。

为了减少空调压缩机的磨损，必须使压缩机各摩擦副之间有良好的润滑。冷冻机油是空调压缩机专用的润滑油，用于压缩机和系统中各活动部件的润滑和密封，使系统保持正常工作。在给压缩机加注冷冻机油时，应严格按照压缩机铭牌上要求的加注量及机油牌号进行，在任何情况下均不得使用其他油代替。冷冻机油很容易吸收潮气，故在保存中和使用后都应将油桶盖密封。

> **技师指导**
>
> 每次对制冷系统管路部件进行拆装时，都要重新补加冷冻机油（例如 SD7V16 压缩机润滑油量为 135mL），有的压缩机自带冷冻机油。加多少与拆下空调部件系统体积大小有关，更换什么件对应补加多少冷冻机油。冷冻机油加注口在压缩机上，也可在高压管和低压管的加注口加注冷冻机油。
>
> 空调工作时高压指示偏低，低压指示偏高，关闭空调后压力表高、低压系统压力很快趋于一致，说明压缩机损坏，这时应该检修或更换压缩机。压缩机上通常安装有安全阀，可在压力过高时泄压，是继高压开关保护后的最后一道防线。

二、膨胀阀

膨胀阀是根据制冷负荷控制节流口截面积大小的阀，也称节流阀。汽车空调系统中一般采用四种车用膨胀阀，分别是 H 型膨胀阀、毛细管式膨胀阀、外平衡感温式膨胀阀和内平衡式膨胀阀，如图 6-11 所示。

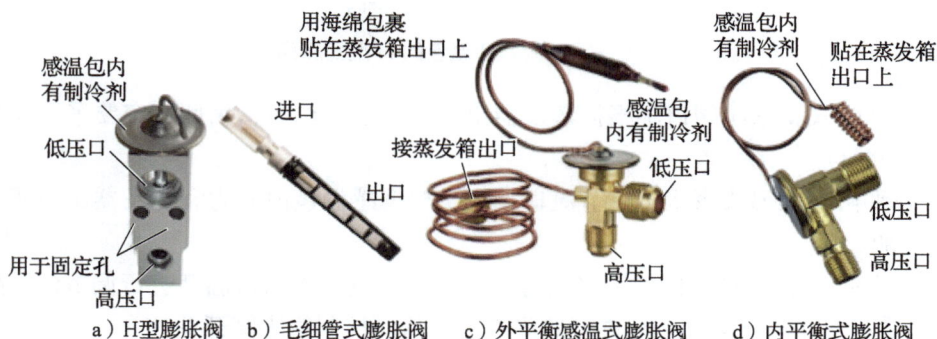

a）H型膨胀阀　b）毛细管式膨胀阀　c）外平衡感温式膨胀阀　d）内平衡式膨胀阀

图 6-11　四种车用膨胀阀

膨胀阀安装在蒸发器的入口处，其作用是将来自储液干燥器的高压液体制冷剂节流降压和降温，根据蒸发器出口温度自动控制进入蒸发器的液体制冷剂量，使之适应制冷负荷的变化。进入蒸发器低温、低压制冷剂的数量要适应制冷负荷的变化，进入蒸发器的制冷剂液体蒸发后足以吸收车厢内的热量，保证车厢内的温度降低到设定温度。

如果进入蒸发器的制冷剂数量过少，车厢内将得不到足够的冷气。如果进入蒸发器的制冷剂数量较多，将会造成蒸发器过度冷却，导致蒸发器外部结霜而影响通风能力，进而影响制冷能力。膨胀阀损坏或感温包位置安装错误是导致进入蒸发器的制冷剂数量过多的主要原因。

1）H型膨胀阀是目前采用最多的膨胀阀，分为内置感温包和外置感温包两种。H型膨胀阀与字母H象形，有四个孔，即正面两个，背面两个，可直接感觉蒸发器出口温度。图6-12所示为内置感温包的H型膨胀阀，它利用充入特殊气体的感温包感受蒸发器出口的温度，气体膨胀后推动膜片下移，推杆推开球阀下部弹簧，打开阀口，向蒸发器内放入制冷剂，这时的制冷剂经节流孔的节流作用由液态变为气态，从而吸热。当车内温度下降时，蒸发器从车内吸收的热量有限，蒸发器内的气态制冷剂温度较低，流经蒸发器时使H型膨胀阀的感温包内气体温度下降，气体收缩，球阀在下部调节弹簧的作用下上移关闭节流孔。

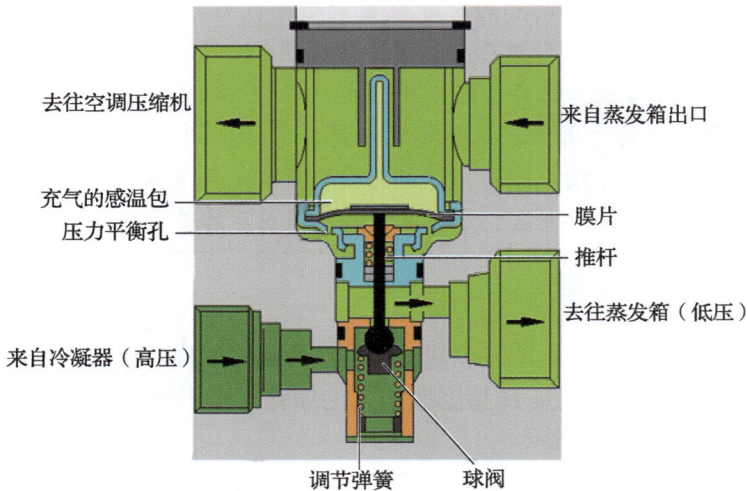

图 6-12　内置感温包的 H 型膨胀阀

2）毛细管式膨胀阀阀口不根据蒸发器出口温度进行调节，因此一定要采用变排量压缩机与之相配合。

3）外平衡式感温式膨胀阀的节流口调节是根据感温包内压力和蒸发器出口压力进行调节，已淘汰。

4）内平衡式膨胀阀和H型膨胀阀都是利用空调蒸发器出口温度进行调节的。感温包内制冷剂受蒸发器出口温度影响进行热胀冷缩，从而控制膨胀阀开关的大小，出口温度靠感温包远距离感觉。控制规律是蒸发器出口温度高时，开大膨胀阀高压管的节流口，放入更多制冷剂，增加制冷量，反之相反。

🔧 技师指导 🔧

膨胀阀上的空调管路接口粗细不同。膨胀阀都不可修理，发现节流口控制不正确应及时更换。

若空调压力表高压指示正常、低压指示偏高，且低压管路外部有白色结霜，制冷效果下降，说明膨胀阀开启过大，节流后喷入的液体尽管量多，但没有吸收汽化潜热的过程。这时重点检查膨胀阀热敏管的安装位置和完整情况，若安装良好就须考虑更换膨胀阀。若有清洗空调管路的情况，最好能同时更换膨胀阀，防止再次堵塞管路，甚至损坏压缩机。

三、冷凝器和蒸发器

蒸发器的外形与冷凝器外形基本相同，容易弄混，但二者作用不同。汽车空调制冷系统中常见蒸发器的形式主要有管翅式、管带式和板翅式。

1. 冷凝器

冷凝器紧贴在发动机散热器前部，冷凝器在电子扇的帮助下把制冷剂热量传给外界空气。在一些大、中型客车上，常把冷凝器安装在车厢下部两侧、车厢后侧或车外的车顶上部。

分级制冷循环如图 6-13 所示，分为冷凝和超冷两部分，传统的冷凝器仅有分级制冷上层的冷凝部分。在冷凝和超冷两部分之间有一个液气分离器（调节器），经过调节器的液体制冷剂在超冷部分被再次冷却，增加了制冷剂自身的冷却容量，从而可以得到高效的制冷性能。在分级制冷循环中，制冷剂气泡消失的地方低于系统所需的制冷剂量的液面。因此，如果系统以气泡消失的地方作为标准排放制冷剂，将导致制冷剂不足，这样就会影响系统的冷却性能。如果系统添加了过多的制冷剂，同样也会降低冷却性能。

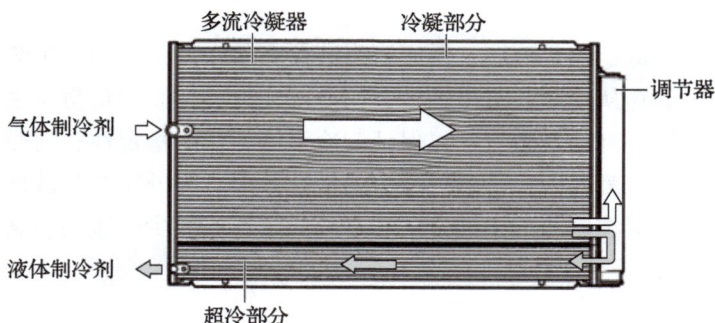

图 6-13　分级制冷循环

技师指导

汽车空调的冷凝器是以空气作为冷却介质，汽车在行驶过程中经常有车外灰尘和柳絮等杂物黏附在冷凝器的表面上，部分散热片之间的间隙会被泥土堵塞，使冷凝器与外界空气不能进行正常的热交换，传热效果明显降低。因此，在空调使用过程中，应定期检查和清洁冷凝器，用水清洗时控制好水枪和冷凝器的距离，防止高压水冲倒冷凝器翅片。怀疑冷凝器的管接头有漏点时，可涂抹肥皂水检漏。

2. 蒸发器

蒸发器在车内的仪表板内部的右侧，它把车内空气热量吸收后传给制冷剂。为了减少异味和防止细菌滋生，有的蒸发器体涂抹了一层含有灭菌剂的树脂，在这层树脂的下面是一层保护蒸发器的铬酸盐自由层。带灭菌剂的蒸发器如图 6-14 所示。

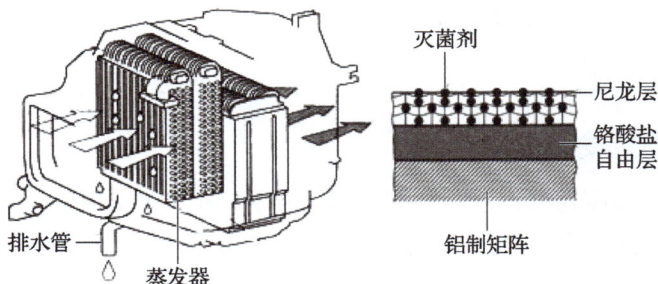

图 6-14　带灭菌剂的蒸发器

🔶 技师指导 🔶

　　汽车空调的蒸发器在外循环过滤不佳和车内过脏时会将车外灰尘和车内灰尘（主要是烟灰）黏附在蒸发器的表面上，使蒸发器与空气不能进行正常的热交换，制冷效果明显降低，长时间不用甚至会发霉。因此，在空调使用过程中，应定期检查和清洁蒸发器，实践中可行办法是先拆下鼓风机，先用风吹，后用水清洗蒸发器，水会从排水管排出，注意不要弄倒蒸发器翅片。

四、低压侧集液器和高压侧储液干燥器

1. 低压侧集液器

图 6-15a 所示为低压侧集液器，低压侧集液器安装在冷凝器和膨胀阀这段高压管路之间，其作用是临时储存从冷凝器流出的液态制冷剂，以便在制冷负荷发生变化时，及时补充和调整供给膨胀阀的制冷剂数量，以保证制冷系统工作的稳定性；同时，还可防止过多的液态制冷剂残留在冷凝器内，影响冷凝器的散热效果。另外，在集液器中安装有干燥过滤器，其作用是除去混在制冷剂中的杂质和水分，防止或减少膨胀阀和制冷系统管路发生杂质堵塞或冰冻堵塞。

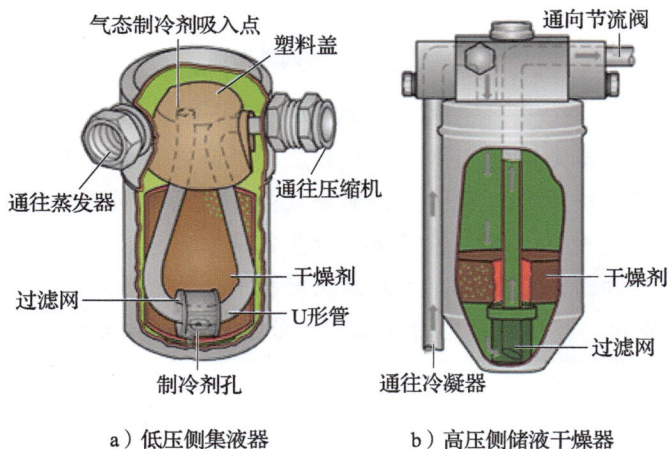

a）低压侧集液器　　　　b）高压侧储液干燥器

图 6-15　低压侧集液器和高压侧储液干燥器

2. 高压侧储液干燥器

图 6-15b 所示为高压侧储液干燥器。其壳体通常用无缝钢管或铝合金制成能承受压力的圆形容器。干燥器主要由滤网和干燥剂组成。滤网用 50~100 目网眼的黄铜丝制成，安装在储液干燥器的进口端。制冷剂液体经滤网过滤后，由出口流出进入膨胀阀。干燥剂的种类很多，常用的有无水氯化钙、硅胶、活性氯化铝和分子筛等。无水氯化钙的吸水能力强，其缺点是吸水后易成糊状堵塞系统，因此只能作临时性吸潮剂。硅胶使用广泛，吸水后呈粉红色，干燥后呈深蓝色，故称之为变色硅胶，它可较长时间地存放在系统中使用。

⊙⊙ 技师指导 ⊙⊙

储液干燥器顶部通常安装视液镜，用于观察制冷剂的状态。早期为了保护空调压缩机，在储液干燥器顶部设计有易熔塞，当制冷剂温度过高时（一般在 105~110℃）易熔合金立即熔化（注意：正常温度只有 50℃左右），将储液器内的高压制冷剂全部释放，起到安全保护作用，易熔塞仅能用一次。现代汽车空调压缩机采用弹簧安全阀，弹簧安全阀开启压力最小为 3.6MPa，最大为 4.4MPa，当管内压力降至 3.25MPa 时弹簧安全阀关闭。

五、视液镜

通过视液镜可观察系统中制冷剂的流动情况，当发生缺液或含有水分时，视液镜的观察玻璃能显示不同的颜色和气泡，同时还能观察管路中冷冻机油的流动情况。在观察玻璃下设置有随水分含量变化而变化的指示片，水分极少时呈淡蓝色，水分增多时变为淡红色。有些汽车空调系统中视液镜直接安装在过滤器与膨胀阀之间，也可旁通在立管或水平管上。

⊙⊙ 技师指导 ⊙⊙

空调系统制冷量大就可以让压缩机停转较长时间，高、低压管压力相等的常温静态压力为 5~6bar，天气气温越高，这个静态压力越高。也可观察视液镜显示情况确定空调系统情况。具体操作方法是起动发动机，将发动机转速稳定在 1500~2000r/min，把空调功能键置于最大制冷状态，鼓风机调到最高转速，开动空调系统 5min 后通过视液镜观察制冷剂液流状态（图 6-16）。

观察的现象、结论和处理方法如下：

1）制冷剂加入量正确时，视液窗一片清晰（图 6-16a），送风口有冷风吹出。在发动机转速提高后或降低时，可能有少量气泡出现，关闭空调开关后，气泡大量出现，然后渐渐消失，整个过程大约持续 45s。制冷剂加多时，视液镜中没有气泡流过，甚至关闭空调开关 15s 后，气泡还不出现。

2）制冷剂不足时，视液镜中会有少量气泡流过，如图 6-16b 所示。

3）制冷剂严重不足或根本没有时，视液镜中气泡多、呈油雾状或有机油条纹状，如图 6-16c 所示。

4）储液干燥器内的干燥剂混到制冷剂中时，视液镜中呈云堆状，如图 6-16d 所示。

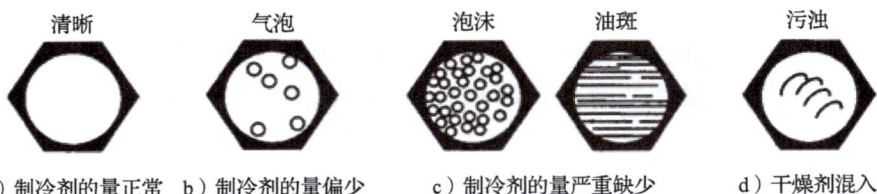

a）制冷剂的量正常　b）制冷剂的量偏少　　c）制冷剂的量严重缺少　　d）干燥剂混入

图 6-16　通过视液镜观察制冷剂液流状态

六、空调系统电气元件

为了保证汽车空调制冷系统正常工作，维持车内所需要的温度，空调系统中还有一些自动控制和调节的元器件。

1. 电磁离合器

电磁离合器安装在压缩机前端的带轮内，其结构和工作原理如图 6-17 所示。为了使空调系统的起停不受汽车发动机工作的影响，压缩机的带轮是通过轴承浮动支承在压缩机前端伸出的细颈壳体上的，带轮随发动机常转，带轮内有电磁线圈，压力盘（带毂弹簧盘）驱动压缩机内部元件。

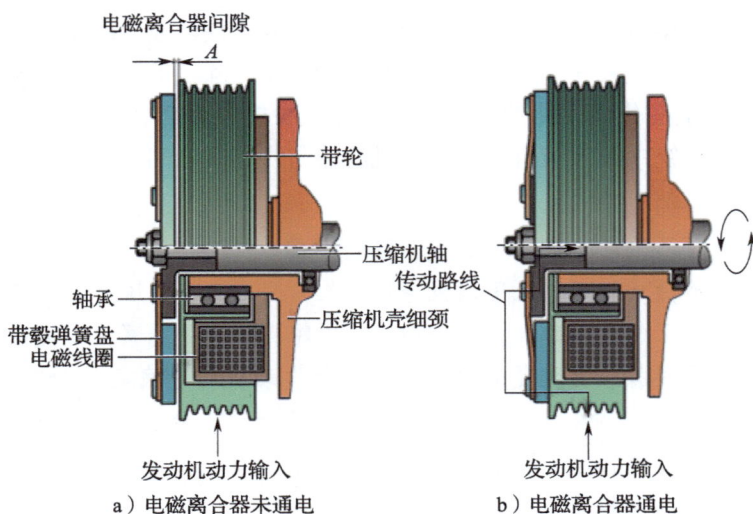

电磁离合器间隙

带轮
压缩机轴
传动路线
轴承
压缩机壳细颈
带毂弹簧盘
电磁线圈

发动机动力输入　　　　　　发动机动力输入
a）电磁离合器未通电　　　b）电磁离合器通电

图 6-17　电磁离合器的结构和工作原理

通过控制电磁离合器线圈的通 / 断电，便可接通或切断发动机与压缩机之间的动力传递。当电磁离合器线圈通电时，功率一般为 48W 左右，最小接合电压一般为 7.5V。

【完成任务】

测量汽车空调压缩机电磁离合器的间隙。若怀疑压缩机轴承响，是否可采用拆下空调压缩机传动带的方法判别？若采用听诊法，应该具体听哪个位置？压缩机工作时和外部环境的温差为多少摄氏度？

技师指导

空调压缩机轴承是易损坏的部件，特别是在带轮调整得过紧时。修理时，可更换轴承。发动机工作，空调压缩机轴承也工作，所以可用穿心螺丝刀听诊，也可拆掉传动带看声音是否消失。换空调压缩机的价格是换轴承价格的20~30倍，所以一般情况下只更换轴承，而不更换空调压缩机。另外电磁离合器间隙 A 过大时会打滑，电磁离合器的电磁线圈很少出现故障。实践中，极少数汽车的电磁离合器吸合后不断开，会使发动机运行困难或很难起动，这是极端的例子，不能作为典型案例。

大众汽车的部分车型上空调压缩机的带轮驱动机构带有一体式橡胶过载保护装置，并没有电磁离合器，空调压缩机处于常工作状态，为了防止过载，压缩机上由调节阀 N280 根据制冷负荷控制压缩机排量（图 6-18）。自动空调控制单元 J255 对压缩机调节阀 N280 进行占空比控制实现无级调节，控制依据包括：驾驶人设定的温度、汽车外部与内部温度、蒸发器温度以及制冷剂压力的变化情况。关闭空调后，多楔带仍驱动压缩机继续运转，调节阀 N280 控制斜盘倾斜位置改变为正常排量的 2%，因此运行阻力很小。

图 6-18 无电磁离合器的压缩机及调节阀 N280

电磁调节阀 N280 安装在压缩机中，并用一个弹簧锁止垫圈固定。它是压缩机片阀组件上部低压管区、高压管区与空调压缩机摇盘背部压力之间的接口，还是取消电磁离合器的先决条件。脉冲宽度调制电压信号，驱动该调节阀中的一个挺杆，电压作用的持续时间决定了摇盘倾斜度的调整量。

压缩机中的机械故障或因制冷剂缺失而造成的润滑不足都会导致压缩机驱动轴卡死不转，还会造成传动带驱动机构损坏，进而损坏发动机。为了防止这种情况发生，采用了两种保护措施：一种是控制单元用制冷剂压力传感器 G65 的信号来检测可能会发生的制冷剂损失，若全部损失，制冷功能将被关闭；另一种是采用带橡胶的驱动盘，这个驱动盘在压缩机正常工作时，如图 6-19 所示，多楔带的带轮与驱动盘之间的橡胶件保证压缩机能被发动机驱动。

空调压缩机发生驱动盘堵转后，如图 6-20 所示，传动带与驱动盘之间的传动力变大，橡胶件被带轮按照转动方向压到堵转的驱动盘上，橡胶件上的变形

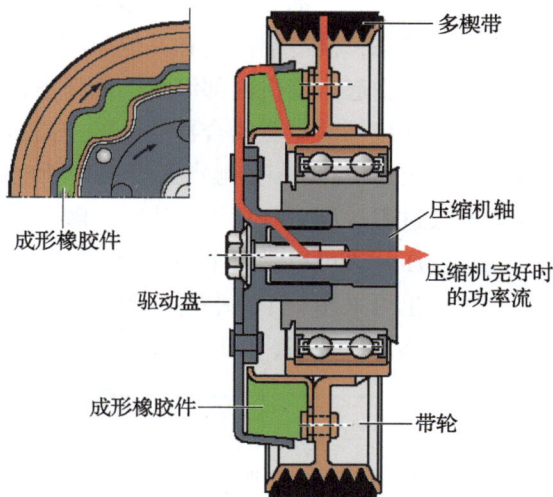

图 6-19 正常情况下的"波浪形橡胶"传力

部分被剪切下来，带轮与驱动盘之间连接的波浪橡胶部分被切断，带轮空转，排除了发动机损坏的可能性。在工作中波浪橡胶部分被切断后，修理时要整体更换空调压缩机，当然也可只更换成形橡胶件和驱动盘。

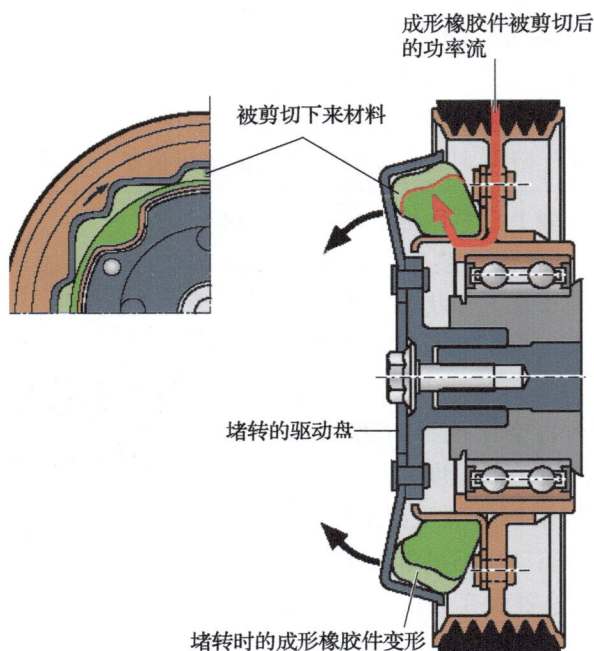

图 6-20　空调压缩机发生堵转后"波浪形橡胶"被切断

2. 高压和低压开关

当空调制冷系统中制冷剂压力出现异常（过低或过高）时，压力开关便会自动切断电磁离合器的电路，使压缩机停止工作，从而保护制冷系统不致损坏。

高压和低压开关都安装在冷凝器到膨胀阀之间的高压管路上。低压开关在正常压力工作时为常闭状态，制冷剂泄漏和其他原因造成制冷剂缺少或完全没有时，如果压缩机仍继续工作，就会引起压缩机内部润滑油循环不良，甚至使压缩机卡死或烧坏，这时低压开关便会直接或间接切断电磁离合器的电路。高压开关也为常闭型，当制冷系统高压一侧的压力高于 2.1~2.5MPa 时，其触点断开，切断电磁离合器的电路，使压缩机停转，从而保护压缩机不会过载。压力恢复正常值时，触点再闭合，接通电磁离合器的电路。

高、低压开关可以是两个独立的开关，为了减少在高压管上制作两个独立压力开关底座的麻烦，也可采用一个高、低压组合开关代替高、低压两个独立开关。自动空调中也可采用压力传感器代替高、低压开关。

◆ 技师指导 ◆

高、低压开关也可由压力传感器代替，通常高压管高于 3.2MPa 或低压管低于 0.2MPa 时都停转，空调打开时风扇一档低速转动，高压管压力高于 1.6MPa 时风扇二档高速转动。

3. 空调离合器继电器和风扇继电器

在汽车空调电路中，压缩机电磁离合器的电流在 4~5A，需采用空调离合器继电器控制其通电 / 断电。

如果冷凝器和发动机散热器共用散热风扇（单扇），风扇消耗的电流可达数十安培。为了减少流入控制开关的电流，延长开关的使用寿命，故设置散热器风扇继电器来控制风扇转速。

🔗 技师指导 🔗

德国大众汽车空调离合器继电器和散热器风扇转速控制继电器装在一个控制盒中，两个继电器在实际应用中较易损坏。

4. 外界环境温度开关

低温环境下是不需要使用空调的，为防止低温情况下意外打开空调导致损坏空调元件，故设计了外界环境温度开关。外界环境温度开关通常在 1℃ 以下时断开（也有些厂家将此开关设计为 5℃ 以下时断开），控制压缩机电磁离合器继电器电路不工作，电磁离合器不吸合。

🔗 技师指导 🔗

外界环境温度开关或传感器发生故障的概率很小，在夏季开关为闭合，怀疑有断路故障时可拆下测电阻。

【完成任务】

请找到捷达轿车上的空调外界温度开关在什么位置，并说出若脱开外界温度开关，空调压缩机的电磁离合器能否吸合。

5. 散热器电子扇电路

发动机散热器的电子扇不仅为发动机散热器散热，也为空调的冷凝器散热，电子扇的调速分为有级调速和无级调速两种。

（1）有级调速　有级调速一般分高、低速两档，多用于手动空调，一般电路设计如下：

1）在大众汽车中：发动机散热器和空调冷凝器共用一个电子扇时，电子扇端子上有三根线，两根 12V 电源线，一根地线，电机内有一个电阻，一根 12V 电线串联电阻时电机为低速，一根 12V 电线直接给电机供电，风扇为高速。

2）在丰田汽车中：发动机散热器后部有两个电子扇的电路中，每个电机端子上有两根线，显然电机内部无调速电阻。通常丰田采用两个电子扇串联形成低速，每个电机分 6V 电压；两个电子扇并联时形成高速。这类电路一般用 3 个继电器控制，FAN 1 号继电器在发动机 ECU 的控制下实现两个电机串联。当 FAN 2 号继电器和 FAN 3 号继电器在发动机 ECU 的控制下工作时，实现两个电机并联。发动机 ECU 的控制依据为空调压力和发动机散热器温度，丰田汽车三继电器、带高低速的双电子扇控制电路如图 6-21 所示。

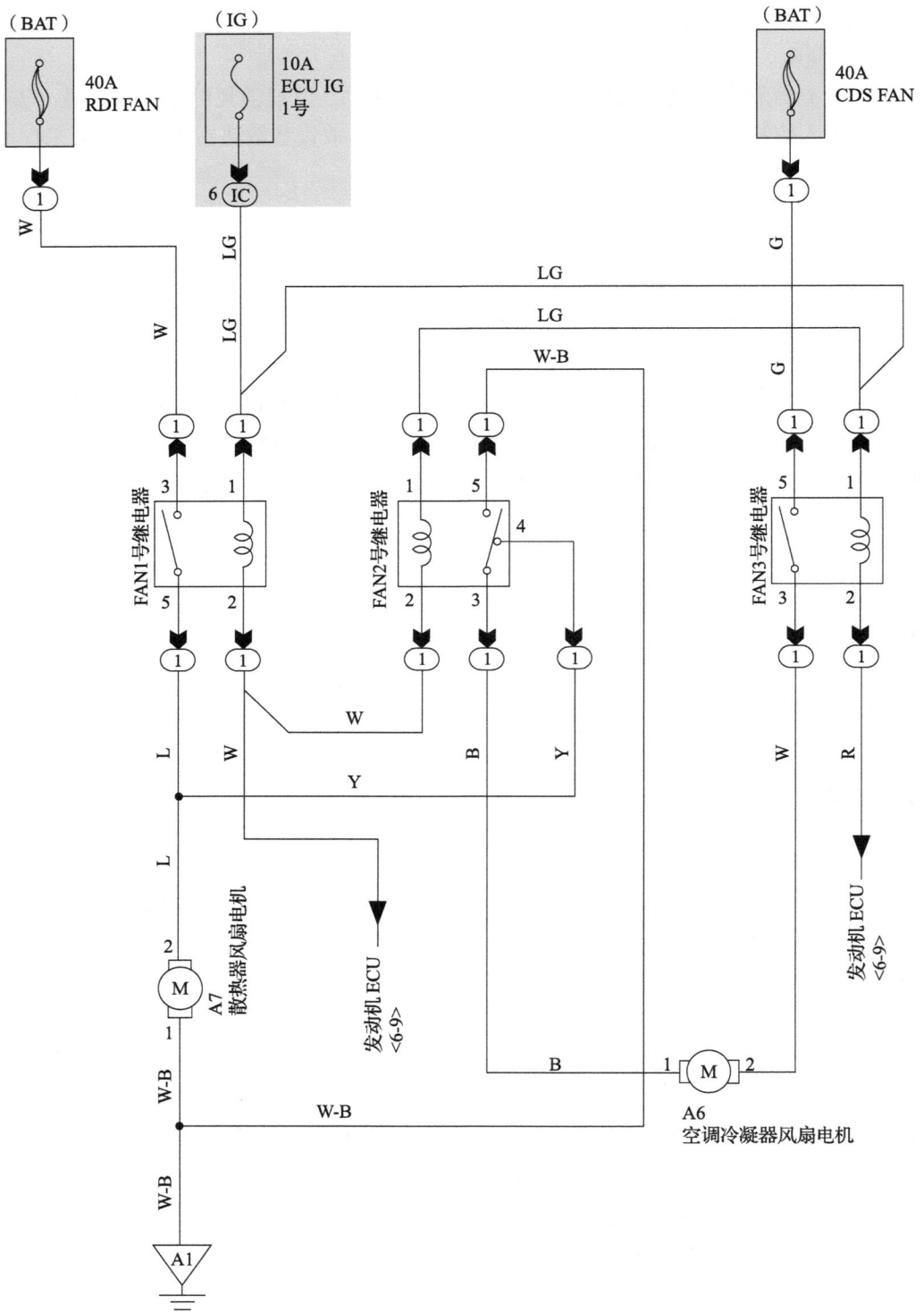

图 6-21 丰田汽车三继电器、带高低速的双电子扇控制电路

（2）低速串联电路　如图 6-21 所示，在发动机为第一级过热时或空调打开时，发动机散热器电机和空调冷凝器电机为串联电路。工作原理是发动机 ECU 控制 FAN 3 号继电器工作，电流经 40A CDS FAN 熔丝，FAN 3 号继电器触点，空调冷凝器风扇电机 A6，再由 FAN 2 号继电器的触点 3 进入，从触点 4 流出，最后经散热器风扇 A7 到 A1 搭铁。两个电机串联，每个电机分压为 6V，为低速运转。

（3）并联高速电路　当发动机温度超过第二级或空调压力超过第二级时，发动机散热器电机和空调冷凝器电机为并联电路。

发动机散热器风扇电路：电流经 40A RAI FAN 熔丝，由 FAN 1 号继电器的触点 3 进入，从触点 5 流出，最后经散热器风扇 A7 到 A1 搭铁。

空调冷凝器风扇电路：电流经 40A CDS FAN 熔丝，FAN 3 号继电器触点，空调冷凝器风扇电机 A6，再由 FAN 2 号继电器的触点 3 进入，从触点 5 流出，直接到 A1 搭铁。两个电路中风扇电机各为 12V，电机高速运动。

【完成任务】
请写出丰田 3 继电器带串联和并联的风扇控制电路控制。

【完成任务】
捷达轿车空调打开时，风扇为一档转速还是二档转速？若高压管的高压上升至 25bar 以上时，风扇为几档转速？由于捷达手动空调风扇控制经过双继电器控制，电路样式较多，找到实车电路图资料，请根据实车的继电器 J293，拆下继电器盒盖，画出继电器内部工作电路。图 6-22 为捷达 5V 的继电器 J293。不同车型，不同年款的 J293 是不同的，可以根据学校条件选择。写出实车继电器 J293 的引脚定义（两插头共计 14 引脚，其中有很多备用引脚）。

图 6-22　捷达 5V 的继电器 J293

（4）风扇无级调速　电子风扇由风扇电机模块和风扇电机组成，发动机控制单元根据散热器出口处水温传感器信号、空调压力、空调设置、车速信号，计算出风扇转速，输出频率一般为 10~100Hz，以调频信号改变电子风扇转速，风扇转速随着冷却液温度和空调压力的升高而提高，随着车辆行驶速度的提高而下降。

━━● 技师指导 ●━━

大众汽车的自动空调通常采用双电子扇控制，风扇转速控制主要根据发动机出水口温度传感器（G62）信号、散热器出水口温度传感器（G83）信号，以及通过 CAN 通信传来的空调压力传感器（G65）信号进行计算，然后输出占空比信号至安装在主散热风扇上的散热风扇控制器（J293），以实现对主散热风扇（V7）和副散热风扇（V35）的启闭及无级调速。

电子风扇电机模块是功率器件，损坏较高，在用万用表检测电子风扇的电源和搭铁线均正常后，接上空调压力表，打开空调，这时随着空调压力的升高，示波器显示的输出频率也升高，即数值在 10~100Hz 变化。由此可判断发动机控制单元在调速，可以推出电子风扇电机模块有故障。散热器风扇电路是经常损坏的电路，会导致风扇不转、只有低速 、只有高速、风扇常转不停等故障。空调风扇电路和汽车的刮水器电路是汽车电气中两个复杂的基本电路，也是修理厂或服务站进行技能考核的主要内容。

【完成任务】

当空调高压管内的压力升高时，风扇转速应向高调还是向低调？发动机散热器进口温度和出口温差小，风扇无级调速是高还是低？

在大众速腾的自动空调中，自动空调控制器 J255 通过一个脉宽调制信号（PWM）来控制鼓风机转速。同时内置在鼓风机内部的风扇功率控制器反馈自诊断后的状态信号给自动空调控制器 J255。例如，当反馈信号中有一个脉冲时，表明没有故障；当有两个脉冲时，表明电流被限制；当有三个脉冲时，表明温度太高，可能导致输出功率降低，甚至鼓风机不工作。

6. 恒温开关

恒温开关能防止制冷剂流入蒸发器过多，避免因蒸发器外部翅片结霜导致翅片的通风性变差。恒温开关是用内部充有制冷剂的感温管插入到蒸发器的翅片处，感温管内制冷剂的膨胀和收缩触发感温管末端的恒温开关闭合和断开，从而根据蒸发器出口温度来控制空调压缩机的起停。恒温开关多插在蒸发器内，也有少数恒温开关布置在 H 型膨胀阀上。

手动空调恒温开关细管内也是制冷剂，恒温开关管感温包要插入蒸发器的指定深度，进入翅片，才能感受到蒸发器的温度，判别是否结霜。若细管内制冷剂出现泄漏，将导致压缩机无法在蒸发器结霜的情况下控制压缩机电磁离合器继电器。恒温开关的触点接触力的大小也是可以调节的，这样可在一定范围内调节恒温开关的断开温度。

自动空调中恒温开关也可以用温度传感器来代替。

7. 鼓风机

鼓风机安装在蒸发箱总成内，其作用是将车内空气或车外新鲜空气通过风道强制吹过蒸发器，冷却后的空气从出风口送至车厢内。鼓风机风扇多采用离心式，即沿转轴的平行方向吸气，朝径向（即离心力的方向）排气。风扇由一个 60~150W 的直流电机驱动。

鼓风机调速分为有级和无级两种。

1）有级调速可用电阻器来调速，分为高、较高、中和低四档，以适应不同出风量的要求。

2）无级调速是空调控制单元以一个线性的电压信号或频率信号输出至鼓风机放大器来实现鼓风机转速的变化。

鼓风机功率可通过空调控制模块控制输出电压或提高频率，鼓风机转速随之提高。例如一般功率放大器位于空调蒸发箱外的鼓风机的电机附近，插接器有五根线，分别为12V电源线、接地线、A/C控制单元控制信号线（信号线在2.1~7.2V之间变化，电压为2.1V时鼓风机为最低档，信号电压大于7.2V时鼓风机为最高档），最后，剩下的2根线为鼓风机电机供电线。

【完成任务】
请说出自动空调的鼓风机风速控制与什么有关？

📖 知识点3　自动空调系统基础知识

说明　要求能说出自动空调和手动空调的区别；能操作自动空调的控制面板，比如将汽车驾驶室的温度调低，说出自动空调的什么执行元件会响应以及进行什么样的动作；能对实车的自动空调电路图进行讲解，并在实车上找到ECU的外围元件位置，且能说出传感器和执行器的性质；要求能通过诊断仪进行故障码、数据流、执行元件驱动的操作，配合的典型故障最好不是线路故障，而是元件性能或机械性能故障，具体由教师确定。

一、手动、半自动和全自动空调的区别

汽车空调分为手动空调和自动空调两种，有没有空调控制器（ECU）是区分手动空调和自动空调的根本依据。

1. 手动空调

驾驶人通过冷热调节开关选择蒸发器和散热器之间混合风挡板的位置，通过选择鼓风机转速和选择出风风道来实现对手动空调的控制。

2. 自动空调

自动空调分为半自动空调和全自动空调两种。

（1）半自动空调　半自动空调有空调控制单元，空调面板控制的温度需求和车内的温度传感器可以实现闭环控制，但有部分执行器是不能控制的，例如鼓风机转速仍采用手动调节，或某些空气模式的翻板控制也仍采用手动控制金属拉索和真空控制。

（2）全自动空调　全自动空调是根据驾驶人所设置的温度，结合实际车内的温度、车外温度和太阳辐射热等，自动调节混合风挡板位置和鼓风机转速，从而将车内温度保持在设定值，风道内的伺服电机也会自动调节。全自动空调不仅对鼓风机转速进行控制，同时

也对驾驶人设定的出风模式进行修正，比如冬季开启除霜开关时，也会优先对脚进行吹暖风。在自动空调中，每个传感器独立地将信号传送至空调ECU，空调ECU根据预先编制的程序识别这些信号，从而独立地控制一个或多个执行器。空调ECU还有自我诊断功能，能诊断空调电控系统故障。

二、自动空调控制

汽车空调自动温度控制（Automatic Temperature Control，ATC）也称恒温空调系统。一旦设定目标温度，ATC系统即自动控制使车内温度保持在设定值。

自动空调控制单元接收以下信号：

1）接收发动机水温信号以控制发动机散热器风扇无级转动或高、低速转动。

2）接收空调高压管路的压力信号以控制散热器风扇无级转动或高、低速转动。

3）接收自动变速器信号以在强制降档时通知空调控制器断开电磁离合器。

4）接收外部环境温度信号以控制是否接通电磁离合器。

5）接收驾驶室内的出风口温度信号和位置伺服电机的信号，以控制各风道到达理想的开度。

6）接收阳光强度和外界温度可确定向车内输入热量的情况，以进行预控制。

7）室内湿度传感器（多应用于高档轿车，一般位于车厢内后视镜上部）用于检测风窗玻璃附近的空气湿度，实现自动开启除雾功能。

一些安全类传感器（如高压管的压力传感器、蒸发器的温度传感器）用于断开空调电磁离合器。其他自检类传感器，如空调压缩机转速信号结合发动机转速信号用于空调控制器判断电磁离合器打滑或传动带打滑，还有暖风散热器的温度用于控制鼓风机转速。最后，还有空调控制面板的开关的信号输入，以及CAN通信的信号。

目前空调压力传感器输出有脉冲调制信号（PWM）和LIN总线输出两种。当采用脉冲调制信号（PWM）时，空调压力越高，输出的脉冲调制信号（PWM）占空比越大。

三、自动空调元件位置

图6-23所示为自动空调温度控制系统的组成。由图6-23可知各元件位置。

四、自动空调传感器

自动空调传感器包括车外温度传感器、车内温度传感器、日照传感器（阳光强度传感器）、蒸发器温度传感器、发动机温度传感器。

1. 车外温度传感器（Outside Temperature Sensor）

车外温度传感器一般位于空调冷凝器前部支架上，采用负温度系数热敏电阻制成。

2. 车内温度传感器（In-vehicle Sensor）

车内温度传感器一般安装通风道内，采用负温度系数热敏电阻制成，用于反馈车内的实际温度。

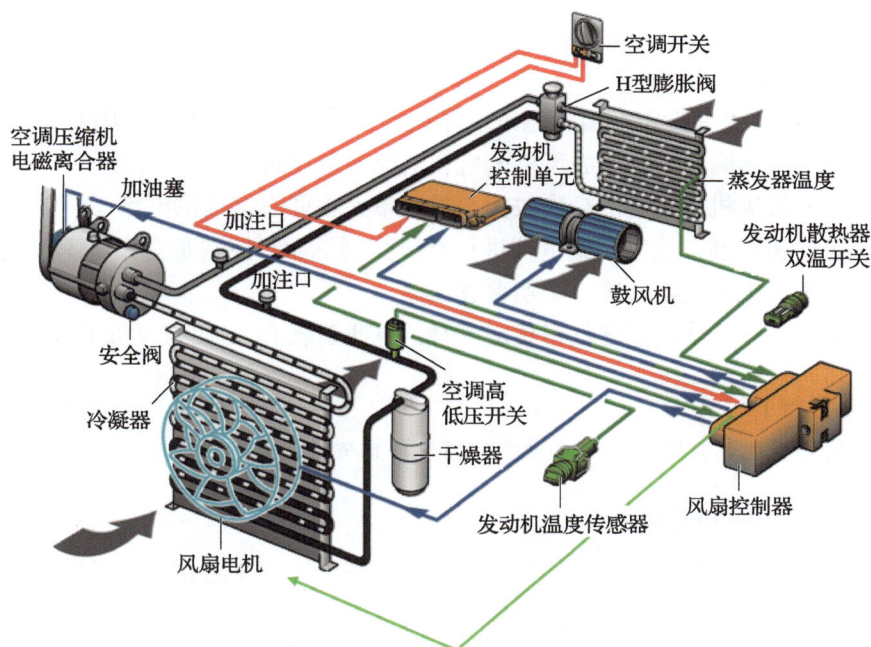

图 6-23　自动空调温度控制系统的组成

空调开关
H型膨胀阀
蒸发器温度
发动机散热器双温开关
空调压缩机电磁离合器
加油塞
加注口
发动机控制单元
鼓风机
风扇控制器
安全阀
加注口
空调高低压开关
干燥器
发动机温度传感器
冷凝器
风扇电机

☞ 技师指导 ☞

大众速腾汽车空调系统在控制面板上内置的室内温度传感器，代替了通风道内的温度传感器 G56，同时还可用来测量控制面板表面温度、控制单元温度、阳光强度。相对于前一代，其具有以下优点：传感器支架受到保护，因此传感器不易变脏；没有机械旋转元件，传感器更耐久；不需要通风格；成本更低。此传感器实际上是一个集成了光电二极管和负温度系数电阻的光热传感器，因此它既可以测量温度，又可以测量太阳光的热辐射强度。传感器将温度和光强信号传递给控制单元，控制单元对信号进行评估，准确地计算出驾驶室的实际温度。这样即使传感器表面受光照影响变得很热，控制单元仍可以准确地计算出车内实际温度。

3. 日照传感器（Sun load Sensor）

日照传感器由光电二极管或光电晶体管制成，用来感应阳光照射车辆的强度，计算外界向车内输入的热量，通常装在仪表板上方。

4. 蒸发器温度传感器（Evaporator Temperature Sensor）

蒸发器温度传感器一般安装在蒸发器翅片上，以精确感应蒸发器的温度，采用负温度系数热敏电阻制成。

5. 发动机温度传感器（Engine Temperature Sensor）

发动机温度传感器一般安装在暖风水箱上，以精确测量冷却液温度，采用负温度系数热敏电阻制成。

五、执行机构

1. 鼓风机转速控制

空调系统 ECU 根据设定的目标温度、车内实际温度、车外温度、阳光强度、蒸发器温度等信号，发送不同的指令给鼓风机电机和电控变量控制阀。

由于空调的鼓风机或风扇的功率较大，控制单元不能直接提供电流，只能通过功率放大器进行无级转速控制，或采用继电器进行有级控制。无级控制是对直流 12V 进行 PWM 控制，这样在鼓风机附近要安装一个功率放大器。

当发动机起动或冷却液温度低于预定值时，空调系统 ECU 使鼓风机不起作用。

【完成任务】

请说出鼓风控制模式相当于手动空调控制面板的什么操作？

2. 混合空气控制执行器

混合空气控制执行器的作用是控制暖风水箱和蒸发器哪个起作用，根据驾驶人设定的温度，自动空调控制单元自动控制混合风挡板的位置，从而控制车内温度。

← 技师指导 →

在捷达轿车的手动空调中，混合风控制由蓝色和红色钮来控制，中间传动过程采用金属拉索控制，控制位置完全由驾驶人决定。对其他气道翻板的控制采用了真空膜盒控制，翻板只有开和关的功能。

在自动空调中，各翻板的控制采用带有位置反馈的电机来控制实现位置控制，这种电机称为伺服控制电机。中、高档轿车为实现更精确的位置控制采用了步进电机控制。

混合空气控制的过程如下：在冬季，车厢内实际温度为 16℃，当驾驶人设定温度为 22℃时，自动空调控制单元发送指令给位置反馈电机，位置反馈电机关闭蒸发器侧通道，并打开从暖风水箱一侧来的通道，使车内温度迅速升高到 22℃。

在夏季，当驾驶人设定温度为 22℃，而车厢内温度为 28℃时，自动空调控制单元发送指令给位置反馈电机，混合空气阀打开从蒸发器一侧来的通道，关闭暖风水箱一侧的通道，并使鼓风机电机高速运转，使车内温度迅速下降到 22℃。

【完成任务】

请说出混合空气控制模式相当于手动空调控制面板的什么操作？

3. 出风口模式

根据驾驶人选定的出风口模式，自动空调控制各出风口的位置反馈电机，从而改变空调出风口位置。

【完成任务】

请说出出风口模式相当于手动空调控制面板的什么操作？

4. 空调压缩机离合器

当驾驶人选择"A/C"模式时，空调系统控制单元使压缩机离合器控制继电器的线圈搭铁，触点闭合，电流通过电磁离合器线圈，使电磁离合器接合，压缩机转动。

当车外温度传感器检测到外部环境温度低于设定值时，控制单元使压缩机离合器不起作用，相当于手动空调的外界环境温度开关。

发动机系统在节气门全开或发动机处于高速运转时，ECU 使压缩机离合器不起作用，将动力全部用于汽车的加速。

【完成任务】
请说出"A/C"模式相当于手动空调控制面板的什么操作？

5. 暖风水阀

高档轿车采用双区或多区空调，空气经过空调蒸发器后，被降温除湿，然后通过加热器。在双区空调中，双区空调加热器被分为左、右两部分，左侧加热器与汽车左侧出风口相通，右侧加热器与右侧出风口相通。通过双温水阀分别对加热器左、右两通道的冷却液流量进行控制。

双温水阀是一个占空比电磁阀，不通电时为常开阀，由空调控制单元控制。双温水阀可以控制流入暖风水箱左、右两侧的冷却液流量。双温水阀依靠实际温度与设置温度之间的差值来控制电磁阀的占空比。

6. 电子膨胀阀

电子膨胀阀包括电热式膨胀阀、电磁式膨胀阀和以步进电机为执行机构的新一代膨胀阀，工作原理是以蒸发器出口温度或压力为信号来控制膨胀阀的流量。

六、空调控制单元

空调控制单元通过计算、比较设定温度与车内温度，结合车外温度、日照强度、节能修正量信号向执行机构发出指令，由执行机构执行相应操作。

自动空调不再使用真空膜盒操纵内外循环切换、混合风控制和出风口控制，而是通过控制单元控制各个部件上的位置反馈电机实现风道切换。

━━◉ 技师指导 ◉━━

汽车自动空调系统可以根据需要调节风速和风量，改变压缩机的运行状态，同时自动空调具有故障自诊断功能。

七、分区空调

分区空调是指驾驶人能对自己所在位置的空气状态进行独立调节，且各位置乘员的温度都可以分别设置。

"双区空调"是指驾驶人和前排乘客两侧的温度可分别控制，后排没有空调调节装置。"三区空调"除了驾驶人与前排乘客可以控制温度，后排还设置了小型的中控台，后排乘客通过这个中控台可控制后排的温度，"三区空调"多为高档轿车和 MPV 类车型配置。"四区空调"是指四个座位均可独立控制自身区域的温度，后座中央和 B 柱都设置了空调出风口，中控台也有两个控制调节装置，目前四区空调只配备在豪华轿车中。

> **【完成任务】**
> 研究一下你实习的汽车空调是几区空调，并说出都是哪几区。

八、自动空调控制面板

奔驰轿车的空调控制面板如图 6-24 所示。

图 6-24　奔驰轿车的空调控制面板

1—左 AUTO 按钮　2—左侧空气四方向控制　3—左侧出风量控制　4—左侧温度控制　5—显示屏
6—右侧温度控制　7—右侧出风量控制　8—右侧空气四方向控制　9—右侧 AUTO 按钮
10—后风窗除霜　11—切换至后空调控制　12—关闭　13—A/C OFF　14—休息钮
15—进行活性炭过滤　16—内循环按钮　17—前除霜按钮

> **◆ 技师指导 ◆**
>
> 　　A/C 灯亮，说明压缩机起动，即开始制冷；AUTO 灯亮，说明开启了自动控制功能，它会根据车内的温度来控制风速、压缩机和内外循环等；REST（休息）模式用于汽车发动机停机后进行冷却液循环。

九、前、后蒸发器总成

图 6-25 所示为奔驰前蒸发器内部结构。由图 6-25 可知，蒸发器总成中翻板较多，根据作用可定义翻板名称，反过来也可根据名称参考其作用，例如前风窗除霜翻板（或挡板）等。

> **【完成任务】**
> 比较自动空调和手动空调的蒸发器，并说出自动空调的蒸发器占据了整个通道，还是只占据一部分通道。

与手动空调蒸发器总成相比自动空调蒸发箱增加了活性炭过滤器，并由活性炭翻板控制是否进行过滤。这意味着自动空调蒸发器总成有滤毒功能，换滤芯时灰尘过滤器和活性炭过滤器都应更换，不能像手动空调那样只更换灰尘过滤器；这些控制空气走向的翻板与

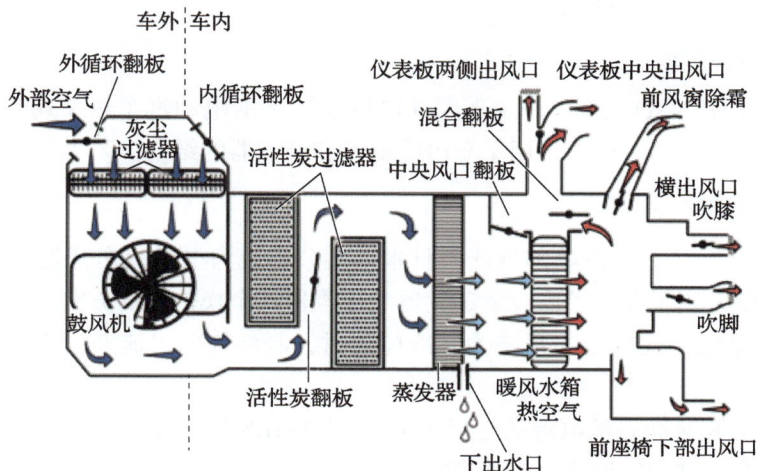

图 6-25 奔驰前蒸发器内部结构

手动空调蒸发器总成中的翻板相比，把金属拉索或真空膜盒换成了步进电机进行位置控制，步进电机可控制翻板停在不同位置，这是手动空调做不到的，各出风口处翻板位置可由空调控制器自动调节；除湿功能与手动空调相同，都是先经蒸发器制冷去水，再制热吹出；自动空调鼓风机可以是有级送风或无级送风，多为无级速度调节。

图 6-26 所示为奔驰后自动空调蒸发器总成。对于有后独立空调的，采用独立空调产生制冷和制热，出风口有后排乘员脚部加热风口、B 柱出风口和后中央出风口。

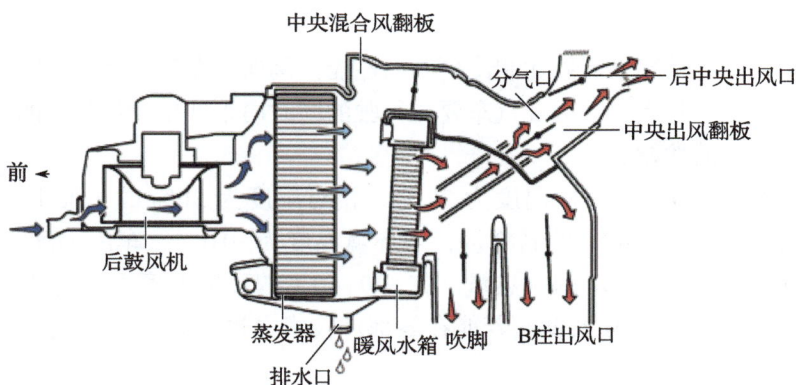

图 6-26 奔驰后自动空调蒸发器总成

📖 知识点4　电动汽车空调基础知识

采用热泵式空调的电动汽车，在夏季可用热泵式空调制冷，在初冬（-10℃以上）可用热泵式空调制热；当在 -10℃以下时，热泵式空调制热性能变差，这时需要 PTC 辅助制热。

一、电动汽车空调制冷剂

1. R134a 制冷剂

日本电装（DENSO）公司开发采用 R134a 制冷剂的电动汽车热泵式空调系统，该类电动汽车在热泵系统的风道中采用了车内冷凝器和蒸发器的结构。

2. CO_2 制冷剂

由于 CO_2 具有良好的热物理性能，日本电装公司也为电动汽车开发了一套 CO_2 热泵空调系统，系统采用了在风道内设置蒸发器和冷凝器两个换热器的方案。

与 R134a 系统不同的是当系统为制冷模式时，制冷剂同时流经内部冷凝器和外部冷凝器。

为了减少空调对动力蓄电池的电能消耗，美国 GENTHERM（原 AMERIGON）公司开发了空调座椅，这种空调座椅上装有热电热泵，热电热泵的作用是通过需要调温的空间之外的水箱转移热量，从而实现需要调温的空间制冷或制热。空调座椅除了节能还可以改善驾驶、乘坐的舒适性，适合在电动汽车上配套使用。

二、热泵式空调系统制冷 / 制热

理论上看，制冷循环逆转可以用于制暖。但在环境气温低的情况下，制暖性能会下降，无法满足在低温区具备高制暖性能的要求。利用电动压缩机压缩制冷剂并使其循环，行驶时，制冷剂在冷凝器中受风冷却。在冬季，冷凝器（制暖时改为蒸发器）结霜时制暖性能也难以发挥，这就需要考虑增加为冷凝器（制暖时为蒸发器）加温除霜的系统。

制暖原本在某些情况下需要比制冷更高的性能。例如，在冬季制暖行驶时，为防止车窗起雾一般会导入车外空气。因此汽车要在行驶的同时向车外排放加热了的空气，此时制暖需要比制冷更高的性能。

在环境温度为 40℃、车内温度为 27℃、相对湿度为 50% 的工况下，系统稳定时能以 1kW 的能耗获得 2.9kW 的制冷量；当环境温度为 -10℃、车内温度为 25℃时，以 1kW 的能耗可以获得 2.3kW 的制热量。在 -10~40℃ 的环境温度下，均能以较高的效率为电动汽车提供舒适的驾乘温度。若能在零部件技术上进行改进，相应效率还可以得到提高。

目前的汽车热泵式空调有直接式、间接式和增焓式三种。日产聆风（NISSAN Leaf）于 2010 年底于欧美以及日本市场上市，2011 年进入中国市场，是 21 世纪后最早的商品化纯电动汽车，其空调采用的是直接式热泵空调系统，与传统空调相比，该系统在空调箱内部布置了一个热交换器，称为车内冷凝器。

1. 直接式热泵空调制冷

直接式热泵空调制冷原理如图 6-27 所示。制冷时，没有车内鼓风机吹过来的空气通过车内冷凝器翅片，这时工作原理基本与传统空调相同，气态制冷剂经电动压缩机压缩为高温（70℃）、高压（13~15bar）的气态制冷剂，气态制冷剂经车内冷凝器、压力传感器、截止阀2、车外部冷凝器和干燥器后降为中温（50℃）、中压（11~14bar）的液态制冷剂，经低压加注口到膨胀阀1，经膨胀阀1节流进入车内蒸发器形成低温（-5℃）、低压（1.5bar）的气态制冷剂，低温气态制冷剂从车内吸热后变为稍升温（0~5℃）、低压（1.2bar）的气态制冷剂（实际不一定全部蒸发掉，可能存在液态的制冷剂，这时可增设液气分离器），制冷剂再次被电动压缩机吸入形成新的循环。

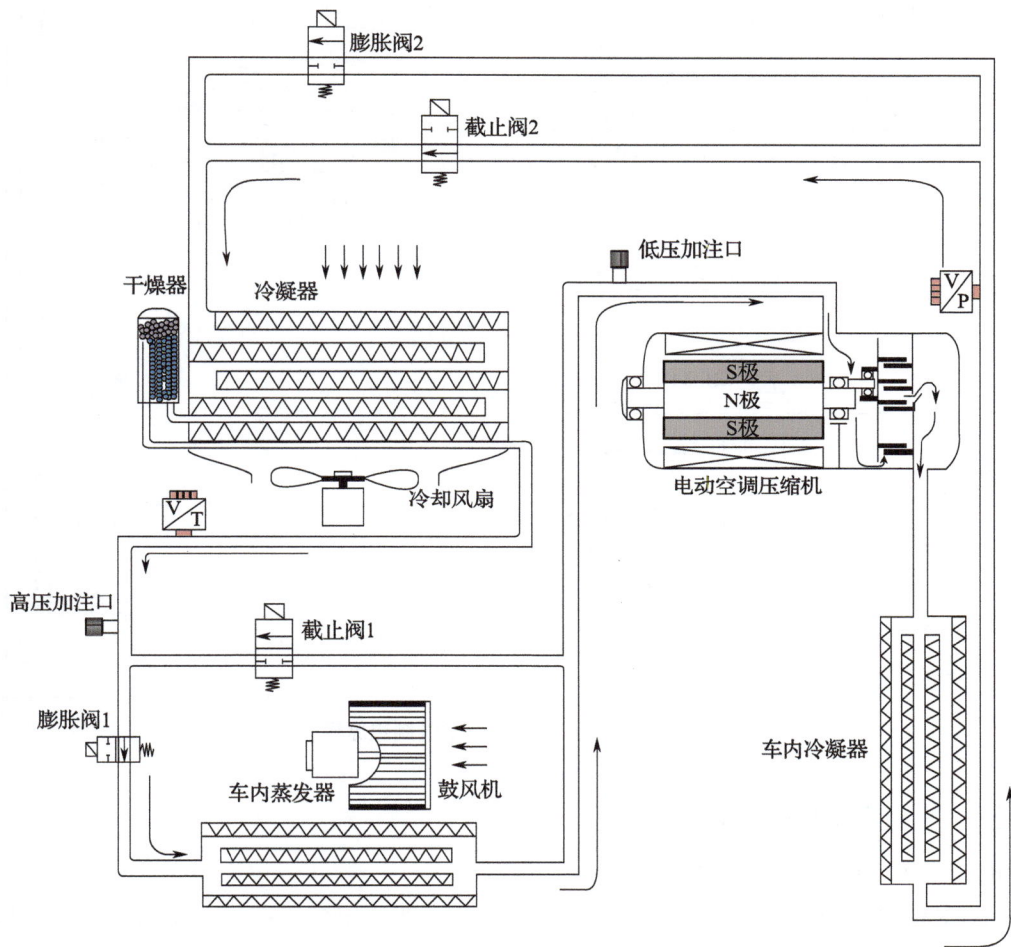

图 6-27　直接式热泵空调制冷原理

2. 直接式热泵空调制热

直接式热泵空调制热原理如图 6-28 所示。制热时，车内空气通过车内冷凝器翅片。气态制冷剂经电动压缩机压缩为稍高压的制冷剂，制冷剂经车内冷凝器散热后降温，经膨胀阀2蒸发降为温度低于外部环境温度的气体，低于外部环境温度的气体进入车外部冷凝器后从车外空气吸热，经截止阀1重新进入电动压缩机，再次升温后进入车内冷凝器，车内冷凝器温度高于车内空气温度，从而给驾驶室加热。

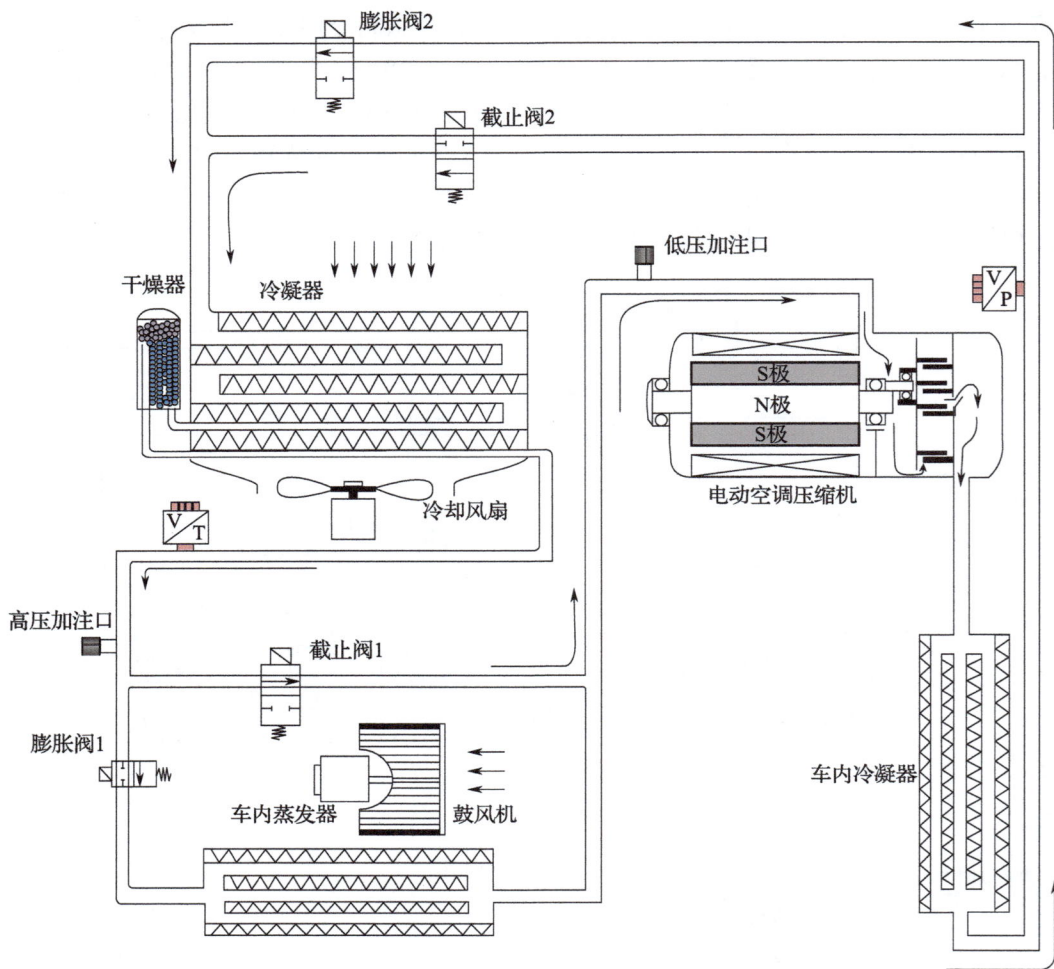

图 6-28 直接式热泵空调制热原理

三、电动空调压缩机

电动汽车空调压缩机大致分为三类：

1）发动机或变频电机通过传动带带动传统的活塞式压缩机结构，压缩机可采用摇盘式和斜盘式。

2）使用发动机和电机驱动的混合动力型。对于需要提高现有内燃机效率、实现小型化的车辆，供应的是借助传统发动机带传动类型的压缩机。对于需要以发动机为主体、电机为辅的车辆（Mild-HEV 弱混），供应的是带传动和电机驱动兼顾的混合式压缩机。

3）单纯使用变频电机驱动的类型。对于以电机为主体（Strong-HEV 强混、EV 纯电动）的车辆，供应电动压缩机。

电动客车多采用变频器控制三相电机驱动压缩机，因为有独立的电机变频器，电机和压缩机之间采用带传动方式。电动变频压缩机内部结构如图 6-29 所示。

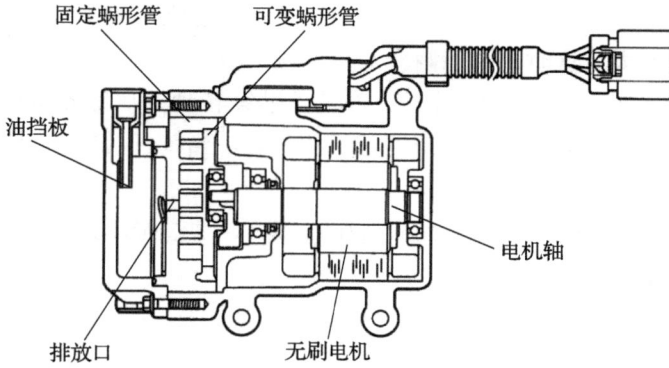

固定蜗形管　　可变蜗形管

油挡板

电机轴

排放口　　　无刷电机

图 6-29　电动变频压缩机内部结构

新款丰田普锐斯（Prius）上的 ES18 电动变频压缩机由内置电机驱动。除了由电机驱动的部件外，压缩机的基本结构和工作原理与旧款 Prius 上的涡旋压缩机相同。空调变频器提供的交流电（201.6V）驱动电机，变频器集成在混合动力系统的变频器上。因此，即使发动机不工作，空调控制系统也能工作。既能保持良好的空气状况，又减少了油耗。由于采用了电动变频压缩机，压缩机转速可以控制在空调 ECU 计算的所需转速内。因此，冷却性能和除湿性能都得到了改善，并降低了功率消耗。压缩机的进气、排气软管采用了低湿度渗入软管，这样可以减少进入制冷循环中的湿气。压缩机使用高压交流电。如果压缩机电路发生开路或短路，ECU 将切断空调变频器电路来停止向压缩机供电。为了保证压缩机和压缩机壳内部高压部分的绝缘性能，新款 Prius 采用了有高绝缘性的压缩机油（ND11）。因此，绝对不能使用除 ND11 型压缩机油或它的同等品外的压缩机油。

电动变频涡旋压缩机包含一对螺旋线缠绕的固定蜗形管（定子）和可变蜗形管（转子）、无刷电机、油挡板和电机轴。固定蜗形管安装在壳体上，轴的旋转引起可变蜗形管在保持原位不变时发生转动，这时，由这对蜗形管隔开的空间大小发生变化，实现制冷气的吸入、压缩和排出等功能。将进气管直接放在蜗形管上可以直接吸气，从而提高进气效率。压缩机中有一个内置油挡板，可以挡住制冷循环过程中与气态制冷剂混合的压缩机油，使气态制冷剂循环顺畅，从而降低机油的循环率。

图 6-30 所示为电动变频涡旋式压缩机的定子和转子。

a）定子　　　　　　b）转子

图 6-30　电动变频涡旋式压缩机的定子和转子

电动变频涡旋压缩机的工作原理如图 6-31 所示。

（1）吸入过程　在定子（固定蜗形管）和转子（可变蜗形管）间产生的压缩室的容量随着转子的转动而增大，这时，气态制冷剂从进风口吸入。

（2）压缩过程　吸入步骤完成后，随着转子继续转动，压缩室的容量逐渐减小。这样，吸入的气态制冷剂逐渐压缩并被挤到定子的中心。当转子转约 2 周后，制冷剂的压缩完成。

（3）排放过程　气态制冷剂压缩完成时压力较高，通过按压排放阀，气态制冷剂通过定子中心排放口排出。

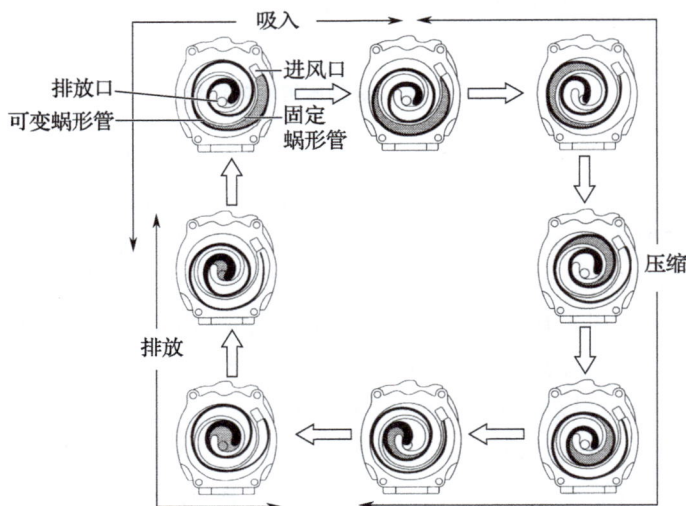

图 6-31　电动变频涡旋压缩机的工作原理

四、PTC 加热器

电动汽车采用加热器的电制热方式时，加热器一般安装在驾驶位和前排乘客位之间的地板下方。加热器由可用电发热的 PTC（Positive Temperature Coefficient）加热器元件，将加热器元件的热量传送至冷却液的散热扇。因为要求加热器要有较高的制暖性，因此，电源使用的是驱动电机的锂离子动力蓄电池，而非辅助蓄电池（12V）。如果是纯电动汽车（EV）专用产品，也可以不使用冷却液，直接用鼓风机吹送经 PTC 加热器加热的暖风。

➤ 技师指导 ➤

截面积为 $1mm^2$ 的纯铜线通常可通过 5A 电流，若功率为 3.6kW 的加热器用 12V 蓄电池供电，则需要供电线截面积为 60 mm^2，可以说这样的线又粗又硬，无法在车上使用。

由于要制造的加热单元要使用动力蓄电池的高电压，用少量放热元件产生大量热量，因此，加热器需要丰富的设计和制造技术经验。加热器机身内部有板状加热器元件。通过在元件两侧通入散热剂（冷却液）提高散热性。加热器元件采用了普通 PTC 元件，PTC 元件夹在电极中间，具有电阻随元件温度改变的性质。在低温区时电阻低，电流流通产生热量，随着温度升高，电阻逐渐增大，电流难以流通，发热量降低。PTC 元件的特性符合汽车的制暖性能要求，即具备在低温区的高制暖性能。

电动汽车沿用燃油汽车的制暖结构。制暖系统由发动机、冷却液、加热芯和送风的鼓风机电机组成。吸收发动机的热量温度升高的冷却液在加热芯内部流过，车内冷空气从加热芯外部流过，为车内制暖。

此外，目前加热器的 ECU（电子控制单元）与空调系统是各自独立的，也可将 ECU 与加热器融为一体。汽车厂商为 EV 配备多个加热器元件可以使其制暖能力提高到与燃油汽车相当。但是，为了尽量把动力蓄电池容量留给续驶里程，汽车厂商在设计时对制暖耗电进行了抑制。弱混电动汽车以市区行驶速度（40~60km/h）行驶时，使用制暖时的续驶里程要短于使用制冷时的续驶里程。制暖的电量消耗比制冷的电量消耗更大。弱混电动汽车采用了手动式空调，用户按下"MAX"开关后，温控性能和风量会以最高设定值运行。目前，弱混电动汽车的制冷和制暖系统各自独立。

━━━━━ ◉ 技师指导 ◉ ━━━━━

PTC 加热是目前在电动轿车和部分电动客车中采用最多的加热方法。

🔧 技能点　空调保养和常见维修作业

说明　学生分组后进行更换空调滤清器操作；检查制冷系统制冷剂数量；对系统抽真空，加注制冷剂和冷冻机油，检查制冷系统的出风口温度和风量是否合适。

一、汽车空调系统的维护与保养

1. 空调滤清器

空调滤清器又称花粉滤清器，它的作用是过滤从外界进入车厢内部的空气，提高空气的洁净度。空调滤清器分为普通型空调滤清器和活性炭系列空调滤清器两类。

普通型空调滤清器多为单层结构，起抑制灰尘和颗粒物进入的作用。

活性炭系列空调滤清器由夹有微小的颗粒活性炭做成的活性炭滤布，经深加工制成。活性炭系列空调滤清器能在短时间内利用颗粒活性炭本身的物理吸附特性，吸附空气中的微小和有害物质。

如果发现空调系统有异常，应综合考虑。如空调的鼓风机档位已经开到最大，但是制冷或制热的出风量很小，可能是使用的空调滤清器通风效果差，或是空调滤清器使用时间过长导致堵塞，这种情况应及时更换空调滤清器。如空调工作时吹出的风有异味，可能是空调系统已过久没有使用，内部蒸发器、暖风水箱和空调滤清器因受潮发霉引起，建议清洗空调系统，并更换空调滤清器。

━━━━━ ◉ 技师指导 ◉ ━━━━━

正常灰尘环境下的汽车行驶，空调滤清器的更换里程为 8000~10000km，时间大约为一年，是否更换主要根据环境和空调的使用频率决定，可取下空调滤清器看是否能继续使用。检查空调滤清器时，如果滤清器上仅有灰尘，可使用压缩空气从出侧向进侧反向清洁，气枪与滤清器保持 5cm，并以 500kPa 吹大约 2min。

2. 压缩机的维护与保养

在停用制冷系统后，应每两周起动压缩机工作 5min。这样做有以下好处：

1）将冷冻机油输送到轴封上，防止轴封收缩变形，降低密封作用。

2）压缩机是精密部件，长时间不用，其精密的配合表面会产生"冷焊"现象，增大磨耗。

3）制冷剂和冷冻机油长期放置会发生化学变化，压缩机长期不工作，易在配合表面形成蚀点，破坏零件的光洁度和精度。

4）压缩机要注意检查轴封以及压缩机与进排管的连接部位是否有泄漏。发现冷冻机油泄漏要及时修理，并按规范加注汽车专用冷冻机油，不可多加也不可少加。

5）传动带张力过大，易造成压缩机带轮轴承早期失效。表现为压缩机噪声大，如不及时修理还会造成电磁离合器损坏。检查传动带张紧程度时，正常挠度为 10~15mm。

> ◈ 技师指导 ◈
>
> 普通轿车空调系统，冷冻机油应为 135mL 左右。

3. 汽车空调冷凝器的维护与保养

一定要保证冷凝器有最大的气流量。因此，平时要注意经常清洁冷凝器通道，不要被杂物、油污、泥土和昆虫堵塞，清洗时需注意以下两点：

1）高压水枪近距离直喷或斜喷，易使散热翅片变形，冷凝器完全堵塞，降低散热效果。可稍远距离用低压直射，一旦有散热翅片变形，应用梳子梳整齐。

2）除了清洁冷凝器表面，还需清理发动机散热器的散热翅片，如果散热翅片堵塞严重，会造成发动机冷却液温度过高，同时也极大地影响制冷效果。

> ◈ 技师指导 ◈
>
> 清洗冷凝器时，操作水枪的距离为 2m 左右，水要垂直射向冷凝器表面。检查散热翅片变形情况，一旦有散热翅片变形，应用梳子梳整齐，实车操作时不要将水大量喷到发动机或线束上。

4. 蒸发器的维护与保养

蒸发箱内的蒸发器同冷凝器一样都是换热器，要求保持通风口清洁、排水道畅通、鼓风机运转正常等。

> ◈ 技师指导 ◈
>
> 不拆出冷凝器，直接清洗冷凝器时，可在拆下鼓风机后，从拆掉鼓风机的蒸发箱孔处将水用软管引入，用水清洗蒸发器翅片内的污物，直到排水管中排出的是清水。

5. 汽车空调储液罐的更换

储液罐正常使用两年后要及时交换，因为储液罐内的干燥剂使用两年左右就会失效。如果其过饱和地吸收了水分，干燥包容易爆裂，干燥剂粉末会堵塞管路。每次拆开管路进行修理或清洗时，必须更换新的储液罐。

　　储液罐正常使用两年后要及时交换，由于汽车空调系统制冷剂成本较高，学校可不操作此项目，实际使用中极少发生干燥包爆裂。

6. 汽车空调接头

　　检查各管路接头是否有油污，有油污表明该部位有泄漏，应及时进行维修。汽车空调管路中多采用弹簧锁快速接头，拆卸管接头时必须使用专用工具，共有 3 种规格：1/2in（1in=0.0254m）、5/8in 和 3/4in。

7. 其他注意事项

　　1）汽车必须使用专用制冷剂以及专用冷冻机油。

　　2）空调系统必须使用清洁的、干燥的制冷剂和冷冻机油，系统中有空气、水分及污物都可能对系统的温度和压力产生不良的影响，如降低制冷效果、导致系统部件损坏、管路阻塞等。

　　3）维修时，管路的 O 形圈必须更换，并在装配前涂上冷冻机油。

　　4）拆开管路进行检修后必须更换储液罐。

二、加注制冷剂

　　抽真空时的管路连接如图 6-32 所示，空调检修压力表由低压侧压力表和高压侧压力表组成，三个软管接头中一个接低压工作阀，一个接高压工作阀，最后一个接制冷剂罐或真空泵吸入口，低压手动阀（LO）和高压手动阀（HI）用于控制低压管和高压管是否与压缩机相通。

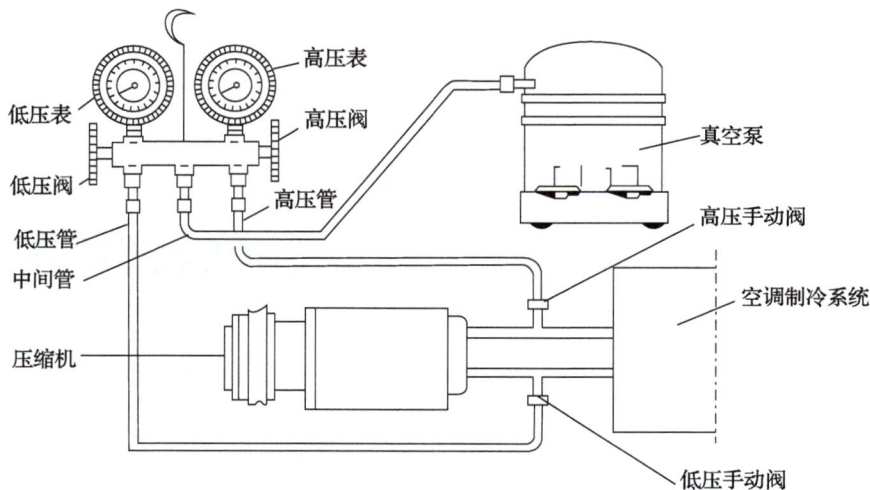

图 6-32　抽真空时的管路连接

🔵 技师指导 🔵

　　高、低压管对外接法不变，变化只是中间管。中间管功能包括向外排放制冷剂、给系统抽真空、给系统打压、给系统加注制冷剂等。图6-32所示的制冷系统抽真空时的管路连接，加注制冷剂时只需把真空泵换成制冷罐。抽真空的时间一般不低于30min，使得歧管压力表低压侧显示为-750mmHg或更高，保证系统内的空气与水汽完全被抽出（压力单位换算：$100kPa=1bar=0.1MPa≈1kgf/cm^2≈760mmHg$）。

　　空调压力表用胶皮软管与汽车空调系统连接，在胶皮软管末端接头上带有顶销，用于顶开压缩机上的气门阀。胶皮软管有多种颜色，按规定"蓝色软管"用于低压侧，"红色软管"用于高压侧，中间管用"黄色软管"对外连接。

　　空调压力表主要用于对空调系统抽真空、充入或放出制冷剂以及判定空调系统故障等。

　　1）低压手动阀开启，高压手动阀关闭，此时可以从低压侧向制冷系统充注气态制冷剂。

　　2）低压手动阀关闭，高压手动阀开启，此时可使系统放空，排出制冷剂，也可以从高压侧向制冷系统充注液态制冷剂。

　　3）两个手动阀均关闭，可用于检测高压侧和低压侧的压力。

　　4）两个手动阀均开启，内部通道全部相通。如果接上真空泵，就可以对系统抽真空。

　　压力表上所标出的压力一般为表压力，为了抽真空时应用方便，压力表上还标有真空刻度。

【完成任务】

　　在教师的指导下，根据原厂修理资料完成一次空调抽真空和加注制冷剂操作。

实践任务
电动汽车空调制冷能力差的故障排除

　　请在本书配套的《实践任务及工作任务单》中完成实践任务6的学习内容。

学习任务单

一、填空题

1. 汽车空调的作用是对汽车车厢内的空气进行_____、_____和_____的调节。
2. 制冷是对车厢内的空气或由外部进入车厢内的新鲜空气_____和_____，使之变得凉爽。
3. 采暖是对车厢内的空气或由外部进入车厢内的新鲜空气加热，达到_____和_____的目的。
4. 通风是将外部的新鲜空气吸入车厢内，达到_____的目的。
5. 人体觉得最舒适的相对湿度在夏季是_____，冬季则是_____。

二、判断题

1. 按照系统的功能不同可分为单一功能式和组合功能式。　　　　　　　（　　）
2. 制冷系统按照驱动方式的不同可分为非独立式和独立式两种。　　　　（　　）
3. 采暖系统按照热量的来源不同也可分为非独立式和独立式两种。　　　（　　）
4. 将控制面板开至外循环，但不起动鼓风机时就是空气压力通风方式。　（　　）
5. 强制通风是将控制面板开至外循环，同时起动鼓风机。　　　　　　　（　　）

三、多选题

1. 一般按照所使用的热源不同可分为（　　　　）。
   A. 发动机冷却系统采暖 　　　　　　　B. 独立热源式采暖系统
   C. 排气管采暖 　　　　　　　　　　　D. 阳光采暖
2. 独立热源式采暖系统有（　　　　）。
   A. 气暖 　　　　　B. 水暖 　　　　　C. 水气暖 　　　　　D. 气水暖
3. 气暖加热器以（　　　　）作为燃料。
   A. 汽油 　　　　　B. 柴油 　　　　　C. 酒精 　　　　　D. 天然气
4. 制冷系统主要由空调压缩机、冷凝器和（　　　　）等组成。
   A. 储液干燥器　　B. 膨胀阀　　　　C. 蒸发器　　　　　D. 控制电路
5. 高、低压管压力相等时，常温静态压力一般为（　　　　）。
   A. 0.3~0.4MPa　　B. 0.5~0.6MPa　　C. 0.6~0.7MPa　　D. 0.7~0.8MPa

能力模块七

中控锁及防盗系统原理认知与检修

情境导入

一辆具有无钥匙进入和起动系统的车辆，无法实现无钥匙进入和起动功能，但有钥匙进入和起动功能操作正常。

如果你是接车的修理技术人员，应如何解决本故障？修理方案应如何制订？

学习目标

能力目标

- 能说出中控锁的作用。
- 能说出防盗器的作用。
- 能说出中控锁和防盗器的联合使用可实现的功能。
- 能说出变码送码防盗的原理。
- 能说出无钥匙进入和起动系统的工作原理。
- 能够解决在中控锁和防盗器联合使用的情况下，机械钥匙开门正常，但无法用遥控器开门的故障。
- 能够提前判别遥控器电池电量不足，并更换相同的遥控器电池。
- 能够解决无钥匙进入和起动系统的无法开门和无法起动发动机的故障。

素养目标

- 能独立上网查找汽车防盗的设计要求。
- 养成遵纪、守法意识。

知识储备

📖 知识点 1　汽车中控锁

一、中控锁的作用

为了使汽车的使用更加方便和安全，现代轿车多数都装备中央控制门锁系统，简称中控门锁或中控锁，装配中控锁后，可实现以下功能（指"不带防盗器"的中控锁）：

1）将驾驶人侧或右前乘员侧车门锁操纵杆（门提钮）按下时，其他几个车门及行李舱门都能自动锁定，如用钥匙锁门，也可同时锁好其他车门和行李舱门。

2）将驾驶人侧或右前乘员侧车门锁操纵杆拉起时，其他车门和行李舱门锁扣都能同时打开，如用钥匙开门也可实现该功能。

3）个别车门需要打开时，可分别拉开各自门锁操纵杆。

> ◖ 技师指导 ◗
>
> 一般中控锁没有遥控功能，车外锁门和开锁只能通过钥匙，车内开锁和锁门只能通过车门操纵杆，这种中控锁多安在两门货车上。

中控锁与电子防盗器组合工作后，中控锁系统的作用是通过遥控器或钥匙对车门及行李舱锁进行集中控制。当驾驶人对左前门（即驾驶人侧前门）进行控制（锁门、开门）时，所有的门锁及行李舱锁能同时实现相同的控制效果。在中控锁系统不工作时，乘员仍可使用各车门的机械弹簧锁来开关车门。

> ◖ 技师指导 ◗
>
> 中、低档轿车中，原车中控锁和后加装防盗器组合后一起作用。中控锁和防盗器组合后，车外有遥控开锁/锁门功能，还有钥匙锁门/开锁功能，这样车外开门有两种方法，车内开锁和锁门通过车门操纵杆或车内遥控开锁/锁门，也有两种方法。若原车中控锁盒有车速信号输入，一般当车速超过10km/h时自动上锁。图7-1所示为机械钥匙和防盗遥控器分体，只要拿其中一个即可开锁/锁门，但起动时还是需要钥匙，看到机械钥匙和防盗遥控器分体就足以说明原车不是变码送码防盗。

图7-1　机械钥匙和防盗遥控器分体

二、中控锁的类型

中控锁的类型如下：

（1）电磁线圈式 电磁线圈式中控锁中，两个位置不同的电磁线圈组成，其中一个线圈通电生磁吸引铁心移动至一个位置，另一个铁心通电生磁吸引铁心移动至另一个位置，这种中控锁已被淘汰。

（2）双压力泵式 双压力泵式中控锁是利用双向空气压力泵产生压力或真空通过门锁执行元件（膜盒）来完成门锁的开关动作，已面临淘汰。

（3）直流电机式 目前使用最广泛的是直流电机式中控锁，它通过改变各个车门门锁电机的旋转方向来实现门锁的动作。

图 7-2 所示为车门锁执行器的内部结构。由于电机转速很高，需要多级齿轮组成的减速机构控制齿条移动。一个小功率电机带动一系列起减速作用的圆柱齿轮，最后一个齿轮驱动齿条，该齿条与执行杆相连。

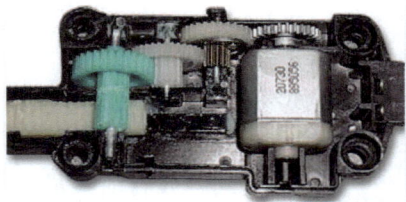

图 7-2 车门锁执行器的内部结构

三、中控锁的直接控制

1. 组成

直接利用开关控制直流电机的正反转来实现门锁的开、关动作称为直接控制式中控锁。主要由电机、继电器、门锁开关及连杆操纵机构组成，直接控制式中控锁的电路图如图 7-3 所示。

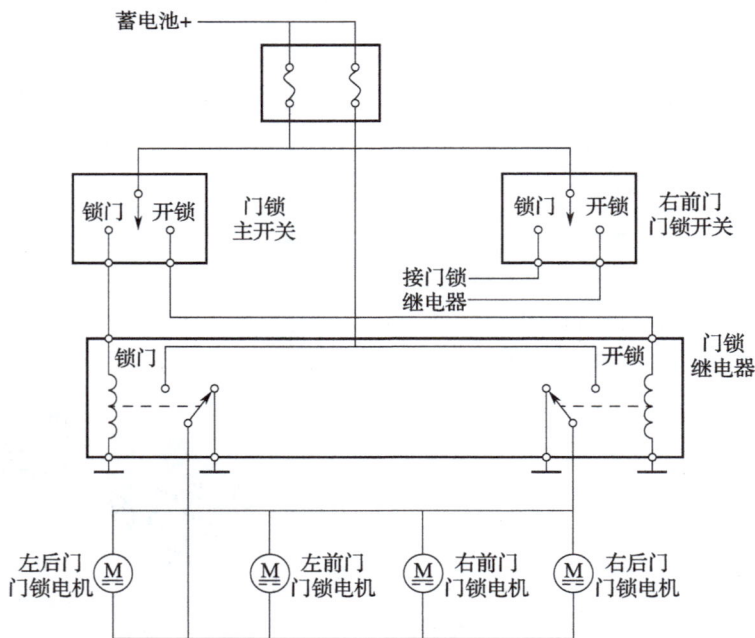

图 7-3 直接控制式中控锁的电路图

2. 工作原理

四个电机的旋转方向由经过电机电枢的极性正负决定。主门锁开关控制锁门继电器和开锁继电器的线圈，控制两个继电器的接负（地）引脚变为接正。这样利用电机的正转或反转，就可完成车门的闭锁和开锁动作。右前车门一般不设计门锁开关，若有的话，也像主开关一样接到开锁/锁门继电器线圈上，相当于两个控制开关并联。

四、中控锁电子控制

门锁机构在工作时会消耗电能，为缩短工作时间，门锁电路装有定时装置。这种装置的工作原理是利用电容器的充放电特性，在超过规定时间后，输送给门锁机构的电流就自行中断，正常锁门或开锁也如此，定时装置可以保护电路和用电器的安全。四门轿车使用电机多，为防止电控门锁开关过载，一般要增装继电器，通过门锁开关控制继电器，再控制电机。

为门锁执行机构提供锁/开脉冲电流的控制装置称为门锁控制器，常用型式有以下3种。

1. 晶体管脉冲电流式

晶体管脉冲电流式门锁控制器内部有两个继电器：一个控制锁门，另一个控制开门。继电器线圈电流由晶体管开关控制，它利用电容器的充放电过程控制通过一定时间的脉冲电流（比如1~2s），使执行机构完成锁门和开锁动作。晶体管脉冲电流式门锁控制器电路如图7-4所示。

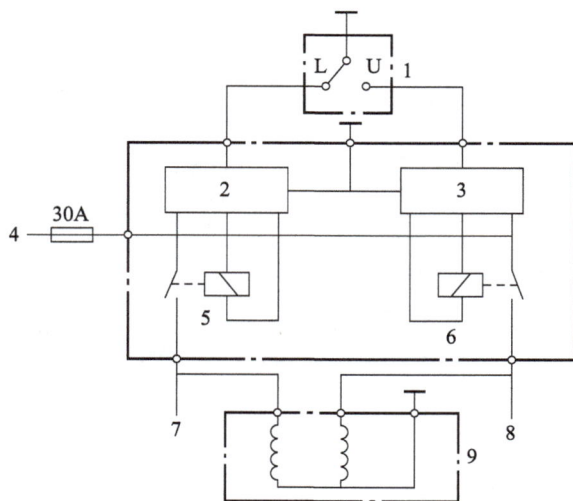

图7-4　晶体管脉冲电流式门锁控制器电路

1—门锁开关　2—锁门控制电路　3—开锁控制电路　4—接电源正极　5—锁门继电器　6—开锁继电器　7、8—接其他车门（锁/开）　9—门锁执行机构（电磁式）　L—LOCK（锁门）　U—UNLOCK（开锁）

2. 电容脉冲电流式

电容脉冲电流式门锁控制器利用电容的充放电特性，平时电容器充足电，工作时把它接入控制电路使电路放电，两电路中之一通电而短时吸合。电容器完全放电后，通过继电器的电容中断而使其触点断开，门锁系统不再工作，其电路如图 7-5 所示。

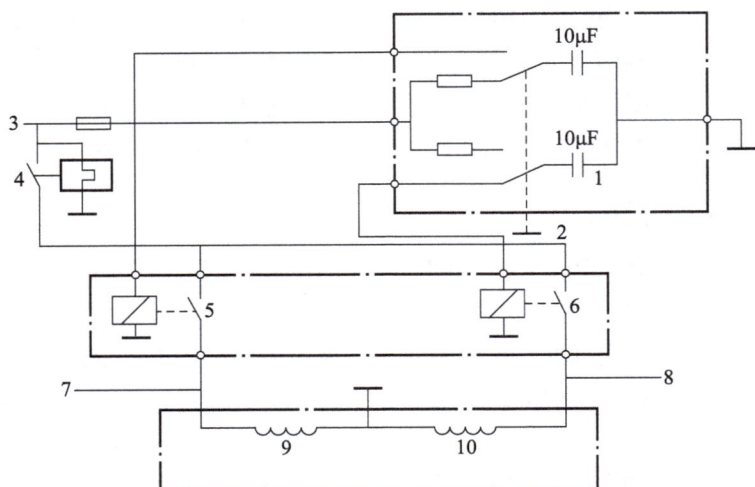

图 7-5　电容脉冲电流式门锁控制器电路

1—电容器　2—门锁开关　3—接电源正极　4—热敏断路器　5—锁门继电器　6—开锁继电器
7—接其他车门（锁）　8—接其他车门（开）　9、10—门锁执行机构（电磁式）

3. 带车速感应的脉冲电流式

在中控锁系统中加载车速限制为 10km/h 的感应开关，当车速在 10km/h 以上时，若车门未上锁，驾驶人无须动手，门锁控制器自动将门上锁。如果个别车门要自行开门或锁门可分别操作，其电路如图 7-6 所示。

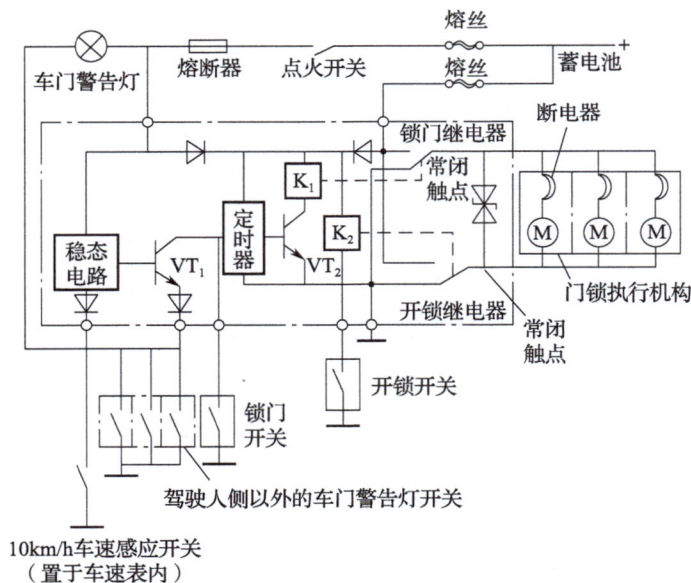

图 7-6　带车速感应的脉冲电流式中控锁系统电路

当点火开关接通时，电流流经警告灯可使 3 个车门的警告灯开关（此时门未锁）搭铁，警告灯亮。若按下锁门开关，定时器使晶体管 VT2 导通，在晶体管 VT2 导通期间，锁定继电器线圈 K1 通电，动合触点闭合，门锁执行机构通正向电流，执行锁门动作。当按下开锁开关，则开锁继电器线圈 K2 通电，动合触点闭合，门锁执行机构通反向电流，执行开门动作。汽车行驶时，若车门未锁，且车速低于 10 km/h 时，置于车速表内的开关闭合，此时稳态电路不向晶体管 VT1 提供基极电流；当行车速度高于 10 km/h 时，车速感应开关断开，此时稳态电路给晶体管 VT1 提供基极电流，VT1 导通，定时器触发端经 VT1 和车门警告开关搭铁，如同按下锁门开关一样，使车门锁定，从而保证行车安全。

📖 知识点 2　铁将军防盗器

一、防盗系统的功用与种类

1. 防盗系统的功用

汽车防盗系统的任务是必须使偷盗者放弃偷盗汽车。理想的防盗装置应能使偷盗者不能开动汽车，使之迷惑不解，汽车并能发出一种警告信号，给偷盗者一种心理上的冲击。警告一般以灯光闪烁与发声警告形式发出，警告发生后持续时间约为 1 min，但发动机起动电路直到车主用车钥匙打开汽车门锁之前始终处于断路状态。

2. 防盗系统的种类

常见的汽车防盗装置有 3 类：机械式防盗装置、电子式防盗装置和网络式防盗装置。

（1）机械式防盗装置　机械式防盗装置是在拔掉钥匙后，用一个锁舌锁住方向盘，现在的车辆基本都有这种功能。转不动钥匙时，可左右转动一下方向盘再转动钥匙。

（2）电子式防盗装置　电子式防盗装置有汽车加装防盗器和原车配装防盗止动器两类。

（3）网络式防盗装置　该类系统利用卫星进行定位跟踪（GPS）。网络式防盗装置主要用于出租车事后寻车，并不能阻止第一现场盗走车辆，只有车主或家人让指挥中心寻车时，才能停止车辆。它在没有盲区的网络下才能工作，更主要的是需要公安部门设立监控中心。发达国家已开始试用，我国还没有正式批量使用。不过，随着智能交通（ITS）和通信技术的发展、成熟，该技术必将广泛应用在汽车领域。

总体来说，汽车加装防盗器和原车配装防盗止动器这两类电子式防盗装置几乎覆盖了全部国产汽车。其中原车配装防盗止动器是目前最安全的防盗方式，因为其他方式都能通过简单的改线或拆除防盗装置起动发动机盗走车辆。防盗止动器的优点就是不能利用汽车发动机的动力行驶。

二、加装防盗器的方式

防盗器应用一般有两种情况，第一种是防盗器单独使用，通过声光警告吓走盗贼，通过有断点火功能（或断起动机起动功能）来阻止汽车起动。原车无中控锁，防盗器又配了四个锁门/开锁螺线管电磁阀，也可遥控开门/锁门；第二种是原车有中控锁，防盗器要和原车中控锁联合使用，实现阻吓功能、断点火功能、遥控开锁/锁门功能。

三、铁将军防盗器的功能

铁将军 G191FAA1 汽车防盗器接线图如图 7-7 所示，各元件功能如下：

1）喇叭用于发出警告，转向灯用于远距离识别是否接收到遥控信号，当遥控锁门和开锁时转向灯应闪烁。

2）振动传感器用于测量外界施加的振动，用于触发声光警告。

3）车门开关要接在左前车门开关上，开门时实现负触发，用于识别车门是否关严，以进行语音提示。

4）行李舱锁电机通过继电器控制，防盗器控制线圈搭铁，可遥控行李舱开锁/闭锁。

5）断电继电器（常闭继电器）可以在设定防盗时，断开起动电路或点火线圈电路。

6）接制动灯开关的目的是车辆行驶的过程中防止误开车门，这个功能一般情况下不用。

7）天线用于接收遥控制发出的信号。

8）LED 灯在进入防盗状态时闪烁。

9）点火开关 KEY ON 在这里作为信号输入，是为了识别汽车钥匙是否在点火开关内。

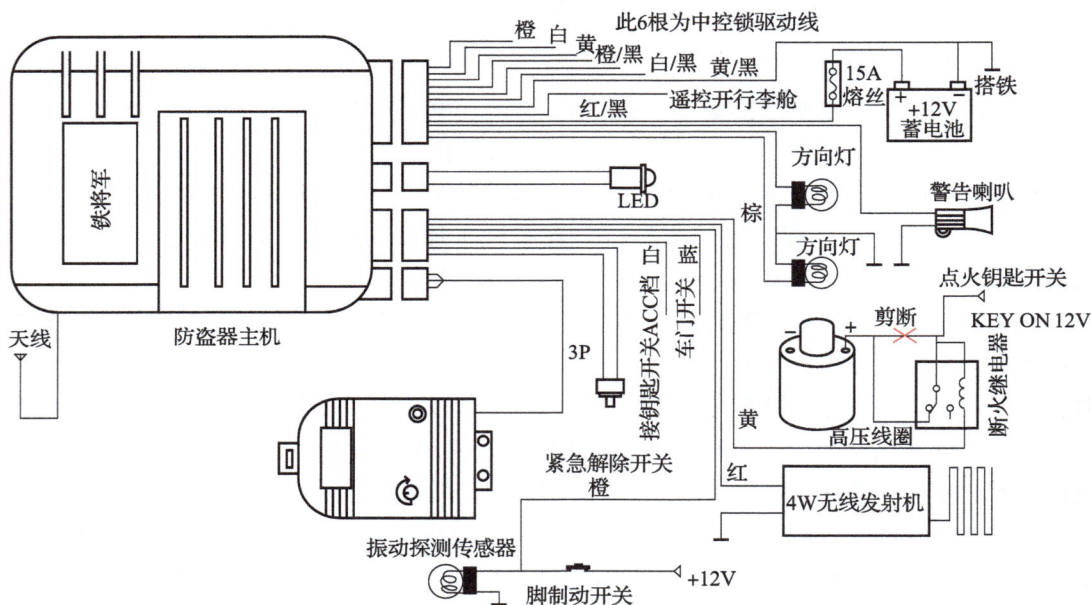

图 7-7 铁将军 G191FAA1 汽车防盗器接线图

【完成任务】

请对照铁将军 G191FAA1 汽车防盗器接线图（图 7-7）和铁将军 G191FAA1 汽车防盗器原理图（图 7-8），找出原理图中的五个继电器（继电器型号 NT37CS10 和 D12-SHS）并说明它们的作用。

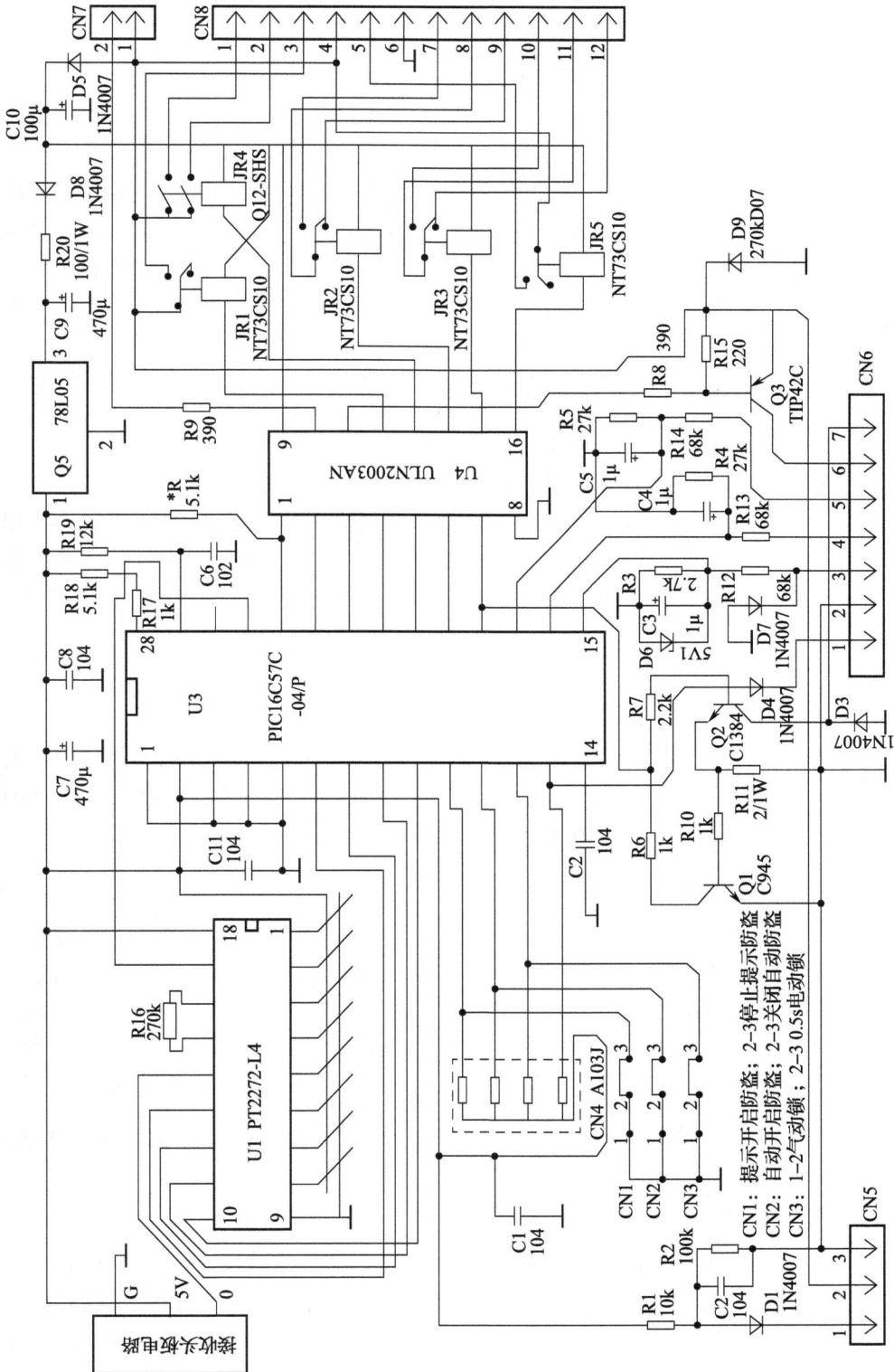

图7-8　铁将军G191FAA1汽车防盗器原理图

> ⚠️ **提示**
>
> 图 7-7 中，靠近 LED 灯的是 JR4 双触点左右转向灯继电器，而原理图 7-8 中 CN7 为 LED 灯。
>
> JR1：_____；JR2：_____；JR3：_____；JR5：_____。

【完成任务】

请对照图 7-7 和图 7-8，写出插接器外接元件 CN5（3 根线，也称 3 针或 3pin）：_____；CN6（7 根线）：_____；CN8（12 根线）：_____；接收头电路（3 根线）：_____；CN8 的第 4 引脚是 _____；CN8 的第 6 引脚是 _____；CN8 的第 5 引脚是_____。JR5 本质是_____脚继电器；JR2 线圈不通电时为 8、9 之间导通，一旦通电时是 8 跟_____之间导通。

JR5 线圈不通电时为 11、12 之间导通，一旦通电时是 11 跟_____之间导通。

● **技师指导** ●

夏利 N3 轿车上配有铁将军防盗器，用遥控器遥控开锁时，转向灯还能闪烁，但就是无法遥控开锁。后用钥匙直接开锁，中控锁能正常开锁和锁门。怀疑继电器 JR2 和 JR5 有故障，一时找不到 NT37CS10 继电器，采用两个 5 脚欧姆龙微型继电器替换了 JR2 和 JR5 后，故障消失，后从未出现故障。由此判断，该车为"一控三式"接法。

四、防盗器遥控中控锁

在中控锁电路中，如果信号线和搭铁（0V）接触后，产生一个开启或关闭门锁的信号，称为负触发信号。如果信号线和火线（12V）接触后产生一个开启或关闭门锁的信号，称为正触发信号，在个别控制中既使用了正触发，也使用了负触发来产生信号。

1. JR3 和 JR2 继电器

不遥控时，JR3/JR2 的内部原理如图 7-9 所示。

1）遥控锁门时，防盗器内的锁门继电器 JR3 通电动作触点开关下移 1~2s 后回位。

2）遥控开锁时，防盗器内的开锁继电器 JR2 通电动作触点开关下移 1~2s 后回位。

所以，实际要依据 JR3、JR2 继电器在遥控器遥控下的动作灵活接入。

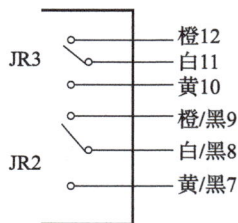

图 7-9　JR3/JR2 的内部原理

JR3
橙12
白11
黄10
JR2
橙/黑9
白/黑8
黄/黑7

2. 防盗器主机对中控锁的输入方式

1）负触发接线。负触发接线如图 7-10 所示，防盗器的关信号（白）和开信号（白/黑）要与中控锁控制单元相接，事先已知中控锁控制单元是采用负触发的。遥控开锁时，开信号（白/黑）与黄/黑搭铁，拉低了中控锁的开信号电位，控制开锁。遥控锁门时，关信号（白）与黄搭铁，拉低了中控锁的关信号电位，控制开锁。

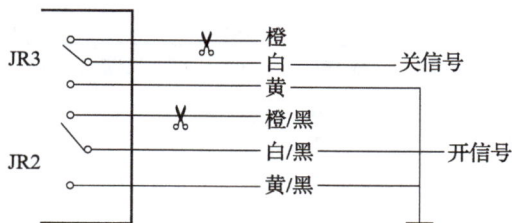

图 7-10　负触发接线

2）正触发接线。正触发接线如图 7-11 所示，防盗器的关信号（白）和开信号（白 / 黑）要与中控锁控制单元相接，事先已知中控锁控制单元是采用正触发的。遥控开锁时，开信号（白 / 黑）与黄 / 黑 12V 相通，拉高了中控锁的开信号电位，控制开锁。遥控锁门时，关信号（白）与黄 12V 相通，拉高了中控锁的关信号电位，控制开锁。

3）正负触发接线。正负触发接线如图 7-12 所示，是不剪线的触发方式，因为开锁或锁门信号只控制一个继电器工作，恰好直接形成了电机的换向电路，这种电路可用防盗器电机直接控制锁门或开锁，而不用中控锁控制单元。

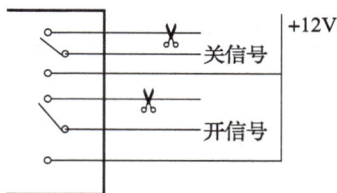

图 7-11　正触发接线

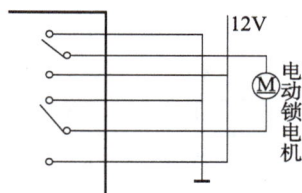

图 7-12　正负触发接线

【完成任务】

根据图 7-8 所示，分析开锁、锁门、静音、开启行李舱电路是如何工作的，按键参考图 7-13 所示的铁将军防盗器遥控器。

遥控制信号从铁将军防盗器的哪个元件输入：

_____

防盗器如何区分不同遥控信号：

_____

图 7-13　铁将军防盗器遥控器

五、原车中控锁单线负触发电路防盗改装

1. 原车中控锁单线负触发电路防盗改装电路图

图 7-14 所示为天津一汽威志轿车原车单线负触发中控锁电路（接地开锁），原车单线负触发是指中控触发线接地电机开锁，断开接地，电机实现上锁。图 7-15 所示为原车中控锁单线负触发电路加装防盗器电路图。

2. 控制过程

1）当防盗器处于未动作状态时，防盗主机内继电器 JR3 和继电器 JR2 处于静态，信

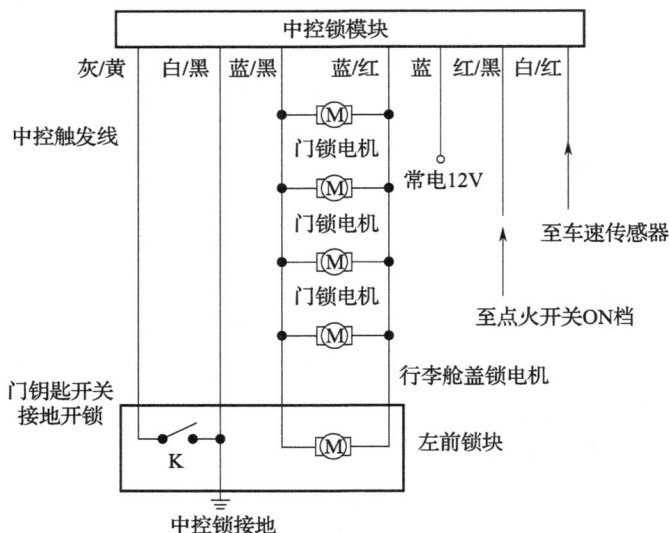

图 7-14　天津一汽威志轿车原车单线负触发中控锁电路（接地开锁）

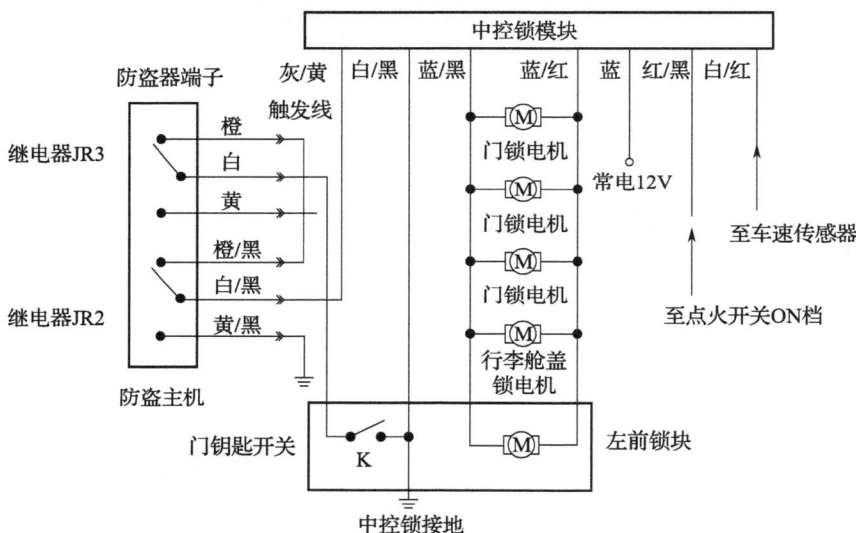

图 7-15　原车中控锁单线负触发电路加装防盗器电路图

号线由防盗主机的白/黑色线→橙/黑色线→橙色线→白色线→驾驶人车门门锁主开关 K，中控系统可以照常工作，车外用钥匙或车内拉动驾驶人门锁提钮都能正常开/锁全车所有门锁。车辆行驶时，车速达到 10km/h 以上时全车门锁均能自动上锁，停车后关闭点火开关，全车门锁均能自动开启。

　　2）当遥控防盗器执行锁门动作时，继电器 JR3 动作（瞬间的，1~2s 恢复），信号线检测到与接地断开信号，全车门锁上锁，驾驶人门锁电机里的开关 K 被电机动作联动断开（在开门状态时 K 是闭合的）并保持，信号线保持与接地断开，全车门锁保持上锁。当遥控防盗器执行开锁动作时，继电器 JR2 动作（瞬间的，1~2s 恢复）信号线检测到接地信号，全车门锁开启，驾驶人门锁电机里的开关 K 闭合（在锁门状态时 K 是断开的）并保持，全车门锁保持开锁。

⚡ **技师指导** ⚡

　　想知道是防盗系统有故障，还是中控锁有故障，可先通过门锁开关 K 控制中控锁是否正常工作来判断。多数中控门锁采用防盗器控制后，由于要通过主门锁块内主电机先动作，促使门锁开关 K 动作后给中控锁控制模块输入信号，所以可能出现主门能摇控锁门，但其他三门却不能锁门的情况，这是由于门锁开关 K 未联动动作造成的，可更换主门锁块排除故障。如果摇控锁门 / 开锁时只有转向灯闪烁，说明无线信号接收无故障，故障多在防盗主机的两个继电器（JR3 和 JR2），一般更换继电器 JR3 和 JR2 可排除。

　　多数防盗器摇控时不能锁门或开锁是由于摇控器电池没电造成的。另外摇控器摇控中控锁锁门或开锁时，出现个别锁有时锁不上或不开锁的情况，多数是门锁机械生锈导致不顺畅造成的，可通过换门锁块、调整或润滑门锁解决。

⚡ **技师指导** ⚡

　　超声波监控防盗和加装防盗器的振动防盗。

　　铁将军防盗器的振动传感器在感应到车辆振动时会进行声光警告，在低档车中应用尚可，但在高档轿车中一般应用超声波监控防盗。

　　奥迪在汽车 B 柱中采用 4 个超声波传感器（左、右侧各两个）以 40 Hz 的频率发射波（人耳无法听见）到车门窗，同时传感器又接收反射回来的波信号，超声波控制单元分析反射回来的信号是否受到车门和门窗振动，如果必要，则触发警告，防盗警告器控制单元使喇叭的声音警告与闪烁转向灯信号交替发出。当驾驶人侧车门打开后，内部监控功能主动中断。内部监控开关装在驾驶人侧 B 柱上，只需按一下该开关，就能中断防盗器的监控功能，防止意外触发警告器。如果 4 个超声波传感器中的某一个传递信号失败，则将中断对该车窗的监控。

📖 知识点 3　发动机防盗止动系统

　　发动机防盗止动系统的设计思想是阻止利用发动机动力盗走车辆，也称防盗止动器。防盗止动器已经发展到第五代，不过核心仍是第二代的变码送码防盗原理。

⚡ **技师指导** ⚡

　　针对新能源汽车中的纯电动汽车，防盗止动器可阻止利用电机动力盗走车辆。电机止动的原理与发动机止动原理相同，只不过被止动的控制单元不同，发动机止动是防盗系统对发动机控制单元进行控制，电机止动是防盗系统对电机控制单元进行控制。

一、防盗止动（IMMO）系统的发展

　　IMMO 系统（Immobilizer System）的方案经过几代改进，已经成为汽车上广泛应用

的防盗技术。

第一代 IMMO 方案（Fix Code），只是在钥匙插进锁孔后，发送一个特定的密码，验证通过即可点火起动，典型的应答器是 PCF7930。

第二代 IMMO 方案（Read-Write），例如使用应答器 PCF7931，且每次发送的密码都不同，同时基站发送密码保护信息。

第三代 IMMO 方案，例如使用应答器 PCF7935，由基站首先发送一串随机数，应答器再回应经过加密的代码，经过验证后才可起动发动机。

第四代 IMMO 方案，例如使用应答器 PCF7936，基站不仅发送随机数，同时发送加密信息，通过认证后，应答器才发送加密的应答信号，用于起动。这是目前主要的 IMMO 应用方式。

第五代 IMMO 方案，例如使用应答器 PCF7939，采用 AES128 的加密算法传输数据，密钥长度为 128 位的高级加密标准（Advanced Encryption Standard）。

二、第二代防盗系统的组成

大众汽车采用的第一代防盗系统为固定码防盗，1998 年以后，在中、高档汽车原车上采用了变码送码防盗系统，称为第二代防盗系统。

该系统的组成包括：防盗器控制单元、点火开关上的读写线圈（天线）、点火钥匙（内置送码器）、发动机控制单元，如图 7-16、图 7-17 所示。

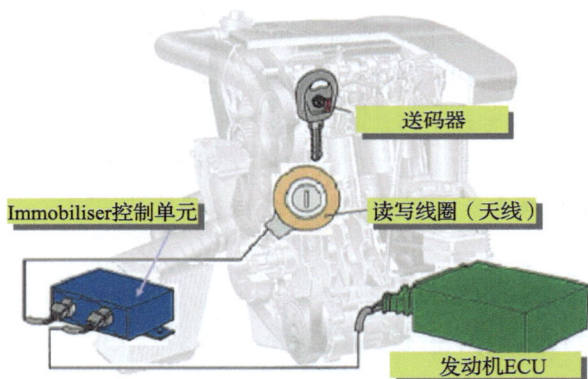

图 7-16　第二代防盗系统组成（有单独的 Immobiliser 控制单元）

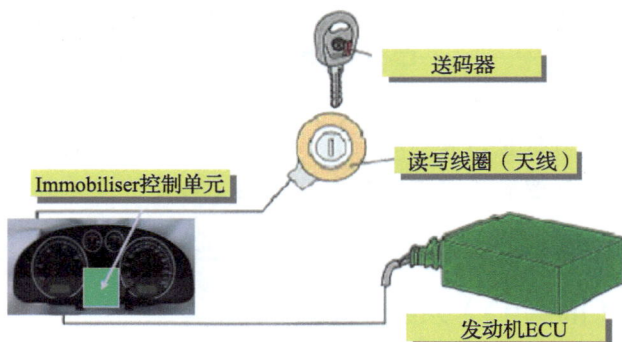

图 7-17　第二代防盗系统组成（Immobiliser 控制单元在仪表内）

越来越多的汽车厂家将中控锁遥控和电子防盗钥匙系统集成在一把钥匙上，这样的钥匙有机械开锁/锁门、中控锁遥控开锁/锁门和防盗识别，如图 7-18 所示。中控门锁模块采用了电子控制并且与其他控制单元有通信功能和自诊断功能，可用检测仪进行通信协助检查故障。

图 7-18　中控锁遥控和电子防盗功能集成在一把钥匙上

三、第二代防盗系统的工作原理

图 7-19 所示为第二代防盗系统的工作原理。

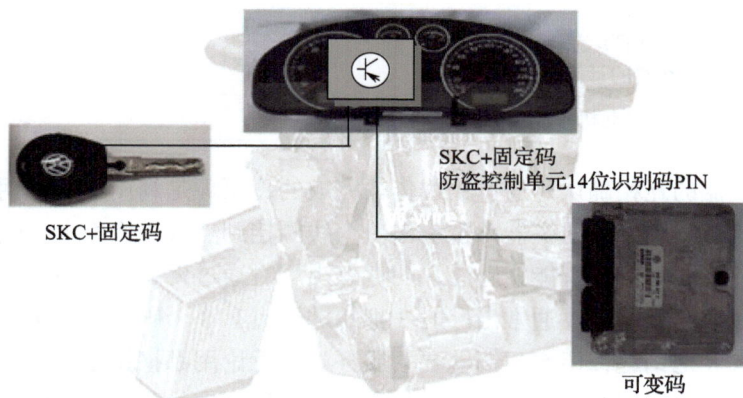

SKC+固定码

SKC+固定码
防盗控制单元14位识别码PIN

可变码

图 7-19　第二代防盗系统的工作原理

1. 固定码的传输

点火开关打开，防盗止动器 ECU 通过改变天线磁场能量，向送码器传输数据提出质询，然后，钥匙传输回固定码（首次匹配中这个固定码储存在防盗止动器中），传输的固定码与储存的固定码在防盗止动器中进行比较，如果相同则开始传输可变码。

2. 可变码的传输

防盗止动器随机产生一可变码，这个码是钥匙和防盗止动器用于计算的基础。在钥匙内和防盗止动器内有一套公式列表（密码术公式）和一个相同且不可改写的 SKC（公式指示器），在钥匙和防盗止动器中分别计算结果。钥匙发送结果给防盗止动器，防盗止动器把这个结果和自己的计算结果进行比较，如果相同，钥匙确认完成。

发动机控制单元随机产生一变码并传输给防盗止动器，防盗止动器把这个码和存储的码进行比较，如果相同，发动机被允许起动。发动机控制单元每次起动后按照随机选定原则产生一密码（变化的码），并把这个码储存在发动机控制单元和防盗止动器中，用于下次发动机起动时计算（大众车系由 w 线传输）。第二代防盗系统的密码传输过程见表 7-1。

表 7-1　第二代防盗系统的密码传输过程

步骤	防盗器控制单元	传送	钥匙的发射机应答器
			第 1 阶段
1	打开点火开关		
2			能量
			固定密码
3	如固定密码正确则给予准许指令		
以上过程属于普通的固定密码发射机应答器			第 2 阶段
4	产生变换式密码	变换式密码	
5	按固定的公式进行计算		按固定的公式进行计算
6	控制单元的计算结果	钥匙发射应答器的计算结果	
7	如果 控制单元的计算结果 = 钥匙 发射应答器的计算结果		
控制单元准许点火指令（发动机控制单元）			

钥匙和防盗器的互相确认是通过无线传输完成的，原理是利用在机械钥匙内装置智能芯片，芯片上接有线圈，在防盗器内也引出一个线圈接到点火锁底座上，这个线圈用于和钥匙内的线圈间互相通信。智能钥匙芯片内存有出厂时通过无线信号写入的码，防盗器控制单元内也有 8 个码存储器，通常出厂时 3 把钥匙要占有 8 个码存储器中 3 个存储器，实际上最多可配有 8 把钥匙，但想配钥匙要去服务站。无论用哪把钥匙插入点火锁，两者通信后钥匙码都会被防盗器获知，这个码只要在 8 个存储器中找到一个相同的即可确定钥匙与原车匹配。若钥匙码不在 8 个之中，防盗器确认钥匙与原车不匹配，可向发动机控制单元传输停止发动机工作的信号。

防盗器控制单元确认钥匙单元后，发动机控制单元和防盗器控制单元之间互相确认，确认是通过防盗器和发动机控制单元之间的一根信号线。发动机控制单元和防盗器控制单元在出厂时内写入了相同的密码公式，防盗器控单元生成一个随机数，随机数经在防盗器控制单元的密码公式计算可得一个结果。同时防盗器控制单元也把这个随机数通过信号线传输给发动机控制单元，在发动机控制单元内经相同的密码公式计算得一结果，这个结果返回给防盗器控制单元，正常情况下，两者相同，这样防盗器控制单元就确认发动机控制单元是原车的，防盗器继续让发动机工作。若防盗器和发动机控制单元之间密码公式不同，则发动机控制单元返回防盗器控制单元的计算结果不相同，防盗器可向发动机控制单元传输停止发动机工作的信号，发动机停止工作。

变码送码过程：正常情况下，防盗器控制单元确认钥匙单元后，防盗器控制单元确认发动机控制单元后，防盗器再产生一个随机数存入 8 个存储器中存这把钥匙码的存储单元，同时通过无线传输把这个随机数写入钥匙芯片。

⟞ 技师指导 ⟝

对于要增加一把钥匙的情况，车主只要提供合法手续，服务站人员在新钥匙上做出与旧钥匙相同的凹槽，再通过操作诊断仪向防盗器发出指令增加钥匙，防盗器单元将新随机数传输到新钥匙芯片，同时防盗器单元8个存储器中增加一个钥匙数量。

对于丢钥匙的情况，要先更换门锁芯和点火锁芯，两锁芯的弹子锁是相同的。然后再通过诊断仪删除8个存储器的数据，这样原来的钥匙全部作废。最后通过诊断仪配出相应数量的智能钥匙。

📖 知识点4　无钥匙进入及起动系统

无钥匙进入系统自2003年问世，由于兼容发动机防盗的安全性和开门、起动无须按键的方便性，受到了广大驾驶人的青睐。

无钥匙进入和起动（Passive Entry Passive Start，PEPS）系统是在遥控门禁系统（Remote Keyless Entry，RKE）的基础上发展起来的。它集成了RKE和发动机防盗止动系统的功能，并在此基础上拓展了无钥匙进入、无钥匙起动和无钥匙上锁等功能。

一、无钥匙进入和起动系统的功能

1. 无钥匙进入功能

用户携带智能钥匙来到车辆附近，无须对智能钥匙进行任何操作，只要拉动车门把手就可以解锁相应车门。

2. 无钥匙起动功能

用户携带智能钥匙进入车内后，无须对智能钥匙进行任何操作，只要按下或者旋转起动按钮就可以起动汽车。当智能钥匙电量不足时，可以将它放到指定位置，再通过按下或者旋转起动按钮完成起动汽车的操作。

3. 无钥匙上锁功能

用户携带智能钥匙离开车辆，若车辆处于解锁状态，只要按下车门把手处的请求开关，车辆即进入闭锁状态。

二、钥匙进入和启动系统工作原理

PEPS系统主要由PEPS控制器和智能钥匙两部分组成，其结构如图7-20所示。PEPS控制器在各个车门和行李舱门处外接了唤醒开关，当用户的开门动作触发了这些开关时，PEPS控制器即刻被唤醒，根据触发开关的位置，驱动相应位置的低频天线向智能钥匙发送认证信息进行加密认证以及位置识别。如果认证通过并且判定智能钥匙在有效区域内，PEPS控制器会通过CAN总线向车身控制器（Body Control Module，BCM）发送指令解锁车门或行李舱门。

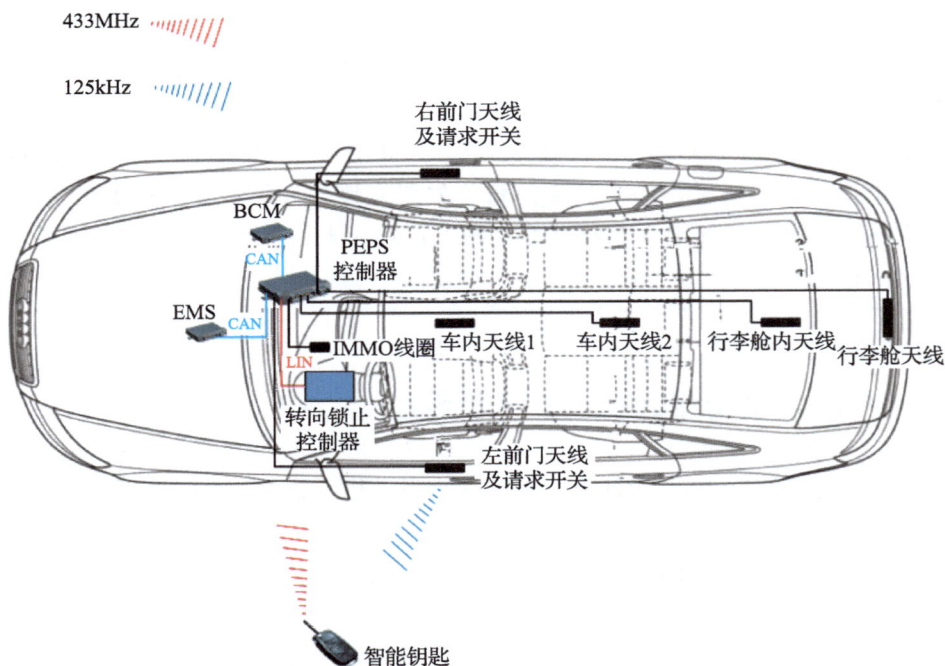

图 7-20　PEPS 系统的结构

目前市面上的 PEPS 系统包括两种起动方式，分别是一键式起动和旋钮式起动。两种方式的区别在于旋钮式起动是通过旋钮开关机械地控制 15 电、50 电、75 电和 86S 等电信号的通断，而一键式起动则需要由 PEPS 控制器根据起动按钮的开关位置和档位信息，通过控制外部继电器来控制以上电信号的通断。当使用一键式起动时，用户携带智能钥匙进入车内，按下起动按钮，PEPS 控制器被唤醒，驱动车内低频天线向智能钥匙发送认证信息进行加密认证以及位置识别，如果认证通过并且判定智能钥匙在有效区域内，PEPS 控制器会通过 CAN 总线与发动机管理系统（Engine Management System，EMS）进行身份认证。认证通过后 EMS 根据 PEPS 系统发送的指令起动汽车。当使用旋钮式起动时，PEPS 控制器通过按下起动旋钮被唤醒，进行与一键式起动相似的认证过程，认证通过后 PEPS 控制器会通过 LIN 总线向转向锁止控制器发送指令解锁起动旋钮，并根据旋钮位置完成相应的起动汽车的操作。当智能钥匙电池耗尽或者有意外干扰导致系统无法正常工作时，将智能钥匙置于特定位置（特定位置指 IMMO 线圈所处位置），智能钥匙可以使用内部集成的无源转发器（Transponder）与 IMMO 基站进行双向通信以及身份认证，以此来起动汽车。

三、使用方法

不管使用什么品牌汽车的无钥匙进入系统，方法都基本一致：首先携带汽车钥匙在身上，在开门的时候不需要把钥匙掏出来，车钥匙靠近汽车时会自动和汽车的解码器匹配，然后按下汽车门把上的解锁按钮即可解锁（有些汽车可能是拉一下门把手解锁），最后直接开门即可上车。

同样，在下车需要上锁时，只要随身携带汽车钥匙，那么只需要按一下门把手上的开关按钮，就可以将车上锁，非常方便。同时，只要携带了匹配的汽车钥匙，也可以直接打开行李舱，有些车甚至在不解锁整车的情况下也能解锁行李舱，关上行李舱车辆又自动完成整车锁定状态。一般这种钥匙也带有遥控功能，可在几十米距离内遥控解锁 / 锁车或解锁行李舱。遥控钥匙使用的是纽扣电池，要注意及时更换电池。

1. 无钥匙进入功能

1）当钥匙靠近车辆时，车门自动开锁并解除防盗警戒状态，同时转向灯闪烁 2 次；当钥匙远离车辆时，车门自动上锁并进入防盗警戒状态，此时转向灯闪烁 1 次，喇叭响一短声。

2）驾驶人侧车门的有效检测距离不小于 1.5m。

2. 自动升窗与设防功能

1）当钥匙离开车辆 3~5m 时，车门自动上锁并进入防盗警戒状态，此时转向灯闪烁 1 次，喇叭响一短声。

2）车窗会自动升起（此功能视品牌、车型规格而定）。

3. 无线遥控功能

1）遥控上锁。按此按键，车门上锁，转向灯闪烁 1 次，同时喇叭响一声，汽车进入防盗警戒状态。

2）遥控开锁。按此按键，车门开锁，转向灯闪烁 2 次，同时解除防盗警戒状态。

3）寻车功能。按此按键，电子喇叭响 8 声，转向灯闪烁 8 次；若主机检测到钥匙或接收到开门信号，则自动终止寻车功能（此功能视品牌、车型规格而定）。

4）无线遥控距离不小于 20m。

4. 防盗警戒功能

1）在防盗警戒状态下，有边门触发或 ACC 信号触发，则系统开始警告，此时，电子喇叭鸣叫 30s，转向灯闪烁 3min。

2）一旦防盗警告被触发，则系统必须切断起动电路和油路，只有防盗警告被解除后方可恢复。

3）若在防盗警戒开启后发现车门未正确关好，则系统发出警告信号：电子喇叭鸣叫 8 次，同时转向灯闪烁 8 次；5s 后若仍未关好门则自动断开油路和起动电路。

5. 其他功能

1）遥控器低电量提示。当遥控器电池电量过低时，在无钥匙或遥控开锁 / 锁门时喇叭鸣叫 4 短声。

2）在线诊断。可在线检测系统故障、在线升级系统设置。

3）省电模式。系统采用自动唤醒方式控制，遥控进入汽车天线辐射领域时自动唤醒遥控，当离开时，遥控进入睡眠状态，可自动进入省电模式。

四、低频天线的定位

天线和钥匙的信号传递如图 7-21 所示。定位钥匙位置的低频发射天线的低频频率通常为 125kHz。低频发射天线通常为矩形截面的绕线天线。钥匙内的低频接收天线为 X、Y、Z 三维绕线线圈，当钥匙的 X、Y、Z 低频接收线圈进入感应场，钥匙低频接收天线产生电磁感应。当接收天线进入由发射天线形成的交变磁场中时，产生感应电动势，这个感应电动势的大小因距离远近而不同，近则电动势（感应电压）大，远则电动势小。钥匙内 X、Y、Z 三维绕线线圈天线根据距离车的远近接收的三维电动势的大小确定了距车的距离和方位。

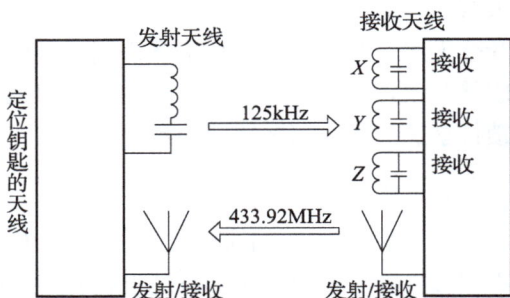

图 7-21　天线和钥匙的信号传递

低频天线不是一直发送低频信号，而是以一定时间间隔发低频信号，否则蓄电池的电量会降低。系统一般设计为天线会持续搜寻钥匙 3 天左右，之后系统关闭。另外，在车辆起动后，车内天线一般不会搜寻钥匙。

◆ 技师指导 ◆

有的公司设计了车辆起动后也搜寻钥匙的功能而引发了一些问题。这样设计即使车辆起动后也搜寻钥匙，其实没有必要，而且钥匙电池寿命会缩短。最重要的是会出现问题，比如搜不到钥匙导致经常警告，或者钥匙和手机放一起时，由于低频干扰严重导致搜寻不到钥匙。

◆ 技师指导 ◆

行车过程中钥匙扔出去会怎么样？继续行驶即可。极少数的主机厂的系统会警告，大部分主机厂连车辆警告也不会有，因为一般的系统设计为只有开关门才能触发搜寻钥匙，车辆绝对不会因此熄火。

五、无钥匙进入系统原理

车辆装配有 5~6 根低频天线（其实就是线圈绕组，核心是铁氧体或者其他类似的磁导率大的物质，可以等效于一个电感），一般是左右门上各一根，车内两根，行李舱一根，后保险杠一根。首先使用低频交变电压去驱动由天线及电容组成的谐振电路（一般 125kHz 居多，也有厂商使用 134kHz），使用低频的原因是低频谐振电路形成磁场而非电场（即磁场占主导地位），而且其磁场范围容易控制，这一点非常重要。通过调整驱动电压的大小来确定覆盖范围，换句话说就是以天线为圆心的一个球体磁场。

通过一定的设置来划分出不同的区域。比如车内的天线覆盖的区域用于一键起动；行李舱区域天线覆盖的区域用于行李舱检测；后保险杠天线覆盖的区域用于行李舱开启探测；两边门把手天线覆盖的区域用于解锁两边门。

当用户携带合法钥匙触发相应的功能后（比如门把手上的按钮或者门把手内侧的电容传感器或者车内的一键起动按钮或者行李舱的开启按钮等触发设备），相应的天线便开始被驱动来搜索其覆盖范围内是否有合法钥匙存在，当钥匙收到低频触发命令后，通过射频返回给车辆 ECU 认证信息，ECU 对认证信息进行解码解密，密码正确后执行相应的功能。

六、无钥匙进入系统系统应用变化

随着技术的进步，系统的应用也是变化的。

车辆可以设计成（外部）天线一直发送低频信号，就是当用户离开车，关上门之后就触发搜索，当系统发现钥匙离开了系统之前设定的一个区域后，车辆自动上锁。同理，用户回来的时候，当系统发现钥匙进入系统预先设定的一个区域后，车辆自动解锁。

例如：当钥匙在远离车辆之后接近车辆时，首先进入距离车较远的区域时，自动触发迎宾灯功能，车辆迎宾灯开启，电动座椅、电动方向盘自动移位。继续走近车辆，进入较近的区域时，车辆自动解锁。反之，离开车辆时，走出较近区域，车辆自动上锁，继续离开车辆，走到较远的区域，迎宾灯自动关闭。

七、无钥匙进入的优、缺点

无钥匙进入最大的好处是不用拿在手上，只需放在口袋里或者包里，不用每次找钥匙。其次，电子钥匙加密系统无法复制，采用第四代的射频识别技术（RFID）芯片，没有合法单据官方不会配制钥匙。再次，整车防盗，即使把整辆车拖走也没有用，可通过对电路、油路、起动三点锁定，当防盗器被非法拆除，车辆照样无法起动。某些高端车型锁车后自动关闭车窗，当车主下车后，如果忘记关闭车窗，无须重新起动发动机逐个关闭车窗，车辆安全系统会自动升起车窗，大大地提高了汽车的安全防范水平。

无钥匙进入也有缺点，比如忘了拿放钥匙的包，走到车边也无法开锁。开车途中，如果将车钥匙放在其他人包中或口袋中，下车后必须把钥匙拿回来才可以熄火。另外，无钥匙进入也会导致驾驶人忘记是否已锁车。

● 技师指导 ●

无钥匙起动系统作为一种先进的车辆起动方式，为广大车主提供了便捷的同时也为部分粗心的车主带来了隐患。例如，车主大意将车钥匙落在车内，下车后又没检查车门是否上锁，让窃贼有机可乘。当然，传统的防盗钥匙也有这样的缺点。

所以，如果车辆安装了无钥匙起动系统，下车时务必要随身带着钥匙，下车后也要确认车门已上锁。

实践任务
防盗未通过的故障解决

请在本书配套的《实践任务及工作任务单》中完成实践任务 7 的学习内容。

学习任务单

一、填空题

1. 一般当车速超过_____km/h 时中控锁会自动上锁。
2. 电子式防盗装置有_____和_____两类。
3. 网络式防盗装置利用_____跟踪。
4. 防盗止动系统的设计思想是阻止利用发动机动力盗走车辆，称为_____。
5. 防盗止动器已经发展到第五代，不过核心仍是第二代的_____防盗原理。

二、判断题

1. 中、低档轿车一般将原车中控锁和后加装防盗器组合在一起使用。　　　　（　　　）
2. 中控锁和防盗器组合后，车外有遥控开锁 / 锁门功能。　　　　　　　　（　　　）
3. 直接利用开关控制直流电机的正反转来实现车门锁的开、关动作称为直接控制型。
　　　　　　　　　　　　　　　　　　　　　　　　　　　　　　　　（　　　）
4. 机械式防盗装置是在拔掉钥匙后，用一个锁舌锁住方向盘。　　　　　　（　　　）
5. 加装防盗器时，振动传感器用于测量外界施加的振动，用于触发声光警告。（　　　）

三、单选或多选题

1. 中控锁的类型有（　　　）。
   A. 电磁线圈式　　B. 单压力泵式　　　C. 双压力泵式　　　D. 直流电机式
2. 常见的汽车防盗装置分类有（　　　）。
   A. 机械式　　　　B. 电子式　　　　　C. 网络式　　　　　D. 云式
3. 无钥匙进入和起动（Passive Entry Passive Start，PEPS）系统是在遥控门禁系统（　　　）技术的基础上发展起来的新一代防盗技术。
   A. RKE　　　　　B. EKE　　　　　　C. EKR　　　　　　D. REK
4. PEPS 系统主要由（　　　）组成。
   A. 智能钥匙　　　B. PEPS 控制器　　C. BCM　　　　　　D. VCU
5. 防盗止动器 ECU 形式有（　　　）。
   A. 独立的防盗止动器　　　　　　B. 防盗止动器芯片装于仪表中
   C. 防盗止动器芯片装于 BCM 中　　D. 防盗止动器芯片装于舒适控制单元中

能力模块八
车窗及后视镜控制
原理认知与检修

情境导入

一辆轿车的电动车窗升到顶部时会发出"更更"声，且有的玻璃升不到最高点，总有一条小缝。

如果你是接车的修理技术人员，应如何解决本故障？修理方案应如何制订？

学习目标

能力目标

- 能说出车窗升降的电路原理。
- 能说出后视镜的电路原理。
- 能说出后视镜防眩目的原理。
- 能够在更换电动车窗玻璃后，判别轨道阻力是否正常以及玻璃是否有从轨道脱出的可能。
- 能够检查电动车窗电路，并设定单触功能。
- 能够检查天窗电路工作是否正常。

素养目标

- 养成在更换电动车窗玻璃后，及时判别各项参数是否正常的习惯。
- 小组团队合作，沟通与表达。

知识储备

📖 知识点 1　车窗简介

一、作用和分类

电动车窗采用直流电机对车窗玻璃进行升、降控制。目前电动车窗的玻璃升降机构有绳式和齿条式两种。图 8-1 所示为绳式玻璃升降机构和齿条式玻璃升降机构。

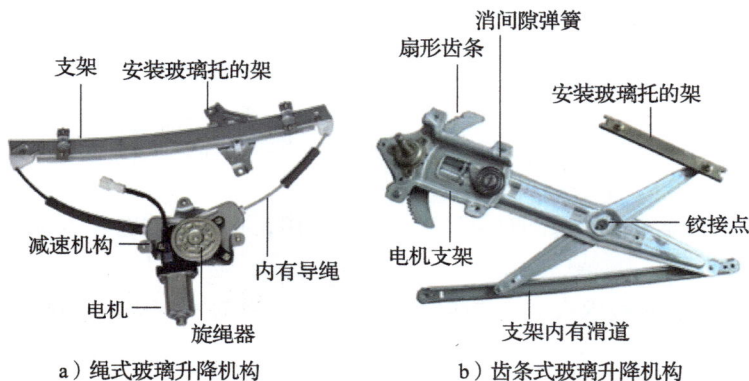

a）绳式玻璃升降机构　　　　b）齿条式玻璃升降机构

图 8-1　绳式玻璃升降机构和齿条式玻璃升降机构

二、升降机结构

绳式玻璃升降机构的电机经蜗轮蜗杆减速机构带动旋绳器转子转动，拉动导绳在空心管中移动，支架竖立固定在车门内部，玻璃固定在玻璃托架上，将玻璃托架安装到安装玻璃托的架上。

齿条式玻璃升降机构的电机经蜗轮蜗杆减速机构带动一个齿轮转动，推动齿扇上下移动，由于支架固定在车门内部，支架调节好位置后固定不动，玻璃固定在玻璃托架上，将玻璃托架再装在安装玻璃托架的架上，为了消除齿条和齿轮工作的噪声，采用了消除间隙的弹簧，这个弹簧还可以减轻上升时电机的电流。显然扇形齿条的上下运动使"X形"的左下点在滑道上移动，带动安装玻璃托架的架上下运动。

◖► 技师指导 ◄◗

更换电动玻璃升降器是修理中的一个主要作业项目，其过程需要两人合作，以保证拆装过程中玻璃车窗不会损坏。升降器损坏的主要原因是调节不正确，导致玻璃窗在轨道运行时阻力过大，车门框变形以及垂直导槽中进入雨水等都会增加运行阻力使齿条式玻璃升降器的齿条磨损，严重时在上升扇形齿条的末端扇形齿会出现缺失，导致无法啮合，并产生"更更"的噪声。安装玻璃升降器后，有的车型需要在支架的滑道内使用滑润脂润滑。

三、电动车窗分类

汽车电动车窗从控制角度上可分为三类：直接控制型、微控制器控制型和网络微控制器控制型。

1. 直接控制型

第一种直接控制型是采用开关直接控制电机换向，电机电流流过控制开关。第二种直接控制型为开关控制继电器，电机电流流过继电器开关。

在第一种直接控制型中，电机电流流过开关，损坏率增加，同时开关裸露在空气中，易受灰尘影响。整体来看，可靠性尚可，成本也最低。目前，很多日系低档和中档车仍采用开关直接控制。

第二种直接控制型在加装继电器后，导致电器线路太多，但电流不经开关，可靠性增加。

2. 微控制器控制型

驾驶人位置的开关作为开关输入给车窗的控制单元，由车窗控制单元通过内置的电子开关控制内置在控制单元内部的几个微型继电器的线圈通电或断电，这几个微型继电器触点闭合或断开来控制电机的电源，从而控制电机的电流方向，一个电机电流换向需要两个继电器，故 4 个车窗需要 8 个微型继电器。

由于采用微控制技术后，系统能进行自诊断，所以在修理时，可以用诊断设备来检查系统的故障。

3. 网络微控制器控制型

电动车窗控制开关由一个微控制器组成，通过网络向各个车门的玻璃升降控制器发送信号，玻璃升降控制器根据网络上的控制信号分析控制哪个车门的玻璃动作。防夹和点触也变得更简单。采用网络微控制技术后，进一步增加了系统的可靠性。

四、直接控制电动车窗

不同汽车所采用的电动车窗的控制电路不同，按电机是否直接搭铁可分为电机不搭铁和电机搭铁两种控制方式。

◐ **技师指导** ◑

按电路的具体元件可分为有供电继电器型、有延时继电器型、有限流断电器型等，这些说法是修理人员为了识别电路简化的一种说法。其他分类法比如有点触功能型和防夹功能等，是不太入流的分法，但实际工作中很管用，主要是为了交流理解。

电机不搭铁的控制电路是指电机定子线圈不直接搭铁，其搭铁受开关控制，通过开关改变电机的电流方向来改变电机的转向，从而实现车窗的升降。电机不搭铁的电动车窗控制电路如图 8-2 所示。

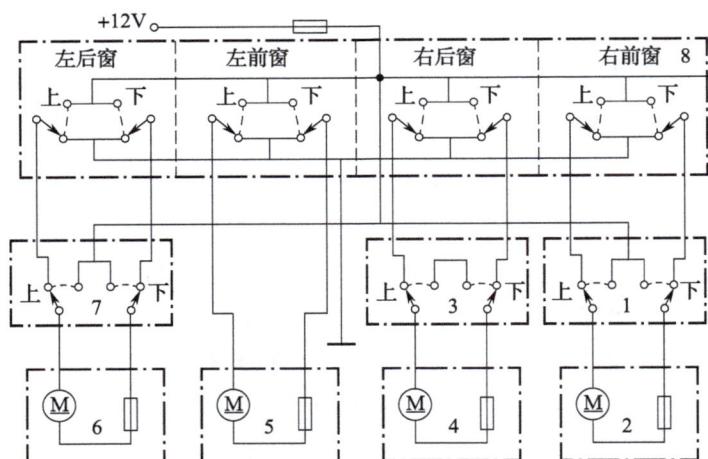

图 8-2　电机不搭铁的电动车窗控制电路

1—右前车窗开关　2—右前车窗电机　3—右后车窗开关　4—右后车窗电机　5—左前车窗电机
6—左后车窗电机　7—左前车窗开关　8—驾驶人主控开关组件

1. 电机不搭铁的控制电路

采用电机不搭铁的控制方式，由于开关既控制电机的电源线，又控制电机的搭铁线，所以开关结构和线路比较复杂。但电机结构简单，应用比较广泛。

图 8-3 所示为主控开关控制右前车窗下降。图 8-4 所示为独立操作开关控制右前车窗下降。驾驶人和乘客分别操作，控制右前车窗下降时的电流方向。驾驶人操作主控开关中的右前车窗开关，使其在"下"的位置时，右前车窗电机的一端通过主控开关与搭铁断开后接电源而通电转动，使右前车窗向下运动，电流方向如图 8-3 所示箭头。乘客操作右前

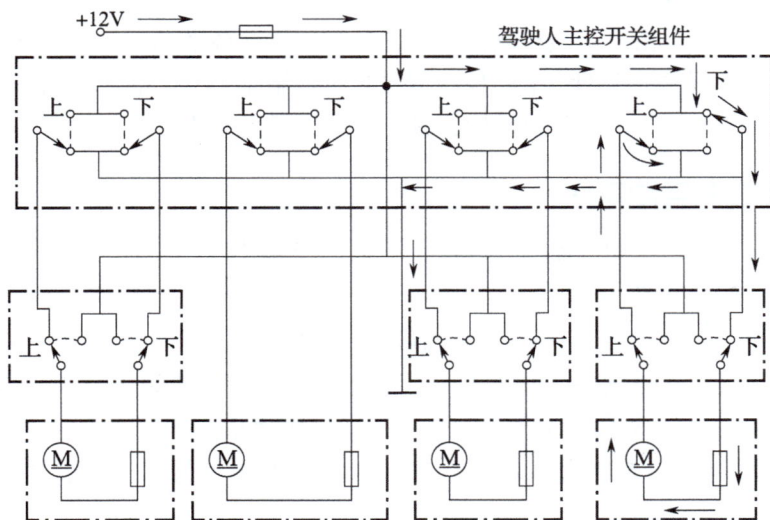

图 8-3　主控开关控制右前车窗下降

车窗的独立操作开关，使其在"下"的位置时，右前车窗电机的一端通过独立操作开关与搭铁断开，与电源供电接通，使右前车窗向下运动，电流方向如图 8-4 所示箭头。

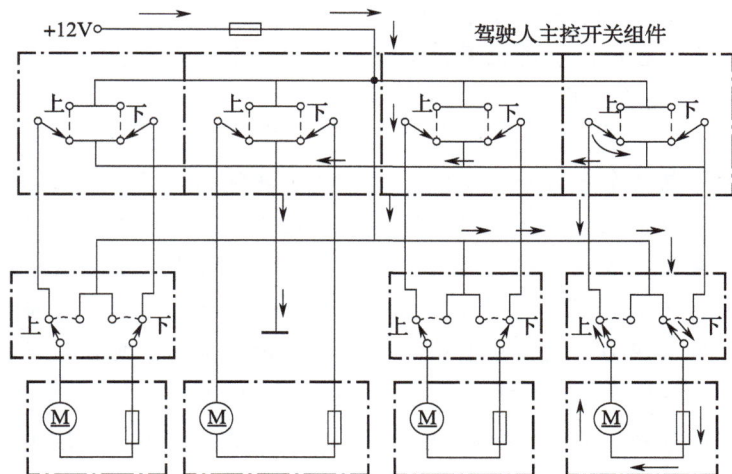

图 8-4　独立操作开关控制右前车窗下降

2. 电机搭铁的控制电路

电机搭铁的控制电路是指电机电刷一端直接搭铁，而电机定子有两组磁场绕组，上升或下降过程中，每次只接通一个磁场绕组，由于两线圈的缠绕方式相反，这样定子线圈对转子线圈的力矩方向相反，使电机的转向不同，实现车窗的升、降。电机搭铁的电动车窗控制电路如图 8-5 所示。

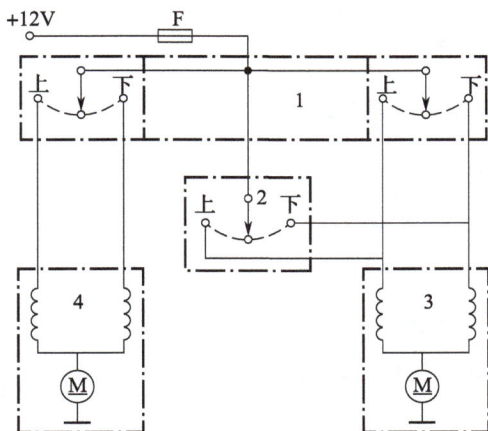

图 8-5　电机搭铁的电动车窗控制电路

1—驾驶人主控开关组件　2—右前车窗开关　3—右前车窗电机　4—左前车窗电机

【完成任务】

在电机搭铁的电动车窗控制电路中，电机外接线数和电机不搭铁外接线数目相同，均为两根线，如何通过万用表来区分是电机搭铁型还是不搭铁型？_____；通过开关接线的数目能分清是搭铁型还是不搭铁型吗？_____。

◉ 技师指导 ◉

许多直接控制的车窗开关不灵敏，通常要操作几次才能响应一次，这种情况多数为灰尘沉积所致，清洗一下仍可使用，但大多数情况是被换成新的。有些开关是独立的，组合放在右前门主控位置，有些开关和几个开关放在一块印制电路板上，一个开关损坏，就得全部更换。

⚠️ **提示**

拆装电动车窗时一定要注意正确的安装位置，其所有的螺栓连接孔为椭圆孔，定位前电动车窗玻璃升降时，一定不要与门框发生摩擦干涉。对车门经过钣金维修或玻璃破碎后更换的情况要认真检查安装精度和运行阻力，如果不准将严重影响车窗升降器电机的工作平顺性，阻力过大将导致电机提前损坏。例如阻力过大造成齿条型升降机的齿条磨损严重，噪声增加，特别是齿扇的边界位置极易磨损。

一般电动车窗与中控锁、电动天线等共用搭铁线，搭铁点搭铁不良将导致中控锁不好用以及电动天线电机搭铁。

📖 知识点 2 车门集中控制基础

目前用于连接分布式 ECU 模块的标准汽车协议有两种，分别是 CAN 和 LIN。通过 CAN/LIN 接口实现一些主要的车门控制功能。其中应用最普遍的是车门区域模块（简称为车门模块）的方法。在这种方法中，如门锁、后视镜、车窗升降和辅助照明等主要车门功能模块都由车门内的 ECU 控制。

一、电机换向的几种基本电路

1. 开关直接控制电机换向

早期车窗直接控制电路完全由开关直接控制电机正负极调换，该电路易烧开关的触点，功能也较少。

2. 开关控制继电器的直接换向电路

使用继电器后，电机的电流可以增大，而不至烧开关触点。

图 8-6 所示为由控制开关直接控制继电器的电机换向电路，车上的电机换向都可参考此图，不控制时电机两端都是蓄电池电压，通过控制开关来实现电机电流方向的调换，以实现电机的正反转。控制开关向上接通上部 5 引脚继电器线圈时，换向继电器触点下移，此时电机电流向上；若控制开关控制下部的换向继电器线圈通电，下部换向继电器开

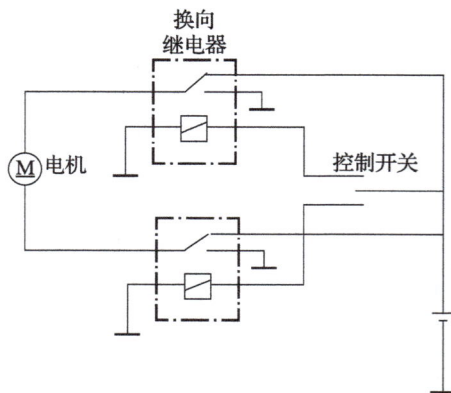

图 8-6 由控制开关直接控制继电器的电机换向电路

关触点下移接地, 电机电流方向向下。

为了防止电机过载, 在电路或电机内装有一个或多个热敏电路开关, 用来控制电流。当车窗玻璃上升到极限位置, 或由于结冰而使车窗玻璃不能自由移动时, 即使操纵控制开关, 热敏开关也会自动断路, 避免电机通电时间过长而烧坏。

图 8-6 直接控制继电器的电机换向电路是汽车中电机正反向控制电路的基础, 必须要掌握。换向用的继电器必须是 5 个引脚, 即为常闭接火型, 控制开关控制继电器线圈通电后, 实现其中 "一个继电器开关", 由通正变接地的转变, 电机就会有电流流过。

【完成任务】

把图 8-6 中的控制开关换成电子开关 (晶体管或场效应管), 由微控制器控制, 就是微控制器控制的电机正反转电路, 试画出这样的电路。

更高的微控制器控制方式采用了 H 桥驱动电机专用芯片 (可承受电机电流芯片) 来实现正反向控制, 但不如继电器用的普遍。

3. H 桥芯片电机换向电路

图 8-7 中所示为典型的直流电机控制电路。电路得名于 "H 桥驱动电路" 是因为它的形状酷似字母 H。4 个晶体管组成 H 的 4 条垂直腿, 而电机就是 H 中的横杠。H 桥式电机驱动电路包括 4 个晶体管。要使电机运转, 必须导通对角线上的一对晶体管。根据不同晶体管对的导通情况, 电流可能会从左至右或从右至左流过电机, 从而控制电机的转向。

如图 8-7a 所示, 当 Q1 管和 Q4 管导通时, 电流就从电源正极经 Q1 从左至右穿过电机, 然后再经 Q4 回到电源负极。按图中电流箭头所示, 该流向的电流将驱动电机顺时针转动。当晶体管 Q1 和 Q4 导通时, 电流将从左至右流过电机, 从而驱动电机按特定方向转动 (电机周围的箭头指示为顺时针方向)。

如图 8-7b 所示, 晶体管 Q2 和 Q3 导通, 电流将从右至左流过电机。当晶体管 Q2 和 Q3 导通时, 电流将从右至左流过电机, 从而驱动电机沿另一方向转动 (电机周围的箭头表示为逆时针方向)。

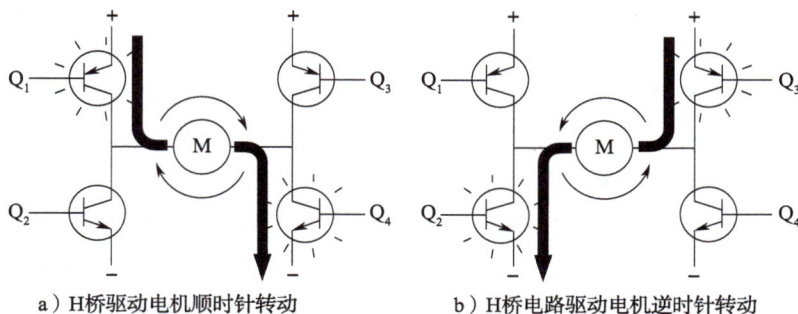

a) H 桥驱动电机顺时针转动　　　　b) H 桥电路驱动电机逆时针转动

图 8-7 典型的直流电机控制电路

◆ 技师指导 ◆

实际中的电路以图 8-6 所示的电路居多, 即把控制开关换为两个晶体管分别控制电机从哪个电刷接地。

二、车门负载功率

车门集中控制概念是指在车门上所有执行器由所在车门控制单元全部实现。车门模块的负载类型包括电机、灯、LED 和加热线圈。主车门负载功率表 8-1。

表 8-1 主车门负载功率

执行器	一般电流或功率	峰值电流
后视镜加热	3A	
后视镜水平 X 调节电机	0.3A	1A
后视镜垂直 Y 调节电机	0.3A	1A
门锁电机	2.5A	6A
车窗电机	10A	30A
转向灯	5W/10W	
门下照明灯	5W	

车门模块中的负载特性和功能差异很大。车门模块通常由微控制器模块，电源、CAN/LIN 通信以及执行外部事件监视和信号探测电路在内的系统基本功能模块，与外部负载相接的驱动器和功率电路三大主要功能模块组成。

三、车门集中控制负载驱动方法

目前车门集中控制硬件架构有两种。第一种是小功率采用一片专用芯片驱动，高度整合的功率芯片较为理想，大功率由专用大功率芯片控制或采用继电器控制。第二种是小功率采用多个标准的专用芯片驱动，大功率仍由专用大功率芯片控制或采用继电器控制。

1. 小型负载驱动方法

通常有两种方法驱动小型负载，如后视镜电机、灯、LED、后视镜加热，甚至门锁电机。

（1）专用功率芯片 专用功率芯片可驱动的负载包括门锁、后视镜折叠和位置调整电机、后视镜加热和 4 个 5W 的灯（如转向灯、安全灯、后视镜灯或控制面板照明灯）。

小功率负载的一个芯片驱动的结构如图 8-8 所示。车门执行器有后视镜调节电机、后视镜加热器、后视镜折叠电机、门灯、门锁电机、玻璃升降电机等。对于小功率电机、灯泡和加热器可采用小功率智能螺线管驱动芯片。玻璃升降电机的功率较大，要通过大功率的智能芯片驱动。芯片不仅驱动线圈工作，也会把监测的故障反馈给微控制器。外界开关输入通过总线模块实现，可采用低速 CAN，也可采用高速 CAN。

（2）使用标准分离式组件 标准芯片在系统配置中独立控制元件的方法有其灵活性，特别是在一些中档车的门模块控制上，一些负载如后视镜折叠和门灯等不需要配置时，可采用半导体组件驱动车窗升降电机，用分离式的标准组件驱动其他小型负载（图 8-9）。

从数毫安的 LED 到 30A 左右的车窗升降电机，一个典型车门模块 ECU 控制的不同负载需要不同的驱动芯片。像车窗升降电机这样的大功率负载可以用继电器和熔丝解决方案驱动，但更好的解决方案是采用智能半导体组件，因为智能半导体组件除了开关功能外，还能提供更多的保护功能。对于只有少量负载的基本型车门模块来说，采用多个单功能芯片驱动形式较多。

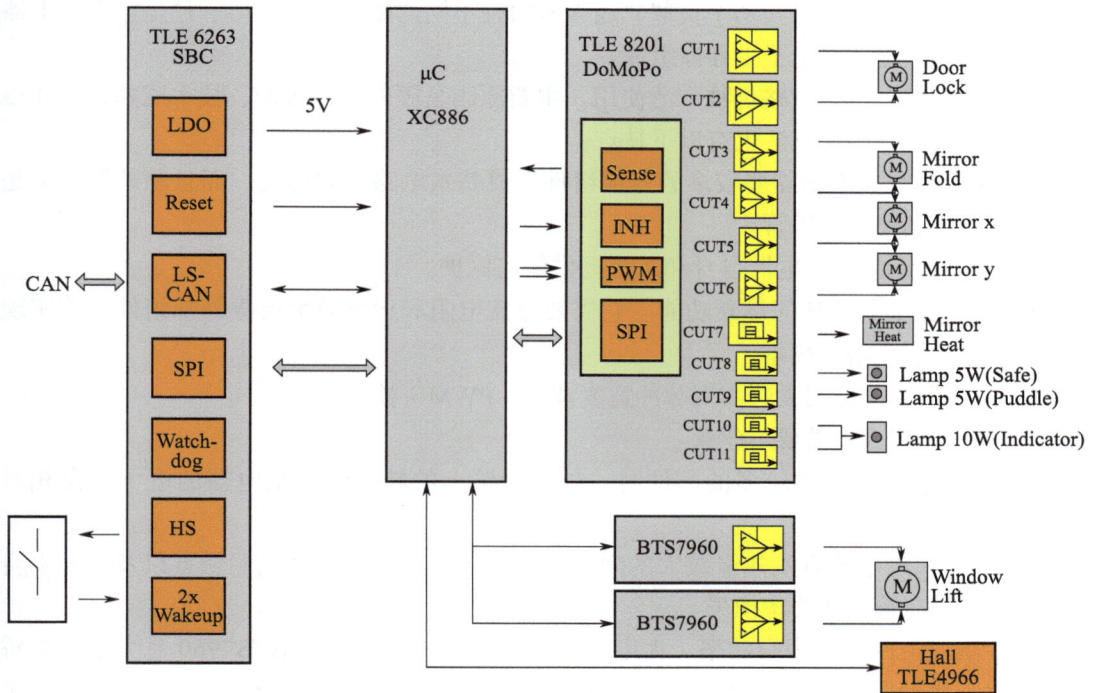

图 8-8 小功率负载的一个芯片驱动的结构

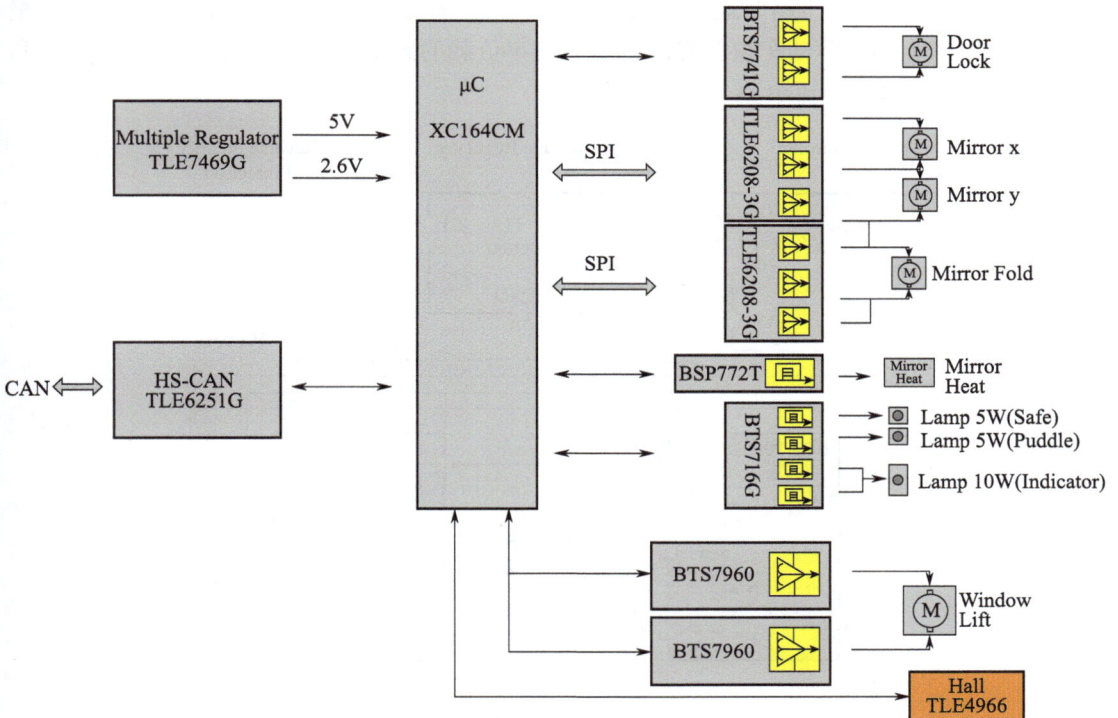

图 8-9 小功率负载的多个芯片驱动的结构

2. 大功率负载的电子驱动方法

对于车窗升降电机等大功率负载，通常有两种不同的驱动方法：第一种是基于继电器的方法，第二种是使用电子半导体组件。

至今采用继电器的策略仍被广泛使用，主要原因是硬件成本较低、技术成熟，且能很好地处理大电流。但该方法也有以下缺点：

1）继电器解决方案需要较多的外部组件组成基本电路，如熔丝。而且驱动器通常是一对达林顿管和稳压二极管。

2）继电器不能为继电器自身和系统提供任何保护。

3）继电器不具备任何诊断功能。它需要分流电阻和运算放大器等外部组件才能实现电流监测，这样会增加成本。

4）继电器解决方案无法实现脉冲宽度调制（PWM）控制。

5）继电器较大，需要熔丝盒。

6）当要求开关次数较多的部件时，如后视镜上的转向灯，继电器的电子寿命相对有限。

7）熔丝和继电器有发热量较大的问题，因为继电器线圈和继电器触点以及熔丝本身和分流电阻都有较大的功率损失。

一些新的组件可作为高功率（大电流）电机的桥芯片，例如 BTS7960 是大电流半桥独立芯片。驱动器 IC 直接与微控制器相连，可执行全面的保护和诊断功能。保护功能包括限流、欠压 / 过压闭锁、过温和完全短路保护。诊断功能包括故障状态标志和电流监测，后者在实现防夹断策略时通常是必需的。一些特殊功能如整合的空载时间产生也被整合在内。用 BTS7960 驱动车窗升降电机等大功率负载的典型应用电路如图 8-10 所示，两个半桥组成 H 型全桥换流电路。

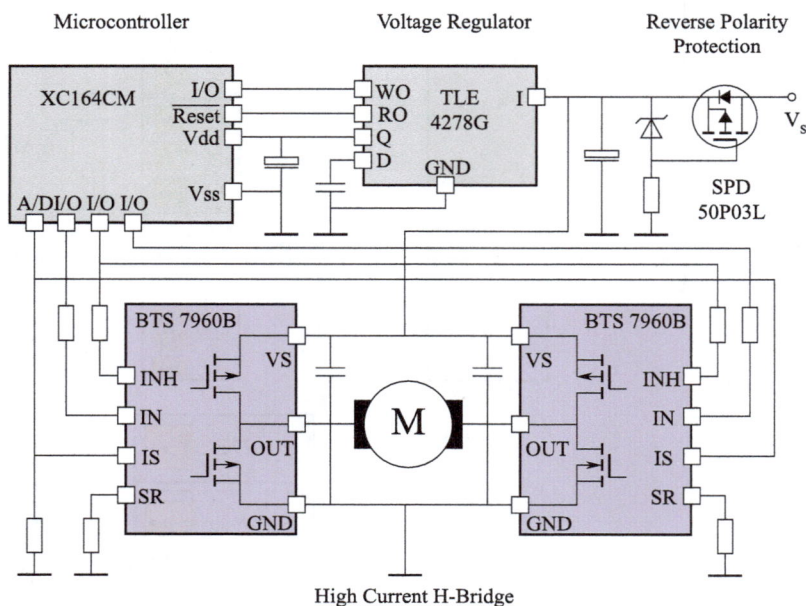

图 8-10 用 BTS7960 驱动车窗升降电机等大功率负载的典型应用电路

🛰 技师指导 🛰

在实际的汽车线路中，H桥驱动电路的线路部分只有两端的OUT端口线（电机电刷的供电线）为电气线束，其他全在控制ECU内部。

其工作原理如下：SPD50P03L提供电源反接保护，稳压管稳压，电解电容滤波，输出普通的稳定12V电源为H桥供电。TLE4278G为高稳定精度的电源电压调节芯片，Q为其输出的电源到左边的微控制器XC164CM的Vdd，Vss为微控制器XC164CM的负极。

四、半桥"三态门"的驱动的应用

由于OUT端口采用半桥设计，每个OUT端口都有高电位、低电位和高阻抗三种状态，可用两个TLE6208-3实现后视镜电机驱动，如图8-11所示，三个OUT端口需要三个半桥，一个车门后视镜的两个位置调整电机（Mx和My）共用OUT2端口，同时后视镜折叠电机因电流稍大，电机的一端采用OUT3和OUT1并联，另一端采用OUT2和OUT3并联，可增加带载能力。半桥的三态功能可在驱动两个同样的电机时节省一个半桥驱动器。正转、反转、停转和高阻抗等操作模式可由SPI（驱动芯片和外界芯片进行控制指令和电机状态信息通道）进行控制。来自桥臂的诊断信息也能通过SPI反馈输出。

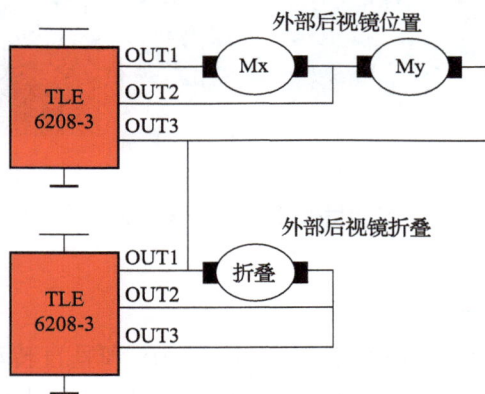

图 8-11 采用共用桥端口和并联使用端口后视镜电机驱动

与车窗升降电机相比，门锁电机在尺寸和电流上都要小得多，也可采用类似的驱动。

🛰 技师指导 🛰

在图8-11所示电路中，三个电机只有5根线，其他全在ECU内部。

📖 知识点 3 汽车电动后视镜

后视镜分为车外左、右两个后视镜和车内一个后视镜，由于以前车内后视镜一般没有控制功能，所以本书仅讲车外两侧的后视镜，随着汽车技术的发展，中、高档汽车开始采用有电控防眩目技术的车内后视镜。

一、功能和操作

车外每个电动后视镜是由两个微型永磁电机来调整后视镜镜面的水平、垂直位置，也称水平电机和垂直电机。驾驶人坐在驾驶位置上先通过按动左侧（L）按钮或右侧（R）按钮选择哪个后视镜，再按动一下后视镜的四方向的调节开关，就可获得理想的后视镜的位置。

如图 8-12a 所示为丰田车的后视镜调节开关，一个开关要控制两个后视镜，操作上先选择调左侧/右侧后视镜；再通过四方向开关控制水平电机和垂直电机的动作。大众汽车的后视镜开关（图 8-12b）采用多开关集成于一体，并设计有后视镜加热功能，打开后风窗除霜开关，电动后视镜也会开始加热除霜。可加热后视镜一般在湿冷的季节使用。

后视镜折叠分为手动折叠和电动折叠两种：手动折叠时驾驶人必须把手伸出窗外或下车折叠；电动折叠是驾驶人在车内就可以对后视进行折叠，起动车辆时后视镜会自动打开，还可以根据车速自动折叠减少风阻。

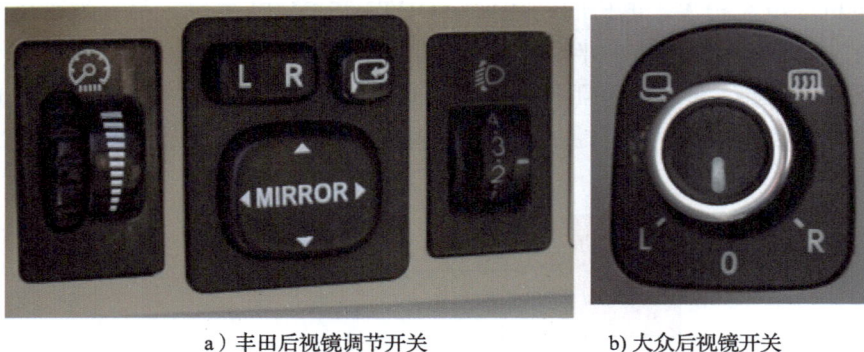

a）丰田后视镜调节开关　　　　　　　b) 大众后视镜开关

图 8-12　丰田后视镜调节开关和大众后视镜开关

二、电动后视镜的结构

电动后视镜的镜面调节由水平转动调节电机 Mx 和垂直转动调节电机 My 来完成。上、下方向的转动用 My 电机控制，左、右方向的转动由 Mx 电机控制。通过改变电机的电流方向，即可完成后视镜的上、下及左、右调整。车外后视镜有加热功能时，在镜片背部会有加热的供电线。电动后视镜若有折叠功能，会有一个折叠电机，车外后视镜的防眩目功能一般是由后视镜的材料决定的，与电路控制没有关系，车内后视镜防眩目功能一般是由电路控制。

三、车内后视镜防眩目的原理

图 8-13 所示为车内防眩目后视镜结构。防眩目车内后视镜由一面特殊镜子和两个光电二极管及电子控制器、导电层组成，电子控制器接收来自前方和后方的光电二极管送来的前射光和后射光信号。如果灯光照射在车内后视镜上，例如后面灯光强度大于前面灯光，电子控制器会输出一个电压到镜子的导电层上。导电层上的这个电压改变镜面电化层颜色，电压越高，电化层颜色越深，此时即使再强的照射光照到后视镜上，经防眩目后视

镜反射到驾驶人眼睛上时也会显示暗光，从而防止眩目。镜面电化层反射强度根据后方光线的入射强度自动控制，持续变化以防止眩目。

车内后视镜的防眩目功能会在车辆挂入倒档时自动解除。

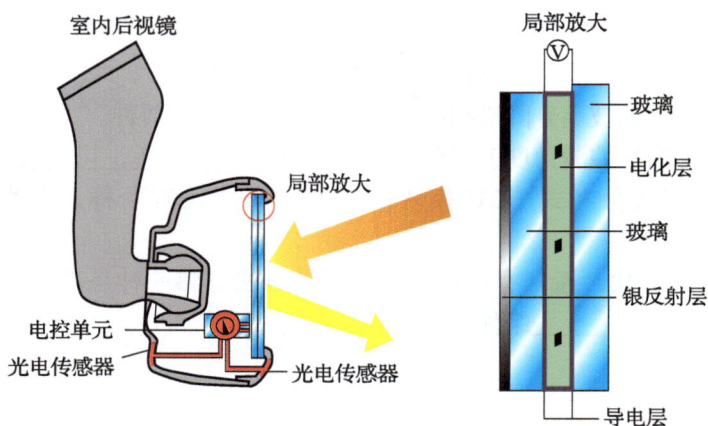

图 8-13　车内防眩目后视镜结构

实践任务
电动窗故障的解决

请在本书配套的《实践任务及工作任务单》中完成实践任务 8 的学习内容。

学习任务单

一、填空题

1. 电动车窗采用_____对车窗玻璃进行升、降控制。
2. 目前电动车窗的玻璃升降机构有_____和_____两种。
3. 汽车电动车窗从控制角度上可分 _____、_____和_____。
4. 目前用于连接分布式 ECU 模块的标准汽车协议有两种，分别是_____和_____。
5. 对于大功率负载，通常有两种不同的驱动方法：第一种是基于_____的方法；第二种是使用_____组件。

二、判断题

1. 直接控制型是直接采用开关直接控制电机换向，电机电流流过控制开关。（　　）
2. 直接控制的另一种方式为开关控制继电器，电机电流流过继电器开关。（　　）
3. 直接利用开关控制直流电机的正反转来实现门锁的开、关动作，称为称直接控制型。（　　）
4. 微控制器控制型是驾驶人位置的开关作为开关输入给车窗的控制单元，由车窗控制单元通过内置的电子开关控制内置在控制单元内部的几个微型继电器的线圈通电或断电。（　　）
5. 网络微控制器控制型是指电动车窗控制开关由一个微控制器组成，通过网络向各个车门的玻璃升降控制器发送信号。（　　）

三、单选或多选题

1. 车门模块的负载类型包括（　　）。
   A. 电机　　　　　B. 灯　　　　　C. LED　　　　　D. 加热线圈
2. 车门小型负载包括（　　）。
   A. 后视镜电机　　　　　　　　B. 灯
   C. LED　　　　　　　　　　　D. 后视镜加热 E 门锁电机
3. 电动后视镜面调节由（　　）来完成。
   A. 水平转动调节电机 Mx　　　　B. 垂直转动调节电机 My
   C. 水平转动调节电机 My　　　　D. 垂直转动调节电机 Mx
4. 防眩目车内后视镜由（　　）组成。
   A. 一面特殊镜子　　　　　　　B. 两个光电二极管
   C. 电子控制器　　　　　　　　D. 导电层
5. 车内后视镜的防眩目功能会在车辆挂入（　　）时自动解除。
   A. P 位　　　　　B. R 位　　　　　C. N 位　　　　　D. D 位

Module 09

能力模块九
电动座椅电路原理与故障检修

情境导入

对一辆电动汽车的电动座椅开关进行操作时，座椅的前、后调节有时能工作，有时不能工作。

如果你是接车的修理技术人员，应如何解决本故障？修理方案应如何制订？

学习目标

能力目标
- 能说出电动座椅电机正反转工作电路原理。
- 能够在侧面安全气囊弹出后，更换电动座椅总成。
- 能够检查电动座椅电路。

素养目标
- 根据维修手册查找针对侧面安全气囊弹出后的座椅进行更换作业的注意事项。
- 培养团结协作、语言表达能力。

知识储备

知识点 1　功能和操作

电动座椅以电机为动力，通过传动装置和执行机构来调节座椅的各种位置，能为驾驶人提供便于操作方向盘、具有良好视野、坐感舒适的乘坐位置。

一、功能

1. 座椅功能

按照座椅调节方向的不同，普通的电动座椅分为 4 方向、6 方向、8 方向，先进的电动座椅方向调节数目甚至可达 20 个。

1）可具备座椅的前后调节（为 100~160 mm）、上下调节（为 30~50 mm）、座椅前部的上下调节。

2）椅背的倾斜调节、腰椎支撑位置四方向调节、腰部夹紧调节。

3）头枕的上下、前后调节。

4）腿托位置调节。

5）各部调节的记忆功能。

6）加热功能。

7）空调功能。

一般电动座椅只有前后调节（为 100~160mm）、上下调节（为 30~50mm）、座椅前部的上下调节、椅背的倾斜调节，即 8 方向调节。

腰部的调整一般用小型电机驱动空气泵完成气垫的充气，有些制造厂用可调节移动的支承块对驾驶人的坐姿进行调整，使驾驶人感觉更加舒适和安全。图 9-1 所示为带存储功能的 8 方向电动座椅开关。

图 9-1　带存储功能的 8 方向电动座椅开关

【完成任务】

说明在图 9-1 中各开关的作用。

【完成任务】

根据图 9-2 所示的带存储功能的多功能调节电动座椅开关，说出开关的功能和实现方式（电机，还是液压或气压）；腰部支撑最可能的实现方式；腿托最可能的实现方式；肩部前后调节最可能的实现方式。

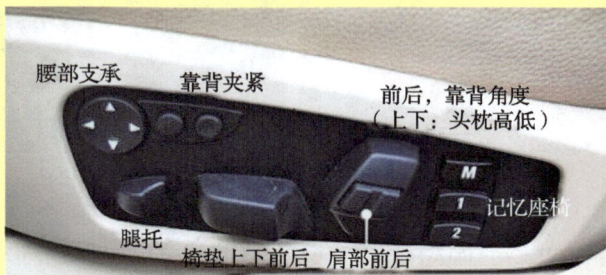

图 9-2　带存储功能的多功能调节电动座椅开关

电动座椅调节控制功能较少时，还可以直接用开关进行电机的换向控制。当电机很多时，电机控制线束会很多，使成本增加和可靠性下降，因此需要采用 ECU 控制。ECU 接收开关信号后，ECU 直接控制两个继电器动作实现电机的正、反转，这与电动车窗和中控锁的原理是一样的。

2. 带位置存储功能的电动座椅

通常只有驾驶人的座椅具有记忆功能，为了不造成座椅位置变动后，后视镜位置要重新调整的麻烦，驾驶人在调节完座椅和后视镜后进行座椅位置存储时，ECU 不仅记录座椅位置，还要记录后视镜位置。当驾驶人再次上车时，驾驶人选定自己存储时的按键号，座椅和后视镜会自动移动到驾驶人存储的位置。倒车时，右侧后视镜的角度也会根据驾驶人的不同做出调整。记忆系统被人为关闭后，座椅和后视镜仍可手动调整。

图 9-3 所示为电动座椅的位置存储开关，其中 M 为存储，1、2、3 代表不同人的位置，STOP 为功能取消（比如这三个位置没有一个是你存储的，而你又想为自己存储一个位置，有时也写为 OFF）。

图 9-3　电动座椅的位置存储开关

当蓄电池断开后，已存储的 3 组座椅和后视镜的位置信息将丢失；蓄电池上电后，要让驾驶人重新调节座椅和后视镜并重新存储。

根据图 9-3 所示，说出座椅位置存储的操作方法。

3. 座椅加热和按摩功能

在座椅上除了方向调节外，还有电加热以及按摩功能，电加热的程度可进行多级调节。电加热座椅和加热开关如图 9-4 所示。

图 9-4 电加热座椅和加热开关

通常电加热座椅 1min 内有温热，3min 时达到最高温度。座椅加热的传统控制方法是用一个简单的恒温开关；现已发展出电子控制结合热敏电阻的方法，系统包括开关、电位器、定时装置、短路和断路探测装置。目前座椅加热一般是原车选装或后续加装。

按摩座椅采用电机振动来实现按摩功能。

二、电动座椅的结构

电动座椅一般由多个双向电机、传动机构和座椅调节开关等组成，其结构如图 9-5 和图 9-6 所示。

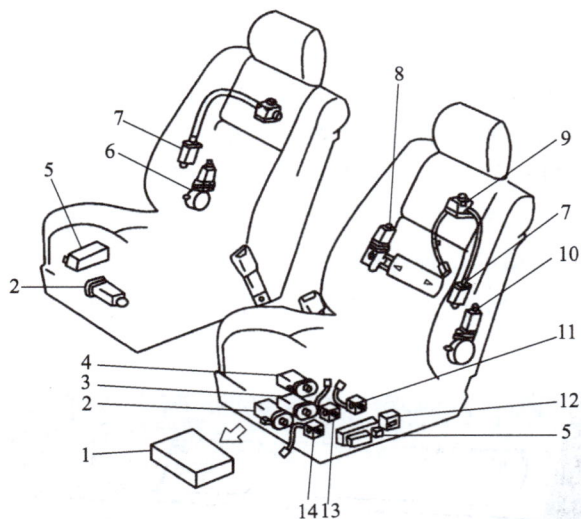

图 9-5 电动座椅的结构 1

1—电动座椅 ECU 2—滑动电机 3—前垂直电机 4—后垂直电机 5—电动座椅开关 6—倾斜电机
7—头枕电机 8—腰垫电机 9—位置传感器（头枕） 10—倾斜电机和位置传感器
11—位置传感器（后垂直） 12—腰垫开关 13—位置传感器（前垂直）
14—位置传感器（滑动）

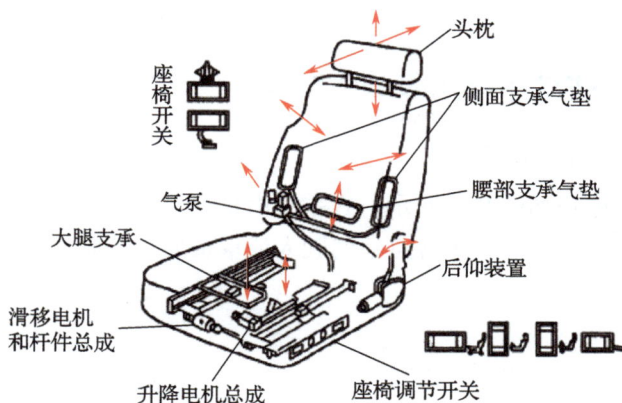

图 9-6　电动座椅的结构 2

1. 双向电机

大多数电动座椅采用永磁式电机（内装有短路器），通过开关来操纵电机按不同方向旋转，为电动座椅的调节机构提供动力。此类电机多采用双向电机，即电枢的旋转方向随电流的方向改变而改变，以达到座椅调节的目的。电机的数量取决于电动座椅的类型，通常双向移动座椅装有 2 个电机，四向移动的座椅装有 4 个电机，最多可达 6 个电机。为防止电机过载，电机内装有能进行自恢复的断路器，以确保电气设备的安全。

2. 传动机构

电机的旋转运动，通过传动机构实现座椅的空间位置移动。

（1）高度调整机构　高度调整机构由蜗杆轴、蜗轮、心轴等组成，如图 9-7 所示。调整时，蜗杆轴在电机的驱动下，带动蜗轮转动，从而保证心轴旋入或旋出，实现座椅的上升与下降。

（2）纵向调整机构　纵向调整机构由蜗杆、蜗轮、齿条、导轨等组成，如图 9-8 所示。齿条装在导轨上，调整时，电机转矩经蜗杆传至两侧的蜗轮上，经导轨上的齿条，带

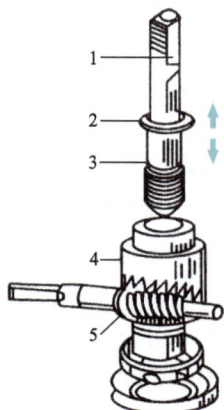

图 9-7　高度调整机构
1—铣平面　2—止推垫片　3—心轴
4—蜗轮　5—挠性驱动蜗杆轴

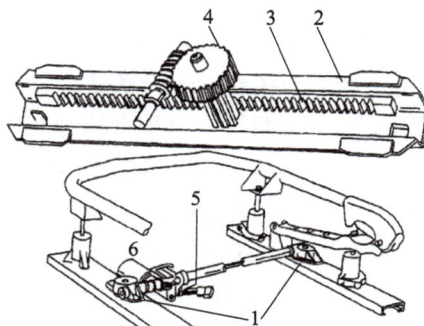

图 9-8　纵向调整机构
1—支承及导向元件　2—导轨　3—齿条　4—蜗轮
5—反馈信号电位计　6—调整电机

动座椅前后移动。

三、电动座椅的控制和调节及故障排除

1. 电动座椅的控制和调节

电动座椅的控制电路如图 9-9 所示，它主要由蓄电池、组合控制开关和 3 个电机等组成。组合控制开关内部有 4 套开关触点，驾驶人或乘员通过控制开关上的按钮来调节座椅的位置。

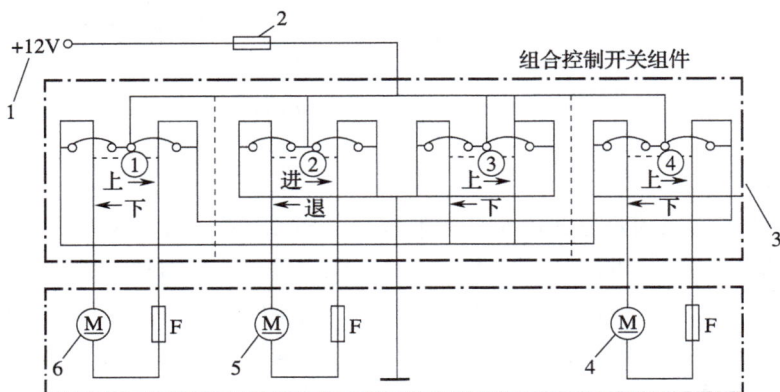

图 9-9　电动座椅的控制电路

1—蓄电池　2—熔断器　3—控制开关　4—后高度调整电机　5—前后移动电机　6—前高度调整电机

电动座椅最常用的形式是使用 3 个电机实现 6 个不同方向的位置调整：上下、前后、前倾／后倾。3 个电机分别称为前高度调整电机、后高度调整电机、前后移动电机。用这 3 个电机控制座椅的前部高度、后部高度以及座椅的前后移动，实现座椅位置调整，组合控制开关通过控制电机的搭铁和与电源的连接，使 3 个电机按所需的方向旋转。

当组合控制开关置于上或下位置时，前、后高度调整电机同时旋转；当组合控制开关置于前倾或后倾位置时，只有高度调整电机旋转；当组合控制开关置于前移或后退位置时，前后移动电机旋转。

（1）座椅前倾的调节　座椅前倾的调节，实际上就是座椅前部垂直的上下调节。

1）前部上升电路。电动座椅前部上升电路如图 9-10 所示。如需要电动座椅前部垂直上升时，可接通调节组合控制开关 3 中的前倾开关，此时电路中电流的流动方向：电流由蓄电池 1 的正极→熔断器 2→组合控制开关中①左侧触点→前倾电机 6→熔丝→组合控制开关中①右侧触点→组合控制开关中③右侧触点→搭铁→蓄电池 1 的负极，构成闭合回路，前倾电机 6 转动，座椅前部垂直上升。

2）前部下降电路。电流由蓄电池 1 的正极→熔断器 2→组合控制开关中①右侧触点→熔丝→前倾电机 6→组合控制开关中①左侧触点→组合控制开关中③左侧触点→搭铁→蓄电池 1 的负极，构成闭合回路，前倾电机 6 反转，座椅前部垂直下降。

（2）座椅后倾的调节　电动座椅后倾的调节，实际上就是座椅后部垂直的上下调节。

1）后部上升电路。需要电动座椅后部垂直上升时，可接通调节组合控制开关 3 中的

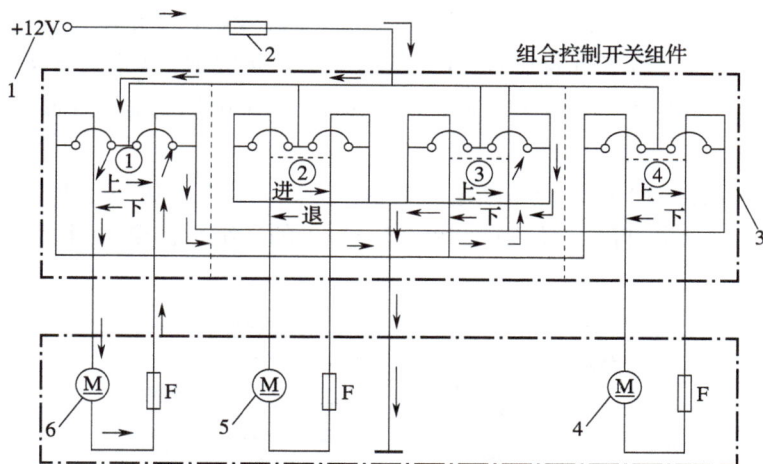

图9-10　电动座椅前部上升电路

1—蓄电池　2—熔断器　3—组合控制开关　4—后倾电机　5—前后移动电机　6—前倾电机

后倾开关。这时，电流由蓄电池1的正极→熔断器2→组合控制开关中④左侧触点→后倾电机4→熔丝→组合控制开关中④右侧触点→组合控制开关中⑨右侧触点→搭铁→蓄电池的负极，构成闭合回路，后倾电机4转动，座椅后部垂直上升。

2）后部下降电路。蓄电池1的正极→熔断器2→组合控制开关中④右侧触点→熔丝→后倾电机4→组合控制开关中④左侧触点→组合控制开关中③左侧触点→搭铁→蓄电池1的负极，构成闭合回路，后倾电机4反转，座椅后部垂直下降。

2. 电动座椅常见故障的排除

电动座椅常见故障有以下几种：

（1）座椅完全不能调节

1）原因：熔断器断路、线路断路、座椅开关有故障等。

2）排除方法：可以首先检查熔断器是否断路，若熔断器良好，则应检查线路连接是否正常，最后检查开关。对于有存储功能的电动座椅系统，还应检查电子控制单元（ECU）的电源电路和搭铁线是否正常，若开关、线路等都正常，应检查电子控制单元。

（2）座椅某个方向不能调节

1）原因：该方向对应的电机损坏，开关、连接导线断路。

2）排除方法：先检查线路是否正常，再检查开关和电机。

📖 知识点2　典型电动座椅

带存储功能的电动座椅采用微控制器控制，被称为微控型电动座椅。它能将选定的座椅调节位置进行存储，使用时只要按选定的按键，座椅就会自动地调节到预先选定的座椅位置上，带存储功能的电动座椅系统如图9-11所示。该系统使用随机存储器（RAM）来存储装置4个不同驾驶人的调整位置，操作时，驾驶人通过控制座椅的调定位置，只要座椅位置调定后，驾驶人按下存储器的按钮，电子控制装置就把 4 个电位计电压信号存储起来，作为下次重新调整位置时的基准。1 个人有 4 个位置数据，4 个人有 4 组，共 16 个位置数据。使用时，只要按一下设定位置对应的按钮，4 个电机就能按存储时的状态来调整座椅位置。

随机存储器（RAM）的特点是断电后信息消失，所以在蓄电池断电、供电熔丝断开、控制单元脱开、搭铁断开时，随机存储器（RAM）的 4 组数据全部消失，要重新存储才能使用。

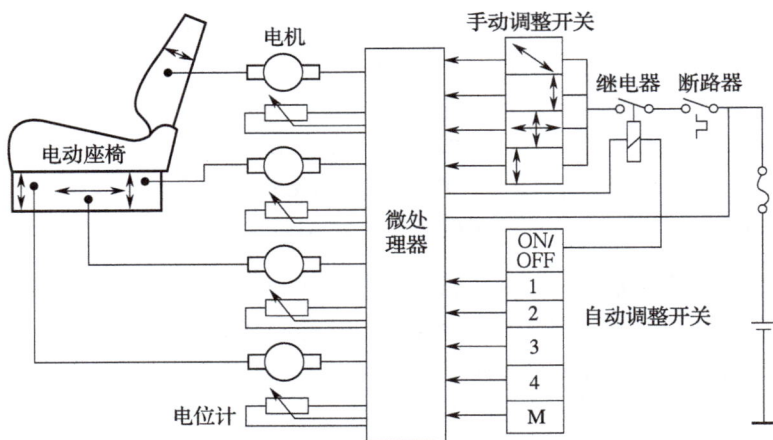

图 9-11　带存储功能的电动座椅系统

【完成任务】

请回答图 9-11 中的座椅是几方向控制座椅？分别是什么方向？图 9-11 中的自动调节开关一共可存储几个位置？在直控控制电路中，是否有位置反馈电位计？为什么在带存储的电动座椅控制中要用到位置反馈电位计？断路器的作用是什么？为什么要用继电器？M 是什么含义？ON/OFF 开关的作用是什么？

在售后服务中，换蓄电池后，车主说座椅位置存储消失了，你应该如何向车主解释？

实践任务
电动座椅故障的排除

请在本书配套的《实践任务及工作任务单》中完成实践任务 9 的学习内容。

学习任务单

一、填空题

1. 电动座椅是指以电机为动力，通过_____和_____来调节座椅的各种位置。
2. 普通的电动座椅分为_____、_____和_____。
3. 先进的电动座椅方向调节数目甚至可达_____个。
4. 座椅腰部的调整一般用_____驱动空气泵完成气垫的充气。
5. 座椅腰部的调整也可用电机调节_____对驾驶人的坐姿进行调整。

二、判断题

1. 电动座椅调节控制功能较少时，还可以直接用开关进行电机换向控制。　　（　　　）
2. 当电动座椅电机很多时，需要采用电控单元控制。　　（　　　）
3. 带位置存储功能的电动座椅 ECU 不仅记录座椅位置，还要记录后视镜位置。
　　（　　　）
4. 倒车时，右侧后视镜的角度也会根据驾驶人的不同做出调整，而不是左右对称。
　　（　　　）

三、单选或多选题

1. 为防止座椅电机过载，电机内装有（　　　），能进行以确保电气设备的安全。
   A. 自恢复的断路器　　　　　　　B. 熔丝
   C. 微动开关　　　　　　　　　　D. 热敏电阻
2. 座椅高度调整机构由（　　　）等组成。
   A. 蜗杆轴　　　　B. 蜗轮　　　　C. 心轴　　　　D. 立轴
3. 座椅纵向调整机构由（　　　）等组成。
   A. 蜗杆　　　　B. 蜗轮　　　　C. 齿条　　　　D. 导轨
4. 会导致座椅随机存储器（RAM）信息消失的有（　　　）。
   A. 蓄电池断电　　　　　　　　　B. 供电熔丝断开
   C. 控制单元脱开　　　　　　　　D. 搭铁断开
5. 电动座椅常见的故障有（　　　）。
   A. 座椅完全不能调节　　　　　　B. 座椅某个方向不能调节
   C. 座椅电机冒烟　　　　　　　　D. 座椅电机生锈

能力模块十
音响和导航系统的使用与维护

情境导入

车主报修车辆的蓄电池总是亏电，DC/DC 变换器工作正常，蓄电池也是新的，怀疑是音响系统漏电造成的。

如果你是接车的修理技术人员，修理方案应如何制订？

学习目标

能力目标

- 能说出音响（含视频）系统的五个组成部分。
- 能说出主机信号源有哪些。
- 能说出车载电话的工作原理。
- 能够正确操作音响控制面板。
- 能够检查主机的供电和搭铁，并能判别主机的故障。
- 能够排查天线引起的接收故障。
- 能够检查门折页扬声器线束的虚接或断开故障。
- 能够注册一部电话到电话薄。

素养目标

- 能够正确进行音响和导航系统的检修。
- 培养团队协作、语言表达能力。

知识储备

📖 知识点 1　汽车音响系统基础知识

一、汽车音响系统历史

1906 年，美国人德福雷斯特发明了电子音响技术，1923 年，美国生产了装备无线电收音机的汽车，那时车用无线电收音机都采用电子管。直到半导体技术应用后，汽车收音机出现了技术革命，半导体晶体管逐步取替了电子管，提高了汽车收音机的寿命，从而将汽车与音响结合了起来，开创了汽车音响领域。在汽车音响刚刚出现的时候，它还只是汽车的附属产品。直至 20 世纪 80 年代末，一般轿车的音响多以

图 10-1　1923 年通用雪佛兰汽车搭载的西屋收音机

一个卡式收放两用机与一对扬声器为基础组合，扬声器分左右两路声道，有的置于仪表板总成的两侧，有的置于车门，有的置于后座的后方，收放两用机输出功率很小，在 20W 左右。1923 年通用雪佛兰汽车搭载的西屋收音机如图 10-1 所示。

20 世纪 90 年代末，汽车音响又向大功率多路输出、多扬声器环绕声音响、多碟式镭射 CD 等方向发展。世界音响制造商针对汽车的特殊环境，充分考虑车厢的音响效果，采用高新技术制造汽车音响设备，其播送的音响效果完全能与家用音响相媲美。

机械机芯结构的 CD 组合收音机结构易受汽车振动影响。但随着多媒体固态存储介质的广泛应用，即插即用式的汽车音响在市场中出现。除了声音以外还出现了视频，但数字视频的数据源仍来自车主的各种存储器。

随着人们对舒适性的要求越来越高，汽车制造商对汽车音响设备的应用也日益重视。经过 80 多年的发展，它已经由最初的汽车收音机演变成集视听娱乐、通信导航、辅助驾驶等多种功能于一体的综合性多媒体车载电子系统，成为未来汽车上一个不可缺少的组成部分和作为评价汽车舒适性的依据之一。

汽车音响的外围供电电路连接非常简单，汽车音响的三部分（主机、功放、扬声器）一般也很少修理，有故障后一般采用更换的方法。能准确判断和并向车主说清故障，能进行音响性能的判别，能听出音响主机、功放和扬声器的匹配是否合理，这些是现代汽车音响修理的主业。

二、汽车多媒体的发展趋势

先进和独特功能的汽车音响包括独特的防盗系统、光导纤维传送、全息激光头、CD 换片机、电子防振、缘边旋转入碟防刮机芯、超低中频数字调谐器、高质量的卫星调谐器、滑动开启前操作面板、MASK 新式秘密隐藏机构、智能操控转盘、动态超重低音、动态道路噪音控制、三维影音系统、话音识别系统、驾驶座声场模拟系统、声感录音等。汽车多媒体围绕着多功能、漂亮、高质量的音视频效果、综合的信息系统、系统操作的容易性等特征发展。因此，汽车多媒体也称为信息娱乐系统（Informainment= Information + Entertainment）。

三、基础知识

声源振动的快慢可以用频率来表示。声波在 1s 内的振动次数称为频率（f），单位是赫兹（Hz）。声波的频率范围很宽。正常来说，人耳所能听到的频率范围在 20~20kHz 之间。这段人能感觉到的声音称为声频；低于 20Hz 的声音称为次声；高于 20kHz 的声音称为超声。超声的频率高、波长短、指向性好，多用于雷达、探测器等。人所能听到的音调高低是由声音的频率来决定的。

通常情况下，人们将 20~20kHz 划分为七个频段：20~40Hz 为极低频；40~80Hz 为低频；80~160Hz 为中低频；160~1280Hz 为中频；1280~2560Hz 为中高频；2560~5120Hz 为高频；5120~20000Hz 为极高频。

声音的传播特性决定了高频好的指向性和低频好的通过性。声波的干涉指系统中如果两个声波频率相同、相位相同，两声波叠加后能加倍声波能量；频率相同、相位相反，声波能量减弱；两个声波的频率、相位都不同，叠加后的声波将是混乱的噪声。

四、汽车音响的组成

汽车音响由音源、主机、功率放大器（简称功放）、扬声器、显示器五部分组成，如图 10-2 所示。音源（也含视频）包括 AM/FM、CD/DVD、硬盘、AUX。

五、主机（音源）

1. 主机的定义

通常好主机不带功放，而好音响必须配合好功放才能产生好的效果，因此主机俗称"哑巴机"。普通型主机一般内置有四路功放，功率每声道 40~60W 不等，额定功率在 10~15W。

从专业的角度讲主机应定义为音源。如图 10-3 所示的音响控制方框图，主机把音乐软件的磁信号或数字信号等转化为相应的电信号。主机装于汽车的控制台上，是音响系统的核心，从 AM/FM 收音机、磁带放音机发展至今其功能和品质都发生了很大的变化。现在一台主机由多个音源（NAVI/CD/TUN/MD/AUX/BT）组合在一起，音响的控制面板本身就是一个主机，通常将 AM/FM 收音机、磁带机或单碟 CD 机置于此处，由于仪表板的空间限制，通常将多碟 CD 机置于仪表板的杂物箱内或行李舱内，控制面板内的微控制器控制数据从不同地方读入，由音响控制面板控制确定，音源信号先经过输入选择器，之后

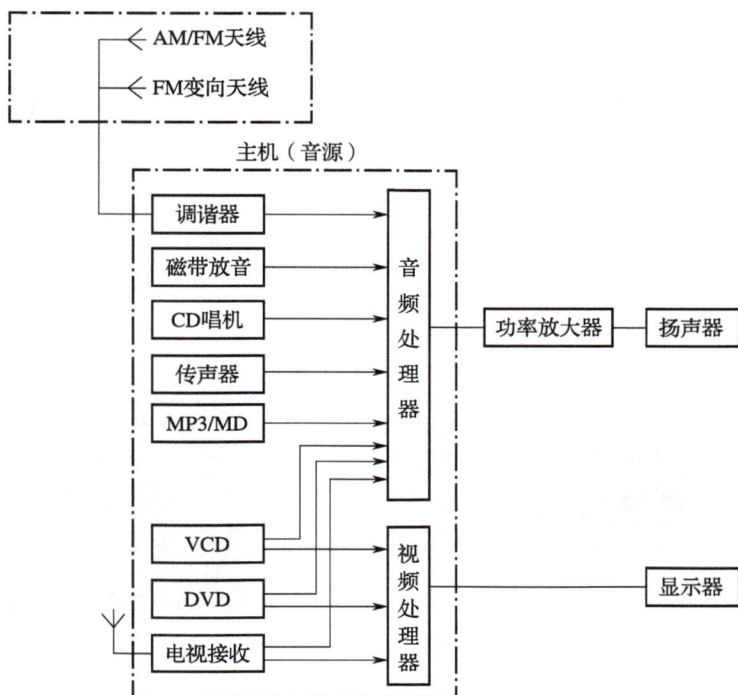

图 10-2　汽车音响的组成

进行输入增益调节、平衡控制、音量调节、高通和低通滤波，再经过衰减器、功率放大器最后到扬声器。

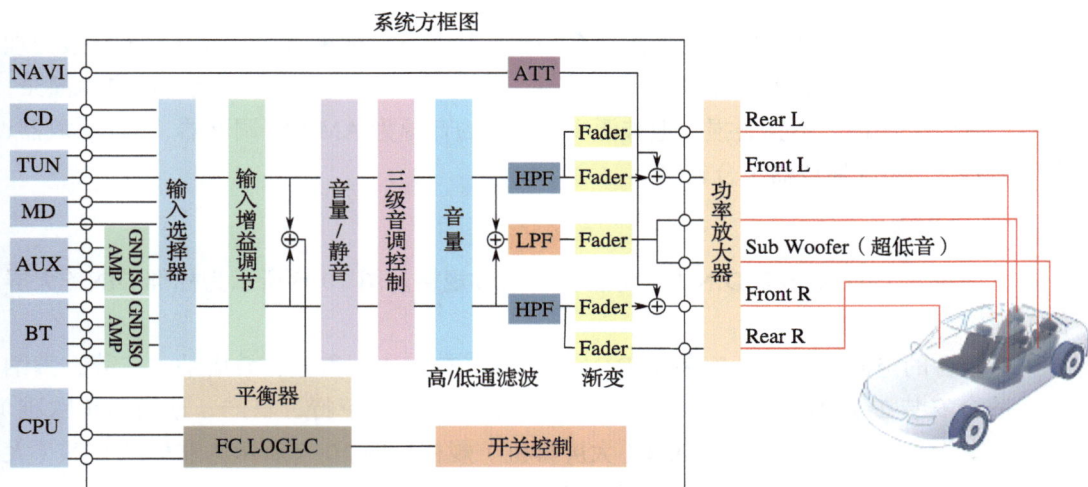

图 10-3　音响控制方框图

2. 音源

1）AM/FM 调谐器：用来接收电台模拟的调频调幅信号，现已发展为数字调谐器。

2）卡带机：用于播放磁带，但音质较差，杂音较多，趋于淘汰。

3）CD 播放器：音乐信号的信噪比和音质都较好，是理想的音源，但容量较小。

4）VCD 机：数字化音频压缩技术 MPEG-1 的产物，可以播放视频和音频，但音质较差，应用较少，目前已淘汰。

5）DVD 机：采用 MPEG-2 作为视频数码电路模块，用 AC-3 作为音频信号的解码电能模块，高性能的演绎音频与视频，如图 10-4 所示。

6）MD 播放器：MD 光盘的主要特点是比 CD 小，音质良好，而且可以录音，如图 10-5 所示。MiniDisc（MD）是由 SONY 公司于 1992 年正式量产上市的一种音乐储存媒体。在内存很贵的时候，MD 显得容量很大，而且 MD 可以有更好的音质，还可以像 CD 一样换盘片，目前已淘汰。

图 10-4　车载 DVD 机　　　　图 10-5　MD 光盘

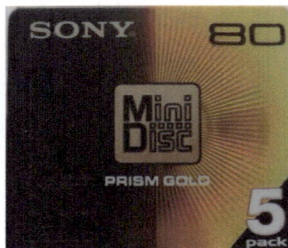

7）MP3 播放器：容量较大，一张碟可以储存一百多首歌，且音质良好，开始较多应用。

8）硬盘播放：可直接从网络上下载音乐进行播放，可以重复录制音乐。

9）USB 播放：可直接从网络上下载音乐，插在主机的 AUX 接口进行播放，现在流行。

在以上各种信号源中，通常几种组合在一起。从音质角度来看，目前还是 CD 最为理想，但是容量小，一张碟最多灌录十多首音乐。MD 比 CD 音质好，而且可以自由灌录，碟片由于有外壳保护，不会磨损，但碟源少。实际的音源为 AM/FM 调谐器、CD 播放器、多碟 DVD 机、MP3 播放器组合较多。

3. 主机规格

主机规格分 1-DIN 和 2-DIN（大屏幕机）两种规格。图 10-6 所示为标准 DIN（大屏幕机）规格。

按中控台的空间大小适合安装 1-DIN 机型的车有捷达、奥迪、桑塔纳、三菱、索纳塔等，适合安装 2-DIN 机型的车有丰田、本田、别克、帕萨特、日产、斯柯达（欧雅）等。有些车为了美观采用非标准 DIN（大屏幕机）规格。图 10-7 所示为非标准 DIN（大屏幕机）规格。

4. 主机评价

一台主机的好坏，最直观的就是看它的技术参数指标，主要有以下几个方面：

（1）输出功率　现在的主机所标的功率大多数为峰值功率，在 40~60W 之间。越大越好，通常输出功率太小的主机需要专用的功率放大器，一般定额功率在 9~15W 之间。

（2）频响（Hz）　人耳所能听到的频率范围，在 20Hz~20kHz，因此频响最差也要符合

图 10-6　标准 DIN（大屏幕机）规格

图 10-7　非标准 DIN（大屏幕机）规格

该范围，而且越宽越好。

（3）信噪比（Signal/Noise）　信噪比指的是音乐信号与噪音的比例，单位为 dB（分贝），该数值越大越好，一般高档的主机都在 100dB 以下，声音干净、清晰。

（4）点谐度失真（THD）　用声音再现的还原度的百分比表示，该数值越小越好，一般高档产品的点谐度失真都在 1% 以下。

（5）RCA 输出路数 / 电压　主机通常有 1~3 对 RCA 输出，当然越多越好，这样频率划分会更加细致。RCA 输出的低电压信号可直接传输到外加的功率放大器上，RCA 电压一般在 2~6V 之间，一般高档主机的 RCA 电压在 4~6V，选择电压高的对系统的提升会有很大的帮助。

5. 主机功能

由于汽车特定的聆听空间，对声场、音质都有一定的影响，为了解决这些问题，现代主机已有响应的功能，力求达到现场聆听的效果。

（1）RDS 显示功能　此功能可以将电台发出的信息显示在主机的显示屏上（听不到，但可以看到）。

（2）响度调节功能（LOUND）　此功能在音量较低时，用来补偿高频和中低频。当音量较小时，高音、低音好像没有了，声音也没有层次感，这时只要打开 LOUND 功能，主机就会对高音、中低音进行提升。

（3）预设储存　此功能是将所选定电台的频率存储在主机存储器中。

（4）预设扫描　此功能是将预设的电台频段或歌曲音乐以扫描的方式逐一播放几秒钟，以选择喜欢的电台歌曲音乐。

（5）声道调整（BAL/FAD）　此功能用来调整左右及前后声场的平衡。

（6）静音功能（MUTE）　此功能可快速降低音量。

（7）预设均衡模式　此功能主要针对不同类型的音乐设置不同的频率响应曲线。如 ROCK（摇滚乐）、POP（流行音乐）、JAZZ（爵士乐）、VOCAL（唱声）、CLUB（俱乐部）、NEWAGE（前卫）、CLASSIC（古典乐）。

（8）对比调节　此功能可以根据喜好改变屏幕灯光的亮度。

（9）唤醒功能　按压主机上的任何一个按键都可以将主机唤醒，并开始工作。

（10）防盗功能　主要措施包括主机前面板可以拆卸、隐藏面板、设定密码、使用安全卡片等，以防主机被盗。

【完成任务】

针对实车根据使用手册进行一次音响控制面板操作，并进行更换音响主机操作，具体操作查阅教师给的音响资料，并查阅汽车音响按键上常用的英文标识（英文词组及缩略语）的中文意思。

六、功放

功放的功率是扬声器功率的 1.5 倍以上。小功率一路功放着重于推中置扬声器，大功率一路功放着重于推低频扬声器。大部分二路功放都用来推低频扬声器，也有少部分有带 HPF 的 FULL 开关，它可以用来推中高频扬声器。四路功放主要用来推中高频扬声器，功率相对比较大。五路功放其中四路用来推中高频扬声器，另外一路用来推低频扬声器，其功率相对比较小。

七、扬声器

技师指导

一位优秀的电工技师要求能通过以下知识调节和判定一个车载音响的好坏。

1. 高音扬声器

（1）频响范围　高音扬声器的频响范围在 2048~20kHz。其中，2048~4096Hz 的聆听感觉为敏锐；4096~8192Hz 的聆听感觉为清脆、多彩；8192~16384Hz 的聆听感觉为层次分明；16384~20kHz 的聆听感觉为纤细。

（2）表现特征　高音扬声器的指向性强，声音明亮、清晰，层次分明，色彩丰富。

2. 中音扬声器

中低音扬声器一般为 6in，放在前车门。

（1）频响范围　中音扬声器的频响范围在 256~2048Hz。其中 256~512Hz 的聆听感觉为有力；512~1024Hz 的聆听感觉为明亮；1024~2048Hz 的聆听感觉为透亮。

（2）表现特征　中音扬声器的人声还原逼真，音色干净、有力，节奏性强。

3. 低音扬声器

两个低音扬声器放置在后排放物台上，以产生低频回音效果，有的车为增强回音效果装有超低频扬声器。低频扬声器一般为 9~15in，若为展示车用可在行李舱加装一套中高频扬声器。注意：扬声器的分布要以整个音场频率配置均衡为主，扬声器输出功率过小将失真。

（1）频响范围　低音扬声器的频响范围在 16~256Hz。其中，16~64Hz 的聆听感觉为深沉、震撼；16~128Hz 的聆听感觉为浑厚；128~256Hz 的聆听感觉丰满。

（2）表现特性　低音扬声器具有强大震撼感，声音雄壮有力、丰满深沉。

八、收音机天线

收音机天线有拉杆伸缩式、固定式复合式等。

早期当收音机采用拉杆伸缩式，接通收音机时，后风窗 C 柱后侧（也有位于 A 柱下前侧）的天线会在电机的带动下，伸展到收音机关闭前所使用的设定高度。也可按动收音机上的天线按钮，调整高度。如果需要在行车时降低天线（例如通过有悬枝的灌木丛时），按动控制面板上的向下箭头以降低天线（例如奥迪 100）。在越过障碍物后，完全伸展天线，以取得最佳的电台接收效果。

目前汽车天线多为固定式复合式天线，即天线杆不再伸缩，同时天线是几种天线的组合，为了更好地接收信号，通常在车顶 45° 倾斜放置天线。后风窗的除霜加热线上部内置了不同波长的复合式天线，如图 10-8 所示。为了提升接收效果，后风窗玻璃内的天线按照横、纵两个方向放置。天线座内置放大器，信号放大后接同轴电缆（LVDS）。

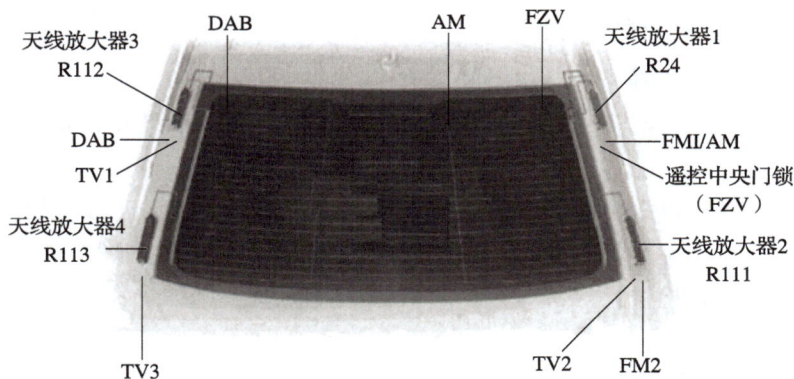

图 10-8 后风窗的复合式天线

📖 知识点 2　汽车音响系统检修

一、光盘和磁带的使用和保养

光盘和磁带在使用中应注意以下因素的影响。

（1）潮湿　夏季空气潮湿，很容易使 CD 光盘上结雾，潮湿的 CD 光盘如果直接进入主机会令激光头读取速度变慢，同时使电器元件受潮，严重时会使激光头损伤。

（2）灰尘　激光头怕灰尘，因此在路况环境较差时，车主应及时关闭车窗，平时还应注意车内的清洁。

（3）强行推碟　车用 CD 机多采用碟片吸入式设计。只需将碟片放在入口处，机械结构会自动将盘片吸入。若用手将碟片强行推入，不仅会损坏碟片，严重时还会损坏 CD 机内的托盘结构。

（4）阳光　碟片不要放在仪表板上。炎热的夏天，碟片在烈日的暴晒下很容易发生变形。

（5）正版碟片　因为盗版碟片经常会有碟面不平或碟孔不圆的情况，在播放时这些隐患都会导致激光头产生跳点等故障，会直接影响激光头的使用寿命。

（6）擦拭　碟片在长时间不用后会有灰尘和划伤，在擦拭灰尘时要沿着与音频轨迹垂直的方向擦拭。

（7）磁带　磁带应注意避热、防潮，高温会使磁带发生变形，放进主机时发生卡带现象。在长时间不听或处于关机状态时，最好将磁带退出，防止因关机时压带轮压住磁带，导致压带轮变形。

二、音响噪声的检查与跟踪排除

首先确定音乐数据的质量，尽量用熟悉的碟片试音。

1. 噪声的检查方法

1）先起动发动机，把前照灯、空调都打开，将音响系统开到可以聆听的位置。

2）将发动机的转速稳定在 3000r/min 左右，不断地更换 CD 曲目，并细心聆听高音部分，听听是否有噪声，如果没有噪声，说明系统的设计、布局合理，否则就有问题。

2. 噪声的跟踪与排除

把所有的功放信号输入（RCA）解除，然后按噪声的检查方法再检查一遍，试听是否有噪声。

（1）无噪声的检查方法　将功放信号输入（RCA）恢复，解除 CD 机的信号输出，检查是否有噪声。

1）有噪声时应该检查：

①信号线的布线是否合理。

②信号的屏蔽是否良好。

③信号线的莲花端子与功放的莲花端子是否匹配。

2）没有噪声时应该检查：

① CD 机的供电线路是否良好，CD 机的供电部分必须重接，不能用原车的线路。

② CD 机的输出端子与信号线的端子配合是否良好。

③检查 CD 机的电压与功放的电压是否相同。

（2）噪声的跟踪方法　把功放的输出解除，另接一个扬声器，直接接在功放，听是否还有噪声。

1）有噪声时应该检查：

①检查功放的接地点是否正确，如不正确需要重新接地线，注意两台以上横放的接地点必须在同一个点上。

②检查功放增益键的电位器接触是否良好。

③检查功放的外壳是否有接地现象。

2）无噪声时需要检查以下项目：

①扬声器线的布线是否有接近车体主电源供应线路。

②检查高音扬声器的安装位置是否正确。

三、音响解码

现代音响价格较贵，为了防止盗贼偷走汽车音响，设计了断电后要输入密码的功能，盗贼偷了也无法使用，可杜绝偷音响行为。修理中断开蓄电池是常见的操作，而音响断电会锁死，所以在断电前，应向车主问清密码，修理结束后再输入密码。

奥迪 100 2.6E 型轿车配备了 Gamma 音响，音响具有防盗功能，可输入四位密码进行解锁，如音响一旦被盗，再接通电源时就会自动呈锁止状态，使音响的操作功能失败。如果不慎将音响锁止，则应该按照下述方法，进行解码。下面以图 10-9 所示奥迪 100 的音响控制面板为例说明解码操作程序。

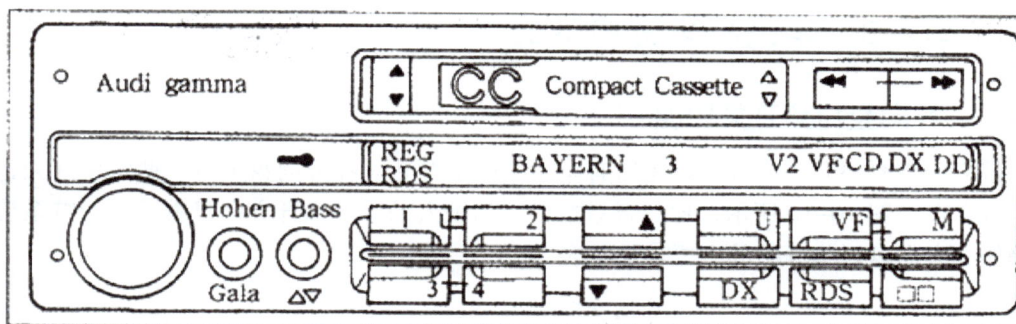

图 10-9 奥迪 100 的音响控制面板

首先将音响电源开关置于 ON 位置，这时音响的液晶显示屏会显示"SAFE"字样，SAFE 表明该音响已被锁止。解码操作是同时按住装饰面板操作按键中的"U"键和"M"键，这时观察液晶显示屏，会出现"1000"字样，然后松开"U"键和"M"键。注意此后不能同时按住"U"键和"M"键，否则音响控制单元将把此项操作视为错误输入，进行一次计数。

利用音响装饰面板中的四个预置电台存储键 1（千位）、2（百位）、3（十位）、4（个位），兼做音响的解码输入按键，如输入密码 1697。按动面板操作千位存储键 1 两次，液晶显示屏会显示 1；按动面板操作百位存储键 2 七次，液晶显示屏会显示 6；按动面板操作十位存储键 3 十次，液晶显示屏会显示 9；按动面板操作个位存储键 4 八次，液晶显示屏会显示 7。确认输入的密码与正确的密码核对无误后，再同时按住"U"键和"M"键。待显示屏上再次出现"SAFE"字样后即可松开"U"键和"M"键，稍等片刻显示屏上就会自动显示一个电台的频率，此时则表示该音响解锁成功，音响恢复原设计功能。如果输入的密码是错误的，当松开"U"键和"M"键后，显示屏上的"SAFE"字样仍不消失，这时可重新输入密码。如果再次输入错误密码，则需等待 1h，方可继续输入密码。

不同的音响密码输入方法可能不同，不过都很简单。当车主也不知道密码时，需要读出防盗芯片的密码，重新输入。一般来历不明的音响才这么做。需要注意的是，一般汽车音响的密码卡片在销售出厂时贴在行李舱内或杂物箱内（不同车型和车系不同，最好咨询经营商），用户购买新车后，要将密码卡片取出妥善保管，不可丢失，也不可放在车内，车辆转卖时，新老用户不要忘记交接密码卡片。车主凭借购车后的手续和材料证明，服务站通过主机厂可在音响厂家获得万能密码。

在汽车进行维修时，且不知道音响密码的情况下，千万不要断开蓄电池的电源线，避免音响被锁止。

【完成任务】

针对实车进行一次现代汽车音响的解码操作，具体操作方法可查阅教师给的实操车型的音响资料。

知识点 3 　丰田汽车音响系统

一、方向盘衬垫开关功能

带方向盘衬垫开关的方向盘是所有车型的标准配置。在方向盘上有一些常用开关，多功能方向盘如图 10-10 所示，比如音量按钮，驾驶人的手不离开方向盘就可对音响系统进行操作。方向盘衬垫开关的主要功能见表 10-1。

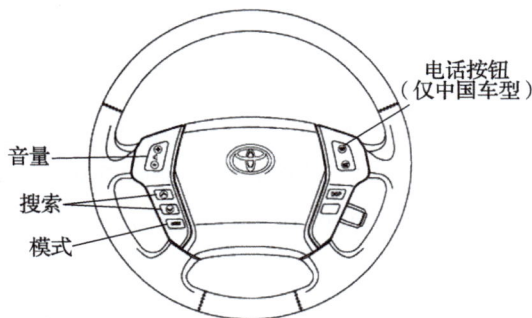

图 10-10　多功能方向盘

表 10-1　方向盘衬垫开关的主要功能

功能			短按	长按
方向盘衬垫开关（左）	音量		音量增大 / 减小	音量持续增大 / 减小
	搜索	AM/FM	频道上 / 下	往上 / 下搜索
		TAPE	搜索 FF/REW	FF/REW
		CD	向上 / 下播放	碟片上 / 下
		CD/DVD①	向上 / 下播放	碟片上 / 下
	模式		打开 AM/FM，TAPE，CD，DVD①	关
方向盘衬垫开关（右）			打开复式信息显示器	重启复式信息显示器

① 带复式显示器的车型。

二、音响系统电路图

【完成任务】

音响系统控制电路（图 10-11）中，天线的位置在实车上的位置是
_____；后控制器的位置是 _____。主机音源包括：_____、_____、
_____和_____。音响放大器的位置是 _____。全车有几个扬声器？
_____。几个扬声器？_____。

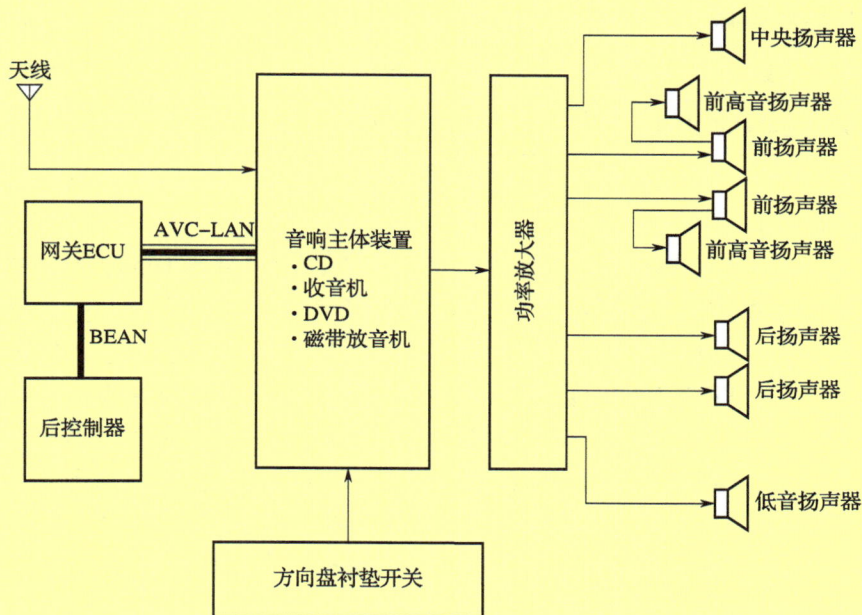

图 10-11　音响系统控制电路

📖 知识点 4　汽车导航系统

一、复式显示器

带复式显示器的 DVD 导航系统见表 10-2。另外，在一些车型上倒车影像系统和导航系统作为一套装置使用。复式显示器安装在中央仪表板上。复式显示器由一个带压力灵敏触板的 8in 倾斜 LCD 液晶显示屏组成，更易于应用。通过使用全球定位系统（GPS）和数字化多功能光盘（DVD）中的地图数据，导航系统分析车辆的位置，并在显示在屏幕上的地图中指出其位置，语音指导将使驾驶人找到所选目标地的路径。该系统还可以通过蓝牙技术为移动电话提供免提功能。

表 10–2　带复式显示器的 DVD 导航系统

显示器	8in 倾斜 LCD		配置
	压力灵敏触板		配置
导航系统	GPS		配置
支持语言	语音导航	汉语	配置
	语音识别		不配置
地图数据媒体	DVD		配置
天线	GPS		配置
陀螺传感器（在导航 ECU 里）	压电陶瓷片		配置

【完成任务】

图 10-12 所示为倒车影像和车载蓝牙通话系统。根据图 10-12 所示回答，倒车影像系统的摄像头和电视摄像头 ECU 之间的导线是什么类型？_____。空档起动开关的哪个档位可开启倒车摄像头的影像显示？_____。转向角传感器通过 CAN 和 AVC-LAN 传至复式显示器导航 ECU 的目的是实现导航系统的什么功能？_____。在主组件位置图（一）（图 10-13）中送话器的作用是什么？_____。驾驶人车门扬声器的作用是什么？_____。复式显示器的触屏功能是否能控制空调？_____。RGB 是什么意思？_____。NTSC 是什么意思？_____。电视摄像头能发出 RGB 信号，音响主体装置能吗？_____。

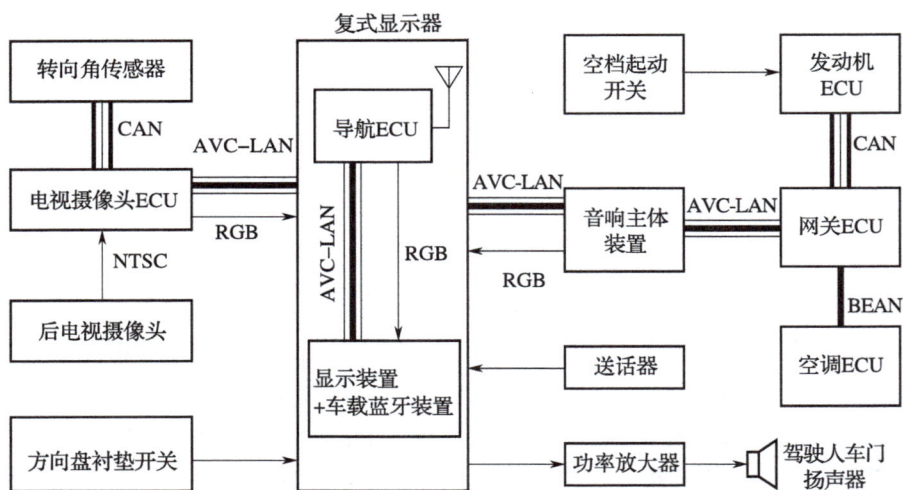

图 10-12　倒车影像和车载蓝牙通话系统

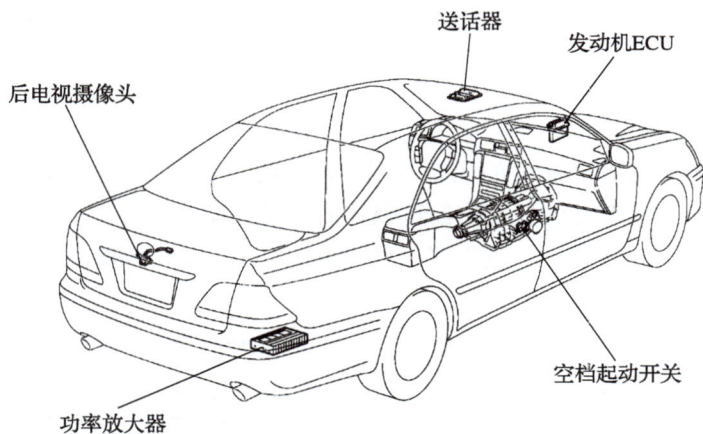

图 10-13　主组件位置图（一）

【完成任务】
写出图 10-13 中的元件名称：_____、_____、_____、
_____ 和_____。

【完成任务】
写出图 10-14 所示的主组件位置图（二）中的元件名称：
_____。

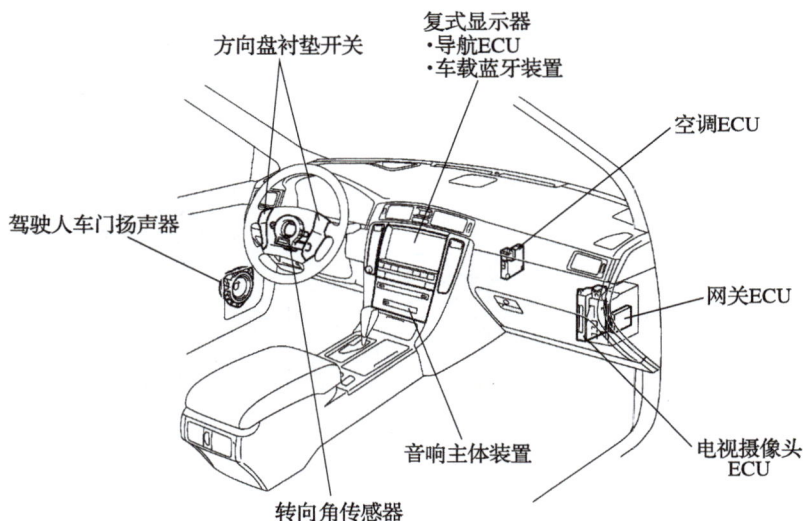

图 10-14　主组件位置图（二）

二、结构和工作原理

1. 复式显示器

通过复式显示器可调整显示器屏幕的显示功能，这个屏不仅能作为导航屏幕显示器，

也可作为空调屏幕显示器、电话操作屏幕显示器、倒车监视系统显示器、诊断屏幕显示器、音频屏幕显示器和 DVD 屏幕显示器。

2. 蓝牙免提系统

蓝牙是一种短距离、高速度的无线数据通信系统，它应用 2.4GHz 频率波段。复式显示器中集成了一个车载蓝牙装置，它给可兼容蓝牙的移动电话提供了免提功能，蓝牙无线数据通信系统如图 10-15 所示。通信半径约 10m，1 个设备可同时连接的设备数最多注册 4 部电话。

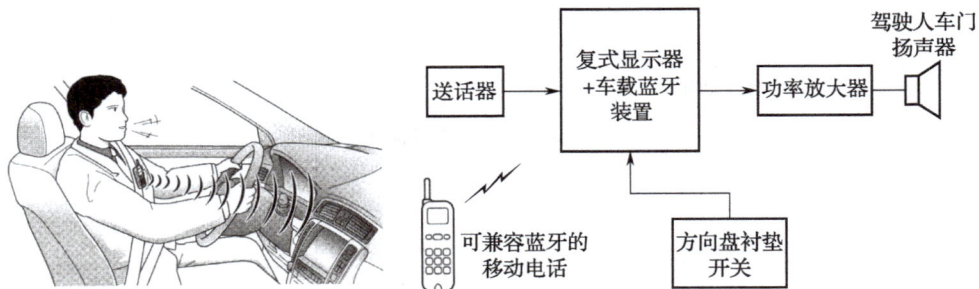

图 10-15　蓝牙无线数据通信系统

如图 10-16 所示，车载蓝牙装置由一个天线和一个模块组成。此模块有一个将车载蓝牙装置连到复式显示器的接口。此模块的另一功能是处理由天线发射或接收的数据。方向盘衬垫开关包括用来操作电话的"On-hook"和"Off-hook"开关；送话器是当用移动电话与他人讲话时，由车内的一个乘员应用这些项目；扬声器来运行免提功能。

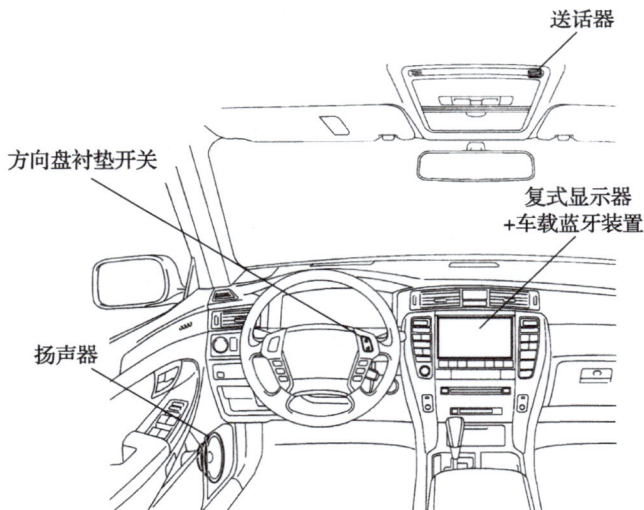

图 10-16　车载蓝牙装置的组成

3. 蓝牙电话功能

点火开关为 ACC 或 ON 时导航系统打开，则蓝牙电话工作。然而，为安全起见，车辆起动时一些功能不能使用。此系统有以下功能：

（1）输入蓝牙电话　必须先在复式显示器中注册才能使用蓝牙电话的免提功能。一旦注册，免提功能自动可用。最多可以注册 4 部蓝牙电话。

（2）选择蓝牙电话　当车厢内有两部或多部已注册蓝牙电话时，必须选择其中一部使用以免串线，只有选中的电话可以作为免提电话使用。最后注册的电话被自动选中。

（3）删除蓝牙电话　已注册蓝牙电话可被清除。

（4）呼叫蓝牙电话　用户可通过输入电话号码拨号。

【完成任务】

　　根据车辆使用手册提示，在车载蓝牙系统中注册一部手机，两人试通过车载蓝牙通话，完成后删除注册。

实践任务
音响漏电故障的排除

请在本书配套的《实践任务及工作任务单》中完成实践任务 10 的学习内容。

学习任务单

一、填空题

1. 汽车多媒体也称为信息娱乐系统（Informainment= _____ + _____ ）。
2. 人耳所能听到的频率范围在_____~_____Hz 之间。
3. 低于 20Hz 的声音称为_____声。
4. 高于 20kHz 的声音称为_____声。
5. 汽车音响系统由_____、_____、_____、_____ 和_____五部分组成。

二、判断题

1. 声音的传播特性决定了高频好的指向性和低频好的通过性。　　　（　　　）
2. 当电动座椅电机很多时，需要采用 ECU 控制。　　　（　　　）
3. 如果两个声波频率相同、相位相同，两声波叠加后能加倍声波能量。（　　　）
4. 如果两个声波频率相同、相位相反，声波能量减弱。　　　（　　　）
5. 两个声波的频率、相位都不同，叠加后的声波将是混乱的噪声。　　（　　　）

三、单选或多选题

1. 音源（也含视频）包括（　　　）。
   A. AM/FM　　　　B. CD/DVD　　　　C. 硬盘　　　　D. AUX
2. 普通型主机的特点有（　　　）。
   A. 内置四路功放　　　　B. 功率每声道在 40~60W 不等
   C. 额定功率在 1~5W　　　D. 额定功率在 10~15W
3. 关于功放的功率描述正确的是（　　　）。
   A. 大于扬声器功率的 1.5 倍以上
   B. 小功率一路功放着重于推中置扬声器
   C. 大功率一路功放着重于推低频扬声器
   D. 大功率一路功放着重于推高频扬声器
4. 汽车收音机天线有（　　　）。
   A. 拉杆伸缩式　　　　B. 固定式复合式
   C. 铝天线　　　　　　D. 铜天线
5. 导航屏幕显示器也可作为（　　　）。
   A. 空调屏幕显示器　　　　B. 电话操作屏幕显示器
   C. 倒车监视系统显示器　　　D. 诊断屏幕显示器
   E. 音频屏幕显示器　　　　F. DVD 屏幕显示器